U0891837

潜水本科专业系列教材

潜水运动基础

孙忠利　袁　东　主　编

人民体育出版社

图书在版编目（CIP）数据

潜水运动基础 / 孙忠利，袁东主编. -- 北京：人民体育出版社，2018. 8（2023. 10 重印）

ISBN 978-7-5009-5439-2

Ⅰ. ①潜… Ⅱ. ①孙… ②袁… Ⅲ. ①潜水运动—基本知识 Ⅳ. ①G861. 5

中国版本图书馆 CIP 数据核字（2018）第 213199 号

*

人 民 体 育 出 版 社 出 版 发 行

北京中献拓方科技发展有限公司印刷

新 华 书 店 经 销

*

787×1092　16 开本　16. 5 印张　300 千字

2018 年 8 月第 1 版　2023 年 10 月第 4 次印刷

*

ISBN 978-7-5009-5439-2

定价：72. 00 元

社址：北京市东城区体育馆路 8 号（天坛公园东门）

电话：67151482（发行部）　　邮编：100061

传真：67151483　　邮购：67118491

网址：www. psphpress. com

（购买本社图书，如遇有缺损页可与邮购部联系）

编委会

PREFACE 序

承蒙亚洲潜水学院的盛情邀请，为“亚洲潜水学院潜水本科专业系列教材”撰写序言，不胜荣幸。

像鱼儿一样在水中自由穿梭，去探索和发现完整的世界，是人类长久以来的梦想。为了实现这一梦想，人类不断实践潜水技能，并围绕潜水技能开展潜水科学研究，研发各类潜水装备及开发潜水教育课程。如今，这一梦想已经成为普遍性现实。特别是20世纪50年代至90年代，包括世界潜水联合会（CMAS）在内的多家国际潜水组织相继成立，潜水运动得到广泛发展，围绕潜水技能传授进行的技术培训也应运而生并渐成规模。

遗憾的是，与潜水科学理论、技术、装备发生着不断变革与持续进步不相称的是，在世界上，潜水的学历教育进程却严重滞后，尤其是潜水本科学历教育长期处于空白状态。这严重地影响了潜水科学技术的进一步发展和提高，在人类更加全面和深入地探究海洋世界的历程中形成了瓶颈，也极大地限制了潜水产业和海洋蓝色经济的发展空间。

2013年，在前期合作的基础上，岭南师范学院与国家体育总局湛江潜水运动学校秉承协同创新理念，开始招收、培养潜水本科专业学生，首开潜水本科学历教育之先河。2016年7月1日，亚洲潜水联合会正式授权双方联合创建了世界上首个潜水本科学院——亚洲潜水学院（AUC）。几年来，亚洲潜水学院本科办学不仅受到世界潜水联合会的充分认可和鼎力支持，也不断赢得教育界、体育界、政府、企业及媒体的持续关注和高度赞誉，其办学特色不断彰显，所秉承的“科学研究、人才培养、社会服务、文化传承”四位一体的办学定位，已日渐明晰。

当然，亚洲潜水学院在专业建设、学科发展等方面的切实进步，必须也只能依赖于大量基础性工作的扎实推进。编撰潜水本科专业教材，就是其中需要着力推进的重要工作之一。基于此，亚洲潜水学院精心组织了由一线教师和业界专家等多方力量构成的教材编撰团队。这一团队精诚合作，锐意进取，做了大量卓有成效的工作，取得了令人瞩目的显著成绩。

值此“亚洲潜水学院潜水本科专业系列教材”付梓之际，我谨代表亚洲潜水联合会，向系列教材的推出致以由衷的赞赏和良好的祝愿！同时，衷心希望这套教材能够为潜水本科学历教育提供系统全面的理论基础和行之有效的教学方法，有力促进潜水科学技术的不断提高和潜水运动的蓬勃开展。

亚洲潜水联合会主席　石波

2018年4月

PREFACE 前 言

《潜水运动基础》不仅是“亚洲潜水学院潜水本科专业系列教材”之一。同时，它还是进行潜水理论知识系统学习最为基础和重要的入门教材。

事实上，倘溯其源头，早在2013年9月潜水本科办学正式创立之前，我们就从潜水本科教学和专业建设的客观要求出发，认真编写了与教材所对应课程“潜水基础”的大纲和讲义。及至潜水本科办学全面铺开并朝向纵深发展的今天，我们更加深刻地感受到了出版正式教材的急需和紧迫，于是迅速启动了本教材的编撰出版工作。经过众多工作人员的不懈努力，《潜水运动基础》得以问世。

《潜水运动基础》教材编撰小组及编撰指导专家坚持认为，作为潜水本科专业的基础性教材，应以质量作为首要考量，以此推动潜水本科办学人才培养质量实现有序提升。因此，我们在编撰本教材的过程中，在区分清、把握好潜水普修课与专业课内容的前提下，进行了内容上的慎重取舍、行文上的艰辛修改和格式上的反复斟酌，并经过了两轮本科教学实践的检验。现在，呈现在读者面前的教材，由导论篇、知识篇、装备篇、技能篇和应用篇五大部分构成，针对潜水历史与现代发展、相关学科知识、潜水基本装备、潜水技能基础与潜水主要应用领域及发展前景等重要问题，进行了较为全面的介绍。

本书的编撰出版，首先要真诚地感谢岭南师范学院校长、亚洲潜水学院院长刘明贵教授以及岭南师范学院体育科学学院院长、亚洲潜水学院执行院长章晓霜教授等学校、学院领导的关心、支持与大力推动。

本书撰写期间，得到了亚洲潜水联合会主席、国家体育总局湛江潜水运动学校校长、岭南师范学院客座教授石波先生的精心指导，其大量真知灼见均体现在了本书当中。国家体育总局湛江潜水运动学校潜水处原处长、国际三星级潜水教练员董海峰，处长、国际三星级潜水教练赵建国，副处长、国际三星级潜水教练邓新辉对本教材进行了审核。国家体育总局湛江潜水运动学校原副校长、现岭南师范学院文野教授对本教材的框架结构和内容进行了最终审定。

本书的编撰工作除主编、副主编外，岭南师范学院谢琴、赵永峰编写了其中的“潜水心理知识”一章，岭南师范学院聂文良、余庆分别对“潜水物理知识”和“潜水生理与医学知识”两章的初稿进行了修改与完善，岭南师范学院王聪、袁峰、李鲁、张华、于志刚、李波、刘舟做了资料收集、文字校正等工作。

本书最终得以付梓出版，还要感谢人民体育出版社樊振杰副总编辑的支持与帮助。本书责任编辑樊雪峰同志进行了大量不厌其烦的编辑、沟通与推进工作，在此一并致以谢忱。

本书在编写过程中，参考了大量国内外相关书籍、印刷物和研究成果，在此表示由衷的谢意。由于编者水平有限，若书中出现不足甚至欠缺之处，敬请广大读者批评指正。

编　者

2018 年 4 月

CONTENTS 目 录

导论篇

第一章　潜水的起源与发展 ………………………………… 003

第一节　潜水的起源和古代的潜水活动 ……………………… 003

一、潜水的起源 ……………………………………………… 003

二、古代的潜水活动 ………………………………………… 004

第二节　潜水在古代社会的应用 ……………………………… 007

一、潜水在军事方面的应用 ………………………………… 007

二、潜水在其他方面的应用 ………………………………… 009

第三节　现代潜水的发展 ……………………………………… 009

一、国外潜水的发展 ………………………………………… 009

二、中国潜水的发展 ………………………………………… 011

三、现代潜水的分类 ………………………………………… 012

四、现代潜水的地位 ………………………………………… 019

第二章　潜水运动概述 ……………………………………… 020

第一节　潜水运动的定义、分类及发展历史 ………………… 020

一、潜水运动的定义 ………………………………………… 020

二、潜水运动的分类 ………………………………………… 021

三、中国潜水运动的发展 …………………………………… 028

第二节　中国与国际潜水运动组织 …………………………… 030

一、中国潜水运动组织 …… 030
二、世界主要潜水运动组织 …… 032
第三节　潜水运动行业从业资质 …… 034
一、CMAS 潜水员国际认证课程 …… 035
二、潜水社会体育指导员制度 …… 037
三、选择潜水培训机构注意事项 …… 037

知识篇

第三章　潜水环境 …… 041
第一节　关爱海洋 …… 041
一、海洋面临的严峻形势 …… 041
二、潜水时保护海洋的理念 …… 043
三、潜水员的环保意识 …… 044
第二节　潜点地形特征与光照强度 …… 044
一、与入水和出水有关的地形特征 …… 045
二、底质 …… 046
三、遮顶环境 …… 048
四、光照强度 …… 049
第三节　水的状况 …… 049
一、能见度 …… 049
二、温度 …… 050
三、密度 …… 051
第四节　水的动态及效应 …… 051
一、洋流 …… 052
二、潮汐 …… 054
三、岸边水流 …… 054
第四章　潜水物理知识 …… 058
第一节　物质形态与空气组成 …… 058

一、物质形态 …………………………………………………………… 058
二、空气组成 …………………………………………………………… 059
第二节　大气压与水压 ………………………………………………… 061
一、大气压 ……………………………………………………………… 061
二、水压 ………………………………………………………………… 062
第三节　气体与压强的关系 …………………………………………… 063
一、气体体积与压强的关系 …………………………………………… 063
二、气体密度与压强的关系 …………………………………………… 064
第四节　气体与液体 …………………………………………………… 064
一、气体与液体的关系 ………………………………………………… 064
二、浮力 ………………………………………………………………… 065
第五节　光线、声音与热能……………………………………………… 067
一、光线 ………………………………………………………………… 067
二、声音 ………………………………………………………………… 069
三、热能 ………………………………………………………………… 069
第五章　潜水生理与医学知识 ……………………………………… 071
第一节　与潜水有关的人体系统与器官 ……………………………… 071
一、神经系统 …………………………………………………………… 071
二、循环系统 …………………………………………………………… 072
三、呼吸系统 …………………………………………………………… 074
四、耳与鼻窦 …………………………………………………………… 075
第二节　水温和压力对人体的影响 …………………………………… 077
一、水温对人体的影响 ………………………………………………… 077
二、压力对人体的影响 ………………………………………………… 077
第三节　饮酒、吸烟、晕船对潜水的影响 …………………………… 081
一、饮酒对潜水的影响 ………………………………………………… 081
二、吸烟对潜水的影响 ………………………………………………… 082
三、晕船对潜水的影响 ………………………………………………… 082
第四节　潜水医学与潜水病 …………………………………………… 084

一、潜水医学 …… 084
二、潜水病的诱发因素 …… 085
三、潜水病的分类与预防 …… 088
第六章　潜水心理知识 …… 092
第一节　潜水应激概述 …… 092
一、应激 …… 092
二、潜水应激 …… 094
三、恐慌障碍 …… 097
第二节　潜水应激反应的影响因素 …… 097
一、个人因素 …… 097
二、社会因素 …… 099
三、环境与设备因素 …… 099
第三节　潜水应激的调控 …… 100
一、应激调控的重要性 …… 100
二、应激调控措施 …… 101
三、常见潜水应激调控方法 …… 102
第七章　安全潜水 …… 104
第一节　潜水者需要具备的条件 …… 104
一、身体条件 …… 105
二、能力条件 …… 105
第二节　潜水有关的通信讯号 …… 106
一、手势信号 …… 106
二、音响信号 …… 107
三、视觉信号 …… 109
第三节　潜水安全守则 …… 111
一、潜水安全守则 …… 111
二、其他注意事项 …… 112
第四节　潜伴制度 …… 113
一、潜伴之间的相互协作与帮助 …… 113

二、潜伴原则 …… 114
第五节 海洋中的“危险生物”及其应对 …… 114
一、啮咬性海洋生物 …… 115
二、割刺性海洋生物 …… 118
三、接触性有毒海洋生物 …… 119

装备篇

第八章 潜水装备发展史 …… 123
第一节 潜水装备制造缘由与早期记载 …… 123
一、人类制造潜水装备的缘由 …… 123
二、人类潜水装备的早期记载 …… 124
第二节 工业革命之前潜水装备的发展 …… 126
一、达·芬奇研制的装备 …… 126
二、约翰的木桶 …… 126
三、哈雷的潜水钟 …… 127
第三节 工业革命时期潜水装备的发展 …… 128
一、泵供气的出现 …… 128
二、头盔式潜水的出现 …… 128
三、气瓶的出现 …… 129
第四节 库斯托与现代潜水装备的发展 …… 130
一、库斯托生平简介 …… 130
二、现代潜水装备的发展 …… 130
三、自携式潜水及其别称 …… 131
第九章 浮潜装备 …… 133
第一节 面镜 …… 133
一、潜水面镜的功能与特征 …… 133
二、潜水面镜的选择 …… 134
第二节 呼吸管 …… 136

一、呼吸管的功能与特征 …… 136
二、呼吸管的选择 …… 137
第三节 脚蹼 …… 138
一、脚蹼的功能与特征 …… 138
二、脚蹼的选择 …… 139
第四节 潜水衣 …… 140
一、潜水衣的功能与特征 …… 140
二、潜水衣的分类 …… 140
三、潜水衣的选择 …… 144
第五节 潜水头套、潜水手套和潜水靴 …… 144
一、潜水头套 …… 145
二、潜水手套 …… 145
三、潜水靴 …… 146
第十章 自携式装备 …… 148
第一节 自携式系统 …… 148
一、气瓶 …… 148
二、呼吸调节器 …… 150
三、备用气源 …… 153
四、潜水仪表 …… 154
五、浮力调节器 …… 156
六、配重系统 …… 157
七、潜水手表 …… 158
八、潜水刀 …… 158
九、求救浮标 …… 159
十、口哨 …… 159
第二节 辅助性装备 …… 159
一、潜水灯 …… 160
二、潜水浮标 …… 160
三、潜水装备袋 …… 161

四、潜水电脑表 …… 161

技能篇

第十一章　浮潜技能 …… 165
第一节　浮潜前的准备 …… 165
一、装备的准备 …… 165
二、着装 …… 166
第二节　面镜、呼吸管技术 …… 166
一、面镜技术 …… 166
二、呼吸管技术 …… 168
第三节　脚蹼技术 …… 170
一、脚蹼脚套的调整 …… 170
二、浮潜时的水中站立 …… 170
三、脚蹼踢腿法 …… 171
第四节　下潜法与上升法 …… 176
一、下潜法 …… 176
二、上升法 …… 176
三、下潜法和上升法练习注意事项 …… 177
第五节　压力平衡与屏气潜泳 …… 177
一、压力平衡 …… 177
二、屏气潜泳 …… 178
第六节　抽筋自救法与水面休息法 …… 179
一、抽筋自救法 …… 179
二、水面休息法 …… 181
第十二章　自携式装备潜水技能 …… 183
第一节　自携式装备的组装 …… 183
一、气瓶、浮力调节器、呼吸调节器的组装顺序 …… 183
二、组装的检查 …… 185

第二节　自携式装备的穿着方法 …… 187
一、岸上着装 …… 187
二、水面穿着装备 …… 188
第三节　使用调节器呼吸与中性浮力检查 …… 189
一、使用调节器呼吸 …… 189
二、中性浮力检查 …… 190
第四节　入水方法 …… 191
一、坐式入水 …… 191
二、步行式入水 …… 192
三、跨步式入水 …… 192
四、后翻式入水 …… 193
第五节　出水方法 …… 194
一、沿岸边出水 …… 194
二、沿岩石海岸出水 …… 194
三、船潜出水 …… 195

应用篇

第十三章　潜水在相关领域的应用及未来展望 …… 199
第一节　潜水在相关领域的应用 …… 199
一、潜水在工农业生产领域中的应用 …… 200
二、潜水在社会服务与管理领域中的应用 …… 203
三、潜水在体育运动领域中的应用 …… 205
第二节　潜水科学的发展趋势 …… 209
一、潜水科学发展的总体背景 …… 209
二、潜水科学研究的发展方向 …… 211
三、潜水科学与教育的结合 …… 213
第十四章　世界著名潜水胜地巡礼 …… 216
第一节　大堡礁 …… 217

一、大堡礁概述 …… 217
二、大堡礁主要著名潜点 …… 218
第二节 诗巴丹岛 …… 220
一、诗巴丹岛概述 …… 220
二、诗巴丹岛主要著名潜点 …… 221
第三节 帕劳群岛 …… 223
一、帕劳群岛概述 …… 223
二、帕劳群岛主要著名潜点 …… 224
第四节 马尔代夫群岛 …… 227
一、马尔代夫群岛概述 …… 227
二、马尔代夫群岛主要著名潜点 …… 228
第五节 伯利兹堡礁 …… 231
一、伯利兹堡礁概述 …… 231
二、伯利兹堡礁主要著名潜点 …… 232

主要参考文献 …… 236
附录一 单位换算速查表 …… 237
附录二 主要潜水专业术语英汉对照表 …… 239

DAOLUNPIAN

导论篇

系统学习和掌握潜水运动的理论知识及其实践技能，必然涉及潜水的起源、发展、内涵、分类和应用等问题。

导论篇第一部分以人类潜水实践及相关记载为基础，回顾了潜水的起源及发展足迹，重点对现代潜水，特别是中国潜水的发展进程进行了梳理，同时，对潜水在古代社会的应用以及现代社会中的地位进行了分析。

现代潜水虽有其特定内涵，但并不存在严格的法定分类。基于人们潜水活动目的和用途的不同，本书将现代潜水分为工程潜水、军事潜水、竞技潜水、休闲潜水、科学考察潜水和公共安全潜水六大类，并分别进行了介绍。

导论篇第二部分对潜水运动的定义、分类和发展历史进行了阐述，并对中国和世界的潜水运动组织作了介绍。最后，针对现有一些重要潜水组织的基本状况及潜水行业的从业须知作了初步介绍。

第一章 潜水的起源与发展

人类从什么时候开始潜水，严格来讲是难有定论的。可以确定的是，如同游泳一样，在人类发展的历史长河中，人们在不断适应水的漫长过程里，逐渐形成了潜水技能。当然，这并不妨碍我们从史料记载和考古学家的发现中追根溯源，伴随人类征服海洋、发掘海洋的历程，考证人类潜水活动的发展足迹。

随着人类社会科学技术的不断发展和海洋知识的不断丰富，人类征服水域、探索海洋的勇气和信心也在不断增强。如今，人类已能够进入碧波覆盖之下的海洋最深处，去窥视不为人知的神秘海底世界。假如你是一个潜水员，那么，便会亲眼看到大海之下绚丽多彩的壮观景色。形态奇特、色泽鲜艳的各种海洋生物，美丽多姿的珊瑚礁和多彩夺目、闪闪发光的斑斓鱼群，交织成了一座美不胜收的海底花园。当你置身并陶醉于海底时，那实在是一种莫大的享受。

第一节　潜水的起源和古代的潜水活动

一、潜水的起源

事实上，人类的潜水活动源远流长。从地球上出现最早的人类开始，人们就在布满江、河、湖、海的地球上生活。为了生存，人们依山打猎，傍水捕鱼。其中，靠近水边的人们，为了捕捉水中的鱼虾和采捞可供食用的植物，必然要与水打交道；而为了追捕猎物和躲避危害，人们也经常要跋山涉水，不可避免地与水打交道。逐渐地，人们便学会了游泳、潜水等技能。倘追根溯源，这应当是人类历史上潜水活动的最早形态。

因此，我们很难确定人类开始潜水活动的具体起源年代，但可以肯定的是，在人类发展的漫长历程中，潜水始终是人类重要的生存技能之一。

二、古代的潜水活动

（一）古代西方潜水活动

有记载的史料表明，至少在6000年前，人类已经开始了潜水活动。这可从古代巴比伦贵族妇女当时用作装饰品的珍珠中寻求到证据支持。其珍珠获取过程被称为潜水采珠，当年这项工作是由统治者的奴隶完成的。今日地中海沿岸国家、北澳大利亚沿岸、马来群岛和中美洲的那些采珠工人同样为了生活需要，从事潜水采集珍珠的工作。

据柏拉图和荷马记录，从古希腊时期开始，很多人进行潜水的目的不是为了娱乐，而是采集可以用来洗澡的海绵去市场贩卖。希腊卡利姆诺斯岛是潜水员采集海绵的聚集地，他们通过使用重达15千克的石头①（图1-1）将自己加速坠入海底以收集海绵。如今，这种潜水方法已成为一种自由潜水比赛项目（图1-2）。

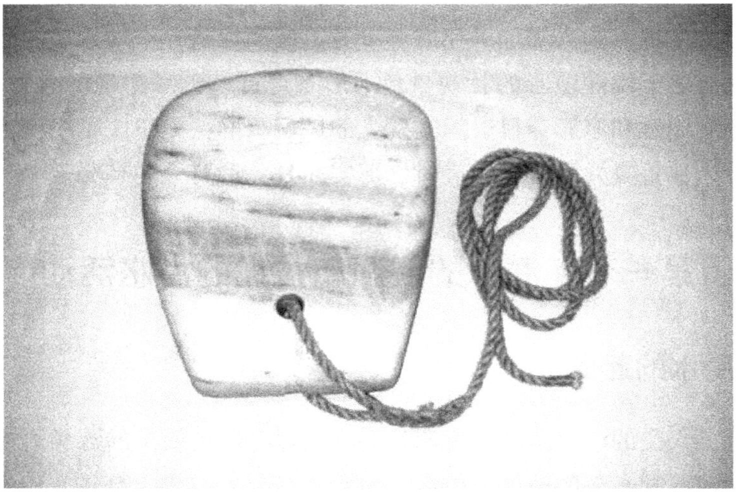

图1-1 下潜时用的重物

①称作“skandalopetra”，翻译过来是“变重石头”。

图 1–2 “变重石头”自由潜水比赛

运用这种方法，当时收集海绵的潜水员的下潜深度已经可以达到 30 米，并且通过反复不断地练习，其在水下的屏气时间也可长达 5 分钟之久。采集完海绵后，船上的同伴再将其用绳子拉回水面（图 1–3）。

图 1–3 采集海绵

古希腊历史学家希罗多德（约公元前484年—公元前425年）很早就对奴隶希里斯为波斯王凯尔克斯从沉船中打捞值钱东西的活动作了描述。

法国一些十六世纪时的雕刻和绘画中也有关于入水打捞财物的描绘。

（二）中国古代潜水活动

我国在两千多年以前便有了关于潜水活动的记载。

《史记·秦始皇本纪》中记载："二十八年（即公元前219年①）……始皇还，过彭城，斋戒祷祠，欲出周鼎泗水，使千人没水求之，弗得。"这可以说是一项关于大规模潜水打捞的描述。

《合浦县志》中也记载，在合浦，百姓潜水采珠起于汉，盛于后汉。

在明朝，廉州（今广西合浦）和雷州（今广东徐闻）的渔民也多以潜水拾贝采珠为业。

我国较为详细的关于古人潜水活动的记载，可见有关历代帝王派"采珠太监"和官吏到南疆监督渔民开采珍珠，并选择精品运回宫室的描述。

在明代宋应星编著的《天工开物》中，便有如下描述："蜑户采珠，每岁必以三月，时牲杀祭海神，极其虔敬，蜑户生啖海腥，入水能视水色，知蛟龙所在，则不敢侵犯。……舟中以长绳系没人腰，携篮投水。凡没人以锡造弯环空管，其本缺处对淹没人口鼻，令舒透呼吸于中，别以熟皮包络耳项之际。极深者，至四五百尺，拾蚌篮中。气逼则撼绳，其上急提引上，无命者或葬鱼腹。凡没人出水，煮热毡急覆之，缓则寒栗死。"（图1-4、图1-5）。

图1-4　口含呼吸管没入水中

图1-5　没入水底采珠

①编者注。

可见，我国古时的渔民是用绳子将石块缚在身上，沉入海底去捞取珍珠贝的，这跟上述古希腊潜水员借助石头下坠采集海绵是同一原理。同时也证明，我国在古时就具有了今天人们潜水所采用的“呼吸管”和“防护用品”相互配合的构思和潜水理念，只不过所采用的器材和做法相对简单一些而已。

《天工开物》中还有关于古时妇女没入水中捞取玉石的记载：“……故国人沿河取玉者多于秋间明月夜，望河候视。……白玉河流向东海，绿玉河流向西北，亦力把力地，其地有名望野者，河水多聚玉，其俗以女人赤身没水而取者，云阴气相召，则玉留不逝，易于捞取，此或夷人之愚也。”

由此证明，我国古时妇女也能没水取物，正如今日的日本、韩国和世界其他很多地区均有采珠女一样，可以说妇女潜水采珠由来已久。

第二节　潜水在古代社会的应用

一、潜水在军事方面的应用

人类有意识地利用潜水技能来达到军事目的的潜水活动，可以追溯到公元前。

（一）西方的情况

在西方古代军事战争中，将领们常常使用潜水员来偷袭敌人。雅典历史学家修昔迪德（约公元前 460 年—公元前 395 年）曾亲自参加伯罗奔尼撒战争，在他写的《伯罗尼奔撒战争史》（至公元前 411 年为止）中就记述了希腊人在叙拉古攻城战中，借助于潜水员攻破该城的战例。某种意义上可以说，从那时起，潜水员就成为军事中的特工人员。

从大约公元前 5 世纪古希腊、古埃及的一些浮雕和壁画中，我们也可以断定，当时的人们已经学会了潜水，其中的某些潜水者的形象相当于今天的“蛙人”①。从中我们还能发现，潜水者是通过呼吸装在羊皮袋里的空气，从海下攻击敌人的，这也许是最早的“水肺”（也称自携式潜水）潜水员（图 1-6）。

①蛙人是担负水下侦察、爆破和执行特殊任务的特种兵，因其携带装备中有形似青蛙脚形状的游泳工具——脚蹼，故被称为“蛙人”。

图 1–6　古希腊、古埃及浮雕中的“蛙人”

（二）中国的情况

从我国春秋战国时期遗存下来的“渔猎攻战图壶”（图 1–7）中可以发现，早在两千七百多年前，当时的人们即已将潜水用于战争。

根据史料，早在春秋战国时期，我国就已经有了水军。如《六韬 · 奇兵》中便有“奇技者，所以越深水渡江河者也”的记述。在当时的越国，已有“习流君子之军”。

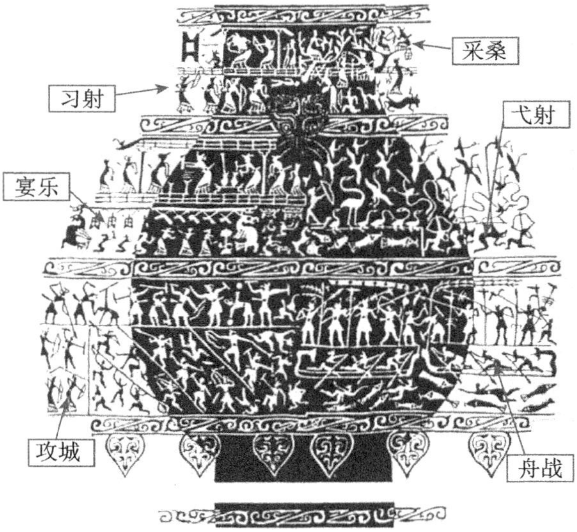

图 1–7　渔猎攻战图壶

在《资治通鉴》中，则对五代时淮南兵包围吴越的苏州城的情形进行了描述，其中潜水用于战争的文字可谓相当详尽，“苏州有水通城中，淮南张网缀铃悬水中，鱼鳖过皆知之。吴越游奕都虞候司马福欲潜行入城，故以竿触网，敌闻铃举网。福因得过。凡居水中三日，乃得入城”。

《齐东野语》当中也有潜水用于军事方面的记载，在宋元襄樊之战中，宋将张贵“乃募壮士至夏节使军求援。得二人，能伏水中数日不食，使持书以出。至桩若栅，则腰锯断之，径达夏军，得报而还”。

二、潜水在其他方面的应用

在西方，有关潜水用于军事以外其他方面应用的记载也比较多，其中最为典型的就是关于亚历山大大帝亲自潜入海底，观察海底生物情况的描述，他也许才真正是“科学考察潜水”的鼻祖。

相对而言，中国有关潜水在其他方面应用的记载就更多了。比如，前述“渔猎攻战图壶”同时也表明，在两千七百多年前，人们不仅将潜水用于战争，更主要的是将其用于渔猎捕捞。

庄子《达生篇》中则记述：“孔子观于吕梁。悬水三千仞，流沫四十里，鼋鼍①鱼鳖之所不能游也。见一丈夫游之，以为有苦而欲死也，使弟子并流而拯之。数百步而出，被发行歌而游于塘下。”可见，当时民间有人已经能够在水中穿波击浪、潜行水底。《达生篇》当中还有关于“没人”的记载。后人郭璞对“没人”的注释为“能鹜没于水底”，也从一个侧面反映了当时人们对潜水并不陌生。

及至宋代，在苏东坡《日喻》中，则记有“南方多没人，日与水居也。七岁而能涉，十岁而能浮，十五而能没矣。夫没者岂苟然哉？必将有得于水之道者。”值得注意的是，这段文字不仅反映了南方地区早期游泳和潜水开展的基本情形，也初步分析了二者之间的相互关系。

第三节　现代潜水的发展

一、国外潜水的发展

（一）国外现代潜水发展沿革

纵观国外潜水发展历程，潜水的发展始终与潜水装备的发展密切相关，从某

①即巨鳖和扬子鳄。

种意义上说，国外现代潜水发展史，就是一部潜水装备发展史。

早在1720年，就有英国人使用特制木桶成功潜入到20米深的水下，进行了海底打捞。

到了19世纪，英国人首创头盔式潜水。1819年，德国工程师奥古斯·特西比发明了一种跟现在的潜水衣非常相似的潜水设备。19世纪末到20世纪初，人们又设计出潜水用的独立呼吸设备。20世纪30年代，潜水中开始出现玻璃镜和橡皮面罩。

一般认为，1943年是现代潜水发展历史上具有划时代意义的年份。两名法国人雅克·库斯托（Jacques Cousteau）和埃米尔·加尼安（Emile Gagnan）合作研制了压缩空气呼吸装具①，从而为潜水的发展创造了一种全新的有利条件。此后，现代潜水才得以普遍兴起，并出现了各种形式的潜水活动。

（二）国外现代潜水发展现状

随着潜水科学的不断发展和潜水装备的不断创新、改革和提高，现代潜水已被广泛地应用于人类的各种工农业生产活动之中，成为许多生产活动中不可或缺的重要劳动技能。并且随着社会发展的需求，现代潜水也越来越多地被运用于社会服务与管理领域之中，在国防安全、抗洪抢险、水下救援、公安消防、海洋科学考察和海洋环境保护等各个方面都发挥着重要作用。尤其是近三四十年来，在潜水装备性能的提高和潜水技能不断普及的推动下，现代潜水已逐渐发展成为满足人类精神追求和享受的体育运动，从而促使潜水从少数专业向广泛普及转化，如今，已经发展成为普通人群可以广泛参与的潜水运动。

潜水运动的迅猛发展和广泛普及，也造就了潜水培训教育、潜水装备销售等消费市场的形成。事实上，由于参加潜水运动的消费较高（特别是潜水装备的价格是相对比较昂贵的），对潜水培训教育的要求也比较高，因此，从总体上讲，发达国家潜水运动的开展相对而言要更加广泛。

以潜水装备消费市场为例。美国是全球最大的潜水装备消费市场，目前消费量约占全球市场的41%，其消费地主要集中在美国的西海岸和东南海岸；欧洲是全球第二大潜水装备消费市场，目前消费量约占全球市场的25%，其消费地主要集中在地中海沿岸和英国南部；拥有广阔海岸资源的澳大利亚是全球第三大潜水

---

①这种呼吸设备就是后面要进行介绍的“水肺”，它主要通过控制空气的流量，使潜水者肺部的气压始终与周围压力相等。

装备消费市场，目前消费量约占全球市场的 20%，其消费地区主要集中在澳大利亚东部沿岸。

近年来，以东南亚个沿海国家，以及巴西等发展中国家为代表的亚洲、南美洲等地，潜水运动显现出飞速发展的势头，并日益成为推动全球潜水运动发展的重要力量。与此同时，我国的潜水运动也在世界潜水发展大趋势背景的驱动下得以快速发展和广泛普及。

二、中国潜水的发展

（一）近代的中国潜水

自 1840 年鸦片战争后，由于长期受到帝国主义、封建主义和官僚资本主义的压迫，尽管中国潜水有自身特色，但由于生产水平落后，并且没有专门从事这方面研究的人员，致使旧中国所有的潜水器材都是从国外进口。并且，潜水只是负责完成海上救援和打捞方面的任务，而大多数打捞，特别是沿海施救打捞事宜，又几乎由外国人包揽。

尽管如此，当时的官僚资本招商局，出于自身经济利益的考虑，于 1947 年初成立了海事课。同时，在一些地区还逐步发展起来了一些以打捞商行和潜水作业户为代表的潜水力量，成为中国潜水的萌芽。这些早期的潜水力量，主要集中在黑龙江流域、天津新港、上海黄浦江和广州珠江口等地。其中，黑龙江航运局和天津新港工程局分别设有潜水员一二十人；上海黄浦江沿岸有招商局海事课以及华兴航运打捞公司等私营打捞商行和一百三十多家潜水作业户；广州珠江口等地的潜水打捞商则以“宝记”和“贵记”的实力较强，其余则是十多家小型的打捞起重商。此外，在我国其他的沿海省市和长江、黄河等水系，都有潜水员从事港湾码头修造，沉船，沉物打捞，港口市政建设等水下作业。据不完全统计，新中国成立前，全国潜水员总数仅仅约三四百人。

（二）近代中国潜水的特点

近代中国潜水在应用上主要以打捞救援、码头建造等生产活动为主；在方式上，多采用简易装具，甚至不用潜水工具，采取屏气潜水的方式；从开展上来说，由于受到物质生活匮乏、潜水装备落后、并且多用于为生产活动服务性质的限制等，在开展和应用上并不广泛，更没有发展为一项体育运动。

（三）中国现代潜水发展现状

1949年新中国成立以后，随着社会生产活动的快速发展，我国的潜水事业迎来了新的全面发展的契机，中国潜水从以前的仅有极少数潜水员从事一些简单的潜水打捞和水下工程的初级阶段，快速发展到全面为工农业生产活动服务的新阶段，成为我国工农业生产活动中不可或缺的必要劳动技能，在水下工程、打捞救援、交通航运、渔业生产等各个生产领域发挥着极为重要的作用。

近年来，由于社会发展的需求，我国的潜水也越来越多地被广泛运用于社会服务与管理领域之中，目前，潜水在公共安全范畴中的抗洪抢险、水下救援、公安消防等方面；在科学研究范畴中的海洋科学考察、海洋环境保护、水下考古等方面；在国防安全范畴中的各种军事潜水活动方面都发挥着重要作用。

我国的潜水成为体育运动项目起步于20世纪50年代末期，最早是作为军事体育项目从苏联学习、引进而来。经过多年的不断发展，我国的潜水运动在竞技水平和广泛普及方面都取得了长足的进步。自20世纪80年代末起，我国在潜水运动中最重要的竞赛项目蹼泳运动上始终处于世界领先地位，至今仍然是世界蹼泳运动强国。20世纪90年代中期，随着我国人民生活水平的不断提高，潜水运动开始在我国广泛普及，越来越多的普通人群参与到潜水运动中来，潜水运动逐渐成为人们喜闻乐见的强身健体、休闲娱乐、放松心身的休闲运动。发展至今，我国已经成立了二百多家开展休闲潜水运动的潜水俱乐部，每年有上百万的人以体验潜水、潜水培训、潜水旅游和运动健身等各种方式参与休闲潜水运动。

三、现代潜水的分类

随着科技进步、时代发展和人们休闲需要的不断增加，现代潜水的内涵不断得以丰富。在今天，现代潜水已逐渐发展成为一项以在水下活动为主要内容，为实现和完成工程作业、军事需要、竞技比赛、休闲娱乐、保障公共安全和科学探险等目的的实践活动。基于潜水活动目的和用途的不同，可以将现代潜水分作工程潜水、公共安全潜水、科学考察潜水、军事潜水、竞技潜水和休闲潜水六大类。

（一）工程潜水

1. 工程潜水的含义

工程潜水是指运用潜水技术，在水下进行的完成工程作业任务的潜水活动

（图 1-8）。工程潜水的工程作业任务形式众多，如水下清除、水下检查、水下焊接、水下切割、船底补漏、打捞等。

图 1-8 工程潜水

2. 工程潜水的特点

（1）潜水技能方面有专业性要求

因为工程潜水的目的是要在水下进行工程作业，因此，其重点是尽可能运用有效且安全的方法去完成水下工作任务。工程潜水作业通常具有较为复杂的专业性，需要受过工程专业训练的人员才能完成，因此，从事工程潜水工作的潜水员往往需要接受针对水下工程任务特点的专业潜水技能训练，如管供式潜水、高氧潜水、氦氮氧混合气潜水等。

（2）工程技术方面有专业性要求

由于工程潜水往往是一项包括检查、修缮、建造、清除等粗重工作在内的行业，想要成为一名合格的工程潜水员，通常还须具备焊接、切割等方面较为良好的工业操作技能。

（二）公共安全潜水

1. 公共安全潜水的含义

公共安全潜水是指以维护社会公共安全为宗旨，以应急预防、抢险救援、打捞取证等内容为主要任务的潜水活动（图 1-9）。公共安全潜水形式较多，涉及较多的是抗洪抢险、水下救援、水下危险物排查等较典型的公共安全场合。除此之外，近年来，围绕犯罪证据调查的水下物证打捞和救援打捞等方面的公共安全潜水活动也明显增多。

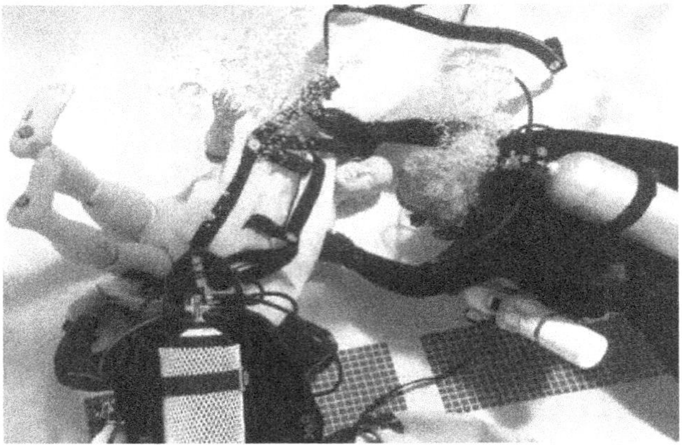

图 1-9　公共安全潜水

2. 公共安全潜水现状

近年来，随着社会经济建设的不断发展，危及社会公共安全的因素也在不断扩大，如水库、水电站在运行过程中的安全问题、自然灾害造成的抗洪救援问题、交通事故造成的轮船倾覆和车辆坠水的水下救援问题，甚至恐怖活动对公共场所安全威胁的排查问题等，因而社会公共安全问题较之以往更多受到关注。如果说水下公共安全更容易受到威胁的话，那么，公共安全潜水的重要性正在日益凸显。然而，从事公共安全潜水方面的从业人员数量、从业者素质、潜水器材装备等方面与社会需求之间还有着相当大的差距。即便是在各种潜水活动开展广泛的美国，其专门从事公共安全潜水的从业人员也数量较少。我国仅有极少数经济发达地区的水利部门配备有抗洪抢险潜水队，公安部门配备有水警潜水队，边防部门配备有海警潜水队等专门负责公共安全潜水的从业人员。因此，随着社会经济的不断发展，公共安全潜水有着极为重要和广阔的发展空间。

（三）科学考察潜水

1. 科学考察潜水的含义

科学考察潜水是指以水下实际观测和收集科学研究资料与样本，提供与水底科学相关的教育作为主要目的和任务的潜水活动。科学考察潜水的形式也较多，如海洋环境研究、海洋气象研究、水下生物研究、生态考察研究、水下考古等（图 1–10）。

图 1–10　科学考察潜水

2. 科学考察潜水的重要性

如今，科学考察潜水已成为科学界重要的组成部分。生物学家、海洋学家、气象学家、考古学家、生态学家等有关科学家都会依赖科学考察潜水，收集有关各自科学研究领域的水下和水底科学资料。随着科学研究的不断深入，科学家们已不能只满足于在实验室对水下科学样本进行检测和研究，他们更需要自己亲临水下进行各种科学观测、检测和取样等。除了纯粹的科学研究外，科学考察潜水也已经成为渔业管理、环境危害评估和能源开发等相关实用科学的重要工具。为了能够在更深和更广泛的地点进行科学研究，科学考察潜水常常借助某一种潜水的工具和技巧。虽然很多科学考察潜水活动或许都采用常用的休闲潜水的水肺器材，但有些科学考察潜水员可能既是技术潜水员又是工程潜水员，并且基于研究的需要，他们可能也会用到更加复杂、科技含量更高的潜水装备，例如全密闭式循环调节器和无线通讯设备等。

（四）军事潜水

1. 军事潜水的含义

军事潜水是指为达到某种特定军事目的或目标而从事的潜水活动（图 1-11）。军事潜水的形式主要有水下爆破、水下潜伏、水下侦查、水下格斗、水下工事构建等。

图 1-11 军事潜水

2. 军事潜水的特殊性

提到军事潜水，可能很多人会联想到诸如美国海军的海豹突击队之类的士兵，其工作任务便是从水底悄悄潜入敌后，对敌进行军事打击。事实上，这只是军事潜水员所可能从事的多种潜水任务之一。在大部分国家中，军事潜水员的职业生涯都较为漫长，而且他们为国家执行的任务往往是重要且危险的。即使退役之后，他们也常常被要求不能与其他人交谈过去所从事的军事潜水任务及相关工作。

（五）竞技潜水

1. 竞技潜水的含义

竞技潜水是指以训练和竞赛为主要形式，旨在不断提高参赛者的竞技水平的潜水活动（图 1-12）。各种正式或非正式的竞技潜水主要包括蹼泳、水中定向、水下狩猎、水下曲棍球、水下橄榄球、水下摄影和自由潜水等形式。在国际上，组织最为规范、参加的国家和人数最多、水平最高的竞技潜水主要是蹼泳。在蹼泳中，又分为使用呼吸管呼吸的蹼泳、使用压缩空气瓶呼吸的器泳和比赛过程中屏住呼吸的屏气潜泳。

图 1-12　竞技潜水（蹼泳）

2. 竞技潜水的重要赛事

竞技潜水的赛事较多。以蹼泳赛事为例，比较重要的赛事就有每两年一届的世界蹼泳锦标赛、亚洲蹼泳锦标赛和欧洲蹼泳锦标赛，每年 3~4 站的世界杯赛等，还有综合性的世界运动会中的蹼泳比赛。我国的蹼泳竞技水平经过几代体育人的不懈努力，自 20 世纪 80 年代末起，在世界上始终处于领先地位。迄今为止，中国已经在各种世界蹼泳比赛中获得了 160 多个蹼泳世界冠军，并保持了近一半的世界纪录，可以说，在世界上我国是蹼泳运动强国。

值得一提的是，近年来由于自由潜水运动的风靡，除世界潜水联合会（CMAS）官方定期举行的世界自由潜水大赛以外（图 1-13），更多的自由潜水国际组织，甚至小型个人俱乐部也开始举行各种自由潜水竞技赛事，颁布成绩，这也极大地推进了此项运动的快速发展。同时，世界潜水联合会也正在积极努力地向国际奥委会申请将自由潜水这个极限运动列入奥运会的比赛项目之一。

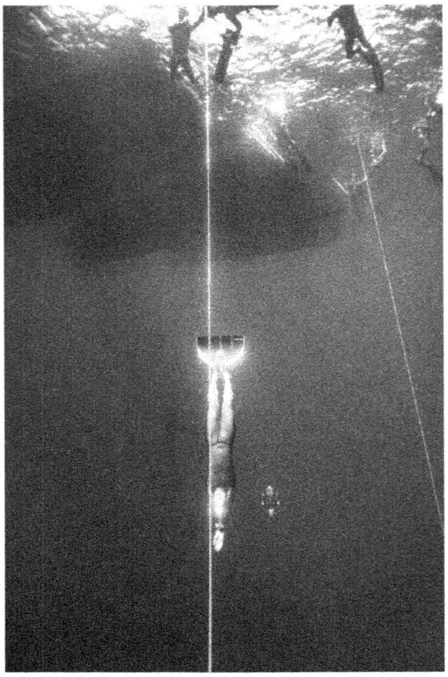

图 1–13　CMAS 自由潜水比赛

（六）休闲潜水

1. 休闲潜水的含义

休闲潜水是指使用潜水器材在水下或水面（浮潜）进行的休闲运动，是集运动、观赏、娱乐及旅游度假等为一体的综合性体育运动休闲项目（图 1–14）。

图 1–14　休闲潜水

2. 休闲潜水的形式

休闲潜水的形式较为多样，如浮潜、水肺潜水、休闲自由潜水、休闲管供潜水、潜水器潜水等，用来观赏水下生物、探险、水下摄影等。通过休闲潜水，人们可以锻炼身体、放松身心、陶冶情操、了解和学习海洋知识，对身心健康有极好作用，因而近年来愈来愈受到人们的喜爱。

另外，如果基于潜水的方式来分类，还可以将潜水分为屏气潜水、自携式潜水、管供式潜水、饱和潜水、常压潜水服潜水、潜水器潜水以及远程遥控潜水器潜水等 7 种类型，在此不做详细论述。

四、现代潜水的地位

与人类潜水发展史早期不同，伴随着人类社会文化、艺术、科学技术的发展及人们需求的不断变化，发展至今，现代潜水早已超越当初谋生工具的范畴，而具有了独特的地位与崭新的内涵。它主要表现在：

第一，现代潜水在为人类生产活动服务的基础上，已经逐渐发展成为人们强身健体、培养意志品质和进行文化娱乐的体育运动项目。

第二，现代潜水正日益地由实用潜水向竞技潜水、休闲潜水领域发展。尤其需要指出的是，潜水运动已经成为越来越多时尚人士的户外活动新宠。目前，潜水运动与高尔夫运动、滑雪运动并称为三大绿色休闲运动。

第三，现代潜水不仅根据时代的发展不断增添着新的内容，它的装备和技术的进步也很好地反映了人类智慧的结晶和科学技术发展水平。现代潜水已成为人类科技进步与科技成果绝佳的展示窗口和平台。

本章复习思考题：

1. 中西方有哪些关于古代潜水活动的记载？
2. 潜水在古代社会有哪些应用？
3. 简述国外现代潜水的发展现状。
4. 中国潜水的发展历经了怎样的过程？
5. 现代潜水的独特地位主要体现在哪些方面？
6. 现代潜水有哪些分类？

第二章 潜水运动概述

随着科技的进步和时代的发展，潜水逐渐由人类的生存需要、生产活动等方面的应用向体育运动方向发展，潜水的目的逐渐由满足人们物质的需求发展到满足人们精神的需求，人们开始通过潜水活动满足运动竞赛、强身健体、休闲娱乐、放松心身等方面的精神追求和享受。人类诞生于“羊水海洋”，基因中天生就对水有深深的亲切感，潜入水下，被水包裹的感觉就像重返“子宫”，安全、宁静、舒适。所以，人类喜欢潜水，是与生俱来的天性使然，如同受到“磁场”的强大吸引而无法抗拒。在这种“磁场”的吸引及历史发展背景下，现代潜水运动发展迅猛，并逐渐形成竞技潜水和休闲潜水两大类型。围绕着这两大潜水运动类型，相继出现了众多为潜水运动管理、竞赛、教育及推广服务的潜水运动组织。这些潜水运动组织的出现，一方面是潜水运动发展的必然结果；另一方面，也进一步推动了潜水运动的发展，特别是由此建立起来了潜水运动的职业培训和行业准入制度，更为潜水运动的规范管理和健康运营提供了组织和制度保障。

第一节　潜水运动的定义、分类及发展历史

一、潜水运动的定义

（一）潜水的原有含义

潜水从广义上讲是指：将身体没入水中往返的活动过程。其原有含义是指为从事水下打捞、查勘、修理和水下工程等工作任务，而在携带或不携带专业工具的情况下没入水下往返的活动过程。

（二）潜水运动定义

潜水运动是指以体育运动和竞赛为目的，借助或不借助潜水装备将身体没入水下往返的活动过程。

二、潜水运动的分类

潜水成为体育运动最早是以潜水竞赛活动的形式出现的，并逐渐发展出多种竞技潜水运动项目，并设立有世界锦标赛、世界杯赛、洲际锦标赛、对抗赛、邀请赛等多种赛事活动。近二十多年来，随着人们生活水平的不断提高，在潜水装备和潜水技能的不断进步和普及的推动下，越来越多的人参与到潜水运动之中，潜水运动得到广泛普及，并由此派生出不以竞赛为目的，而以强身健体、放松心身、休闲娱乐和旅游观光为主的休闲潜水运动，其迅猛发展和广泛普及的势头，使之迅速超越竞技潜水，成为潜水运动中的一个重要分支。目前，谈到潜水运动，已经毫无疑义地将其划分为竞技潜水和休闲潜水两大类型。

（一）竞技潜水

经过多年的发展，竞技潜水已经形成种类繁多的竞赛项目，目前开展较多并有正式或非正式比赛活动的主要有：蹼泳、水下定向（图 2-1）、水下橄榄球（图 2-2）、水下曲棍球（图 2-3）、水下渔猎（图 2-4）、水下射击（图 2-5）、水下摄影（图 2-6）、运动潜水（图 2-7）、水下摔跤（图 2-8）、水下自行车（图 2-9）、屏气潜水以及近年来流行的“美人鱼小姐国际大赛”（图 2-10 ）等。除水下摄影、运动潜水、水下自行车和蹼泳中的器泳项目之外，竞技潜水项目常用的潜水装备为浮潜和屏气潜水装备。这些比赛的赛场分为两类：泳池和自然环境水域。由于参与性比较强，对场地、装备要求不高，上述绝大多数竞技潜水项目潜水俱乐部会员都可以自行组织娱乐性的比赛。

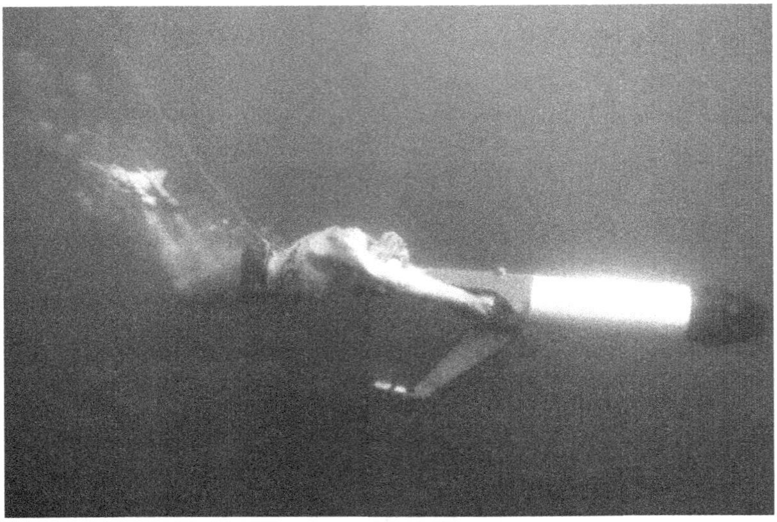

图 2-1　水下定向

图 2-2　水下橄榄球

图 2–3　水下曲棍球

图 2–4　水下渔猎

图 2–5　水下射击

图 2-6　水下摄影

图 2-7　运动潜水

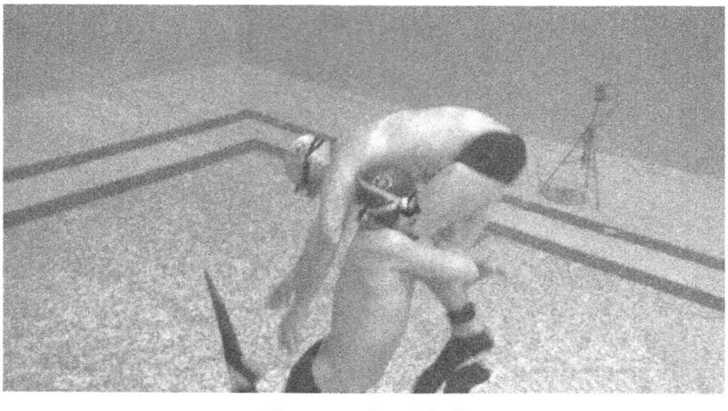

图 2-8　水下摔跤

图 2-9　水下自行车

图 2-10　美人鱼小姐国际大赛

另外，从技术层面讲，花样游泳比赛在一定程度上也带有竞技潜水比赛的特色（图 2-11），因为运动员经常需要依靠较长时间的屏气潜入水下屏气完成动作。

图 2-11　花样游泳

（二）休闲潜水

经过近十多年的不断发展和广泛普及，参与休闲潜水运动的人群越来越多，普及程度越来越广，并在其发展过程中，依据人们的兴趣和爱好导向，不断派生出多种类型的休闲潜水活动，包括水下观光（图 2–12）、潜水旅游、水下摄影（图 2–13）、自由潜水（图 2–14）、水下渔猎等各种休闲潜水活动，其特征是在通过潜水运动强身健体的基础上，以休闲娱乐、观光旅游、放松心身、陶冶情操为主要目的。

图 2–12 休闲潜水（水下观光）

图 2–13 休闲潜水（水下摄影）

图 2-14　休闲潜水（自由潜水）

从休闲潜水所使用的装备和技能角度分类，休闲潜水活动主要包括依赖呼吸装备的潜水活动——自携式装备潜水和管供式潜水；以及不依赖呼吸装备的潜水活动——浮潜和屏气潜水。依赖呼吸装备是指潜水时间和深度的增加主要依靠呼吸装备（比如，气瓶空气的多少在很大程度上决定潜水时间的长度）；而不依赖呼吸装备是指潜水时间和深度增加主要依靠人类自身的能力（比如，人类闭气时间的长短在很大程度上决定潜水时间的长度），当然，浮潜和屏气潜水活动还是会用到面镜、呼吸管、脚蹼和潜水服等潜水装备。

依据休闲潜水活动的组织形式和特点，可以进一步将休闲潜水分作体验式潜水、俱乐部式潜水和自发式潜水三类。

（1）体验式潜水

在体验式潜水中，潜水人员都是非专业人员，只经过简单培训，然后在潜水导游或教练员带领下，潜到 4~10 米深的水下，在一定范围内进行潜水体验。通常，体验潜水俱乐部（公司）会与旅行社合作，由旅行社负责招揽游客，潜水俱乐部（公司）负责为顾客提供体验潜水服务的潜水旅游活动。目前，体验潜水形式占休闲潜水的绝大多数市场份额。因为它能满足不同年龄段、会游泳或不会游泳的游客需求，满足了人们“入海”的愿望。事实上，体验式休闲潜水是 20 世纪 90 年代中期率先在中国的海滨旅游地发展起来的，可以说，体验式休闲潜水是中国特有的休闲潜水方式。

（2）俱乐部式潜水

俱乐部式潜水是通过对会员进行标准化、科学化与国际化的潜水培训，向通过考核者签发国际通行的潜水证书，并组织队员进行丰富多彩的潜水旅游方式，给本区域生活比较富裕的潜水爱好者会员提供的休闲潜水活动。目前，国外的休闲潜水主要采用的便是这种形式。

(3) 自发式休闲潜水

自发式休闲潜水是指那些具有共同潜水爱好的群体，凭借自身所拥有的潜水器械或通过借用、租用潜水器械等方式，自发组织进行的休闲潜水活动。自发式休闲潜水的优点是组织方便、灵活，但在组织上常常不够严密、缺乏安全。当然，这种方式的潜水人员一般都经过了潜水理论知识与技术的系统学习，并获得了国际通用的不同级别的潜水员证书。

三、中国潜水运动的发展

（一）中国潜水运动的兴起

潜水作为一项体育运动，是在 1949 年新中国成立后为人们所认识，并逐渐开展起来的。

1958 年 11 月初，苏联支援陆、海、空军志愿协会主席别洛夫上将应中国人民国防体协主任李达上将邀请访问中国，介绍了欧洲新兴的压缩空气轻潜运动开展情况及其实用价值，希望中国借鉴苏联，以俱乐部形式开展潜水运动，并同意帮助中国培训潜水运动人员。随后，国家体委把潜水运动列入国防体育项目开展。

1959 年 7 月，国家体委、解放军总参从海军选派 6 名政治思想好、有潜水基础的现役军人赴莫斯科学习潜水。同期，国家体委在广州举办首期全国潜水教练员培训班。10 月，国家体委以上述学员为班底，正式组建国家体委潜水训练队。

1960 年 3 月，国家体委经多方实地考察，最终决定将国家潜水训练基地建在海滨城市湛江。在三年经济困难时期基本建设经费极度困难的情况下，“中国人民潜水俱乐部”（后改称国家体委湛江潜水运动学校）仍于 1961 年 3 月开建。中国潜水运动从此翻开了崭新的篇章。

（二）中国潜水运动的停顿与重生

“文化大革命”期间，中国潜水运动中断，同先进国家的差距拉大。1975 年 1 月，“国务院、中央军委批转国家体委、总参谋部关于在全国恢复业余滑翔学校和开展其他军事体育活动问题的请示”以文件形式下发，中国潜水运动重获新生。

1976 年和 1977 年，湛江潜水运动学校连续开办两期潜水教练员培训班；1978 年，又开办了潜水医学监督学习班。

1978 年 9 月，国家体委批准在广西柳州举行八单位潜水比赛，这是我国潜水运动停顿十年后的首届比赛。1979 年，潜水成为第四届全国运动会比赛项目①。

（三）中国潜水运动的新发展

进入 20 世纪 80 年代后，中国的潜水运动有了长足发展。1986 年，中国潜水运动协会正式成立。作为中国潜水运动的最高群众性组织及代表中国参加国际潜水运动组织的唯一合法组织，中国潜水运动协会的成立，在推动潜水运动的发展，指导普及潜水运动，提高潜水竞技水平，攀登世界体育高峰，为国争光及扩大对外交往等方面，发挥了积极作用。

在中国潜水运动协会的推动下，除我国的竞技潜水尤其是蹼泳运动取得了优异的成绩外，我国的休闲潜水运动有了新的、更大的发展，开展休闲潜水运动的潜水俱乐部由最初的 8 家发展到了 1999 年底的 24 家，2004 年底的 80 家和 2010 年底的 132 家。值得一提的是，1995 年 3 月 18 日，中国国际潜水俱乐部在湛江宣告成立，这标志着中国潜水运动进入了新的发展阶段。

（四）中国休闲潜水运动的发展现状

目前，中国休闲潜水运动的总体发展现状可以概括为以下几个主要特点：

第一，中国休闲潜水运动国内的主要发展区域已经基本形成。截至目前，在中国潜水运动协会注册的潜水俱乐部已达 230 多家。发展至今，在布局上中国休闲潜水俱乐部已经具备了点状分布、区域集中的主要特点，基本形成了北京及渤海湾地区、上海及华东地区、广东及海南地区、西南地区及港澳台地区五个潜水运动较发达的区域。

第二，中国休闲潜水运动已初步进入国际化发展新阶段。同许多新兴的休闲运动一样，随着中国城镇居民消费水平的提高，休闲潜水在中国已进入了国际化发展新阶段。CMAS、NAUI、PADI、SSI 等在国际上有较大影响力的潜水运动组织相继进入中国休闲潜水市场，对中国休闲潜水运动的发展起到了积极的推动作用，中国的潜水人数和潜水俱乐部数量也因此得到了显著增加。

据统计，目前在中国绝大多数的潜水者中，每年有超过 150 万人次的游客参

---

①自 1987 年起，国内正式潜水比赛一律改为蹼泳比赛。

与体验式潜水。其中，海南省三亚已经发展成为全球最大的体验式潜水基地。调查表明，在参加过体验式潜水的游客当中，有接近30%的游客有兴趣在未来进一步深入参与潜水运动，并有意参加各种潜水运动组织的潜水培训，取得潜水证书，从而成为更加活跃的潜水运动爱好者。

第三，在规模不断壮大的同时，中国休闲潜水运动的产业结构也已经初步建立并不断完善起来，初步形成了不断壮大的潜水消费市场，尤其是休闲潜水产业及其相关产业日趋完善。目前，中国休闲潜水产业已基本呈现出了潜水培训，潜水装备研发、生产与销售，潜水旅游业共同发展的产业结构态势。

第二节　中国与国际潜水运动组织

由于潜水运动的日益流行，许多潜水运动组织便应运而生。目前，世界上的潜水运动组织有很多，由于经营策略和管理方法的不同，其知名程度、普及率以及国际化程度都有所差异。

一、中国潜水运动组织

（一）中国潜水运动协会（CUA）

早在1959年，当时的国家体育运动委员会就开始在全国开展普及潜水运动，并作为军事体育项目广泛推广。1986年，中国潜水运动协会（Chinese Underwater Association，CUA）正式成立。

1. 中国潜水运动协会的职能定位

（1）主要职能定位

中国潜水运动协会是具有独立法人资格的全国性群众体育社会团体，由各省、市自治区、直辖市潜水协会、潜水俱乐部、潜水公司、潜水学校及爱好潜水活动的教练员、裁判员、运动员自愿结成，是中华全国体育总会的团体会员。它是中国潜水运动的最高群众组织，是代表中国参加国际潜水组织的唯一合法组织。从其性质上说，中国潜水运动协会为非营利性社会组织。

（2）其他管理职能

根据其协会章程，除上述职能定位外，中国潜水运动协会还负有对潜水组织的商业活动进行行业管理的职能。根据中国潜水运动协会（CUA）的管理规定，CMAS、NAUI、PADI、SSI 等国际潜水组织在中国大陆推广潜水活动，均须经过正式批准。而且，其教练员必须经过当地俱乐部申报中国潜水运动协会备案，方可在中国执教。

虽然根据世界潜水联合会（CMAS）与其他国际潜水组织的协议，它们的证书可以交叉认证，但这仅仅限于潜水员。在中国，教练级别的认证，必须参加由中国潜水运动协会统一组织的培训、考核，且合格后予以认证。

2. 中国潜水运动协会的组织架构

中国潜水运动协会作为中国潜水运动的最高社会团体组织，除了具有一般运动协会的组织架构外，由于潜水运动的特殊性，又有自己独特的组织架构，如器材委员会和国际潜水俱乐部。

秘书处：是中国潜水运动协会日常工作的常设机构，负责与世界潜水联合会的联系和协调工作，并指导中国潜水运动协会各下属委员会开展相关具体工作。

运动委员会：负责中国潜水运动协会所开展的各种潜水竞赛活动的具体组织实施，如竞赛、训练、裁判等工作。

技术委员会：负责中国潜水运动协会的潜水技术相关工作，如制订水肺潜水标准训练规则、规范及相关国际潜水组织认证系统等。

科学委员会：负责中国潜水运动协会的潜水科学研究方面的工作。如各种潜水技术研究、潜水生理研究、潜水医学研究等。

器材委员会：负责中国潜水运动协会的有关潜水器材方面的工作，如研究潜水器材的高科技材料、改善潜水装备技术性能、推动新型潜水器材装备的应用等。

国际潜水俱乐部：负责中国潜水运动协会与国际上各潜水俱乐部的联系及合作工作，并负责中国各潜水俱乐部开展各种潜水活动的协调指导工作。

（二）商业性潜水运动组织

中国潜水运动协会只是开展潜水运动的管理组织，而当述及中国潜水运动组织的时候，那些商业性潜水运动组织是不应该被忽视的。

1. 潜水俱乐部

目前在中国潜水运动协会正式注册的潜水俱乐部已达 230 多家，主要分布在广东珠三角地区、海南省、上海杭州长三角地区、山东天津渤海湾地区、广西北部湾地区以及重庆四川西南地区。这些潜水俱乐部对我国潜水运动的推动和发展起到了至关重要的作用，虽然它们都是以商业为目的的潜水组织，但在其发展过程中，通过各种潜水活动极大地推动了我国潜水旅游、潜水观光、潜水度假等群众性潜水活动的开展，使休闲潜水运动普及到我国广大人民群众之中，如今，休闲潜水已经成为我国广大人民群众喜闻乐见的群众性体育活动。

2. 商业性工程潜水组织

随着因经济建设需要的各种潜水作业需求不断增大，我国原有的屈指可数的工程潜水组织如交通部打捞局、海上油田水下作业部门等，已远远不能满足各种潜水作业的需求。因而，近年来一些商业性工程潜水组织应运而生，它们不仅在工程潜水领域发挥了重要的作用，甚至往往在公共安全潜水领域也能见到它们的身影。但是，目前我国对商业性工程潜水组织的资质认定和组织管理还是空白，这使得我国商业性工程潜水组织的规范性和安全性尚缺乏有效的保证。上述在中国潜水运动协会注册的潜水俱乐部中，有许多也会涉足商业性工程潜水和公共安全潜水领域。

二、世界主要潜水运动组织

全世界有众多的各种潜水运动组织，但在国际上被广泛认可的、潜水活动开展最多的国际性潜水运动组织主要有：世界潜水联合会（CMAS）、国际专业潜水教练协会（PADI）、国际潜水教练协会（NAUI）和国际水肺潜水学校（SSI）等，目前，上述主要的国际潜水运动组织均已在我国开展潜水活动。

（一）世界潜水联合会（CMAS）

1. 世界潜水联合会简介

1958 年 9 月 28 日在布鲁塞尔召开的国际钓鱼运动联合会代表大会期间，比利时、巴西、法国、联邦德国、希腊、意大利、摩洛哥、波兰、葡萄牙、瑞士、美国、南斯拉夫 12 个国家的代表集会磋商，拟成立一个独立的管辖世界各项潜水活动的国际组织。经过研讨后，于 1959 年 1 月 10 日，在摩洛哥召开了由 14 个发起国参加的第一次代表大会（除上述 12 个国家外增加了马耳他和大不列颠联合王国）。这一天就是世界潜水联合会（CMAS）的诞生日，第一位主席为

J. Y. Cousteau（水肺调节器发明人之一）。

世界潜水联合会（简称 CMAS，源自法语缩写，英文为 World Underwater Federation）是世界上唯一非营利性的世界水下活动组织。目前，已经包含来自 5 大洲的 130 多个成员。CMAS 除了组织国际水下运动赛事，同时在潜水培训以及水下科学研究与发展方面也处于国际领先水平。很多最早期的潜水培训系统都与 CMAS 存在着渊源。CMAS 有许多分支组织，大部分潜水组织与 CMAS 实行交叉认证潜水员资质、等级，还有小部分潜水组织为 CMAS 技术委员会会员。

CMAS 的合作伙伴包括：联合国教科文组织、国际奥委会、世界反兴奋剂机构、世界体育总会、世界运动会、国际世界运动会协会、世界海洋网络等。

2. 世界潜水联合会组织机构

世界潜水联合会共设立三个下属委员会：

运动委员会：运动委员会主要负责协调各会员国，共同制定蹼泳、水中狩猎、水下橄榄球、水下曲棍球等潜水竞赛运动的国际竞赛规则。

技术委员会：技术委员会主要负责制定标准化的水肺潜水训练规则及国际认证系统，它还负责推动、改善和研发水肺潜水安全相关的高科技材料与潜水装备。

科学委员会：科学委员会主要责任是促使全世界的潜水员关注并了解沿海生态系统、生物多样性观测等有关海洋环境的重要事件。事实上，潜水员作为海洋环境的亲身经历者，更应该责无旁贷的担起保护海洋的重要角色。

（二）国际专业潜水教练协会（PADI）

国际专业潜水教练协会（简称 PADI，英语 Professional Association of Diving Instructors 的缩写）成立于 1966 年，目前在世界各地拥有 25000 多名潜水教练员，每年约发出超过 50 万张潜水证书，这使得 PADI 成为世界上最大的潜水训练机构。

PADI 的训练课程不但持续改进，以适应潜水人员不断变化的需要，并且还将潜水活动的修正及其更新考虑体现在其训练课程当中，这也是 PADI 训练课程的最大优点。此外，不论潜水员在何处受训，其所学的技巧与理论都是相同的，唯一不同的只是学习的环境。这有力地保证了其培训的科学性与权威性。

（三）国际潜水教练协会（NAUI）

国际潜水教练协会（简称 NAUI，英语 National Association of Underwater Instructors 的缩写）成立于 1959 年。NAUI 与其他潜水组织不同，它是由会员来组织运作，其教学则以教练的个人经验为依据。NAUI 所订的课程标准都是最基本的需求，是潜水所必须具有的基本技能。NAUI 教练可自行制订标准或斟酌、增减课程内容。目前，它在世界各地拥有 16000 多名教练（会员）。

（四）国际水肺潜水学校（SSI）

国际水肺潜水学校（Scuba Schools International，简称 SSI）于 1970 年成立于美国。SSI 从事潜水事业四十多年来，一直致力于完善和推动系统的潜水教育，是潜水教育与商业组织成功相结合的典范。SSI 在世界上首先开设了潜水大学课程，而这也是世界潜水组织中唯一一个有此课程的组织。其课程由初级潜水员到高级潜水员乃至潜水教练员，各阶层课程编排完善，而且中文教材完整，可以让各级潜水人员在学习过程中充分地掌握应有的知识与技能。

随着潜水运动事业的发展，全世界已经形成了越来越多的潜水运动组织，由于语言和文化等方面的不同，各潜水运动组织必然存在一定差异。但不论是出于什么目的，这些潜水运动组织无疑都对潜水运动的发展壮大起到了非常积极的作用。因此，不同的潜水运动组织之间更应相互尊重，共同进步。

第三节　潜水运动行业从业资质

在现代潜水快速发展的推动下，如今世界上已经有很多被广泛认可的国际性潜水运动组织，它们均可向通过相应的学习和培训并经过考核合格的潜水者颁发各种级别的潜水证书。各个国际性潜水运动组织所颁发的潜水证书，即表明了该证书持有者本身所具有的潜水理论和技能水平，在许多国家也被认定为从事潜水工作的职业资质。由于我国是世界潜水联合会（CMAS）的会员国，因此中国潜水运动协会被授权颁发 CMAS 潜水证书，并在相当长的一个时期里被视为在我国从事休闲潜水的职业资质。近年来，随着我国社会体育指导员制度的逐步实施，从 2013 年起，潜水社会体育指导员制度正式成为我国休闲潜水的法定从业资质。

一、CMAS 潜水员国际认证课程

（一）CMAS 潜水证书与资质

1. CMAS 潜水证书

在中国凡报名参加中国潜水运动协会各潜水俱乐部举办的 CMAS 潜水培训课程，如“一星潜水员”“二星潜水员”“一星教练员”等课程，一经完成培训，并经考试合格之后，均可获得相应的印有“世界潜水联合会（CMAS）”和“中国潜水运动协会（CUA）”标志的双面卡潜水证书。潜水员或潜水教练员持有该潜水证书，便可参与和从事该证书认定范围内的相关潜水活动。

2. CMAS 潜水资质

中国潜水运动协会和世界潜水联合会共同颁发的 CMAS 潜水证书在世界范围内通用。潜水员或潜水教练员持相应级别的 CMAS 潜水证书，证实其所具备的资质和权益，无论在世界任何地方，CMAS 潜水证书均被认可。

（二）CMAS 潜水员国际认证课程简介

1. 儿童/少年潜水员

凡年满 8~10 岁的儿童或 11~13 岁的少年，在有监护人或成年人做潜伴的情况下，都能参加和学习该课程。通过该课程的学习和潜水技能培训后，经考核合格的学员可获得相应的铜、银、金海豚卡，并且若获得金海豚卡，在年满 14 岁以后，便可申请转为 CMAS 一星潜水员。

2. 一星潜水员（CMAS 一星）

这是通向国际公认潜水员的第一个水肺潜水资格证书。该课程要求学员在专业教练员的监督下，最少在开放水（海）域进行 1 次浮潜和 4 次水肺潜水实践。通过培训，学员可以安全潜至 18 米，并掌握一名初级潜水员所应具备的一切必要的知识和技能。有了此资格证书，潜水者便可以在潜水长带领下参加开放水域潜水。

3. 进阶潜水员

这一阶段课程将进一步提升潜水者与潜伴的安全潜水技能，并将培训潜水者掌握低能见度潜水、潜水计划、不减压潜水计划表以及在水中观察生物的知识等。课程共有 4 个技能培训模板与 8 个潜水实践训练模板。学完该课程后，学员可以进行一些更为安全的潜水活动，如夜潜和潜航等，并有助于获得关于水下世界的进一步认识。

4. 二星潜水员（CMAS 二星）

这一阶段课程是为已经具备进阶水肺潜水员资格或具有同等训练及经验的潜水员所提供的，属于继续进修从而达至更高级别的课程。课程有助于学员不断地积累潜水经验，以更加适应不同的潜水环境，更好地认识各不同项目的潜水活动。要完成该课程，学员需要完成 4 项 CMAS 专项选修课程以及 20 次累积潜水记录。在获得中国二星潜水员证书之后，可以与同级或更高级的潜水员一起去开放水域潜水。

5. 救援潜水员

该级别的训练是向学员介绍如何预防紧急突发事件，以及一旦出现问题如何处理的方法。学员将会学到正确应对紧急情况的必要技能，这是获得 CMAS 三星潜水员资格证书的必修课程。

6. 三星潜水员（CMAS 三星）

该课程是培养具有丰富实践经验、理论知识扎实、能在开放水域带领各级潜水员进行各种潜水活动的有责任感的潜水员。该课程以开放水域相关知识的实践应用为主。课程结束时，学员需具备紧急救援潜水员资格、8 项 CMAS 专项选修证书和 50 次累积潜水记录。

7. 四星潜水长（CMAS 四星）

四星潜水长实际上属于资深三星潜水员，拥有超过三星潜水员标准的知识、能力和经验。四星潜水长有能力带领潜水体验与预备课程，带领各级潜水员进行休闲潜水或在其他潜水课程中为教练提供协助。通过四星潜水长，需要协助教练完成一次 CMAS 一星潜水员课程、带领一次潜水旅游项目、协助潜水装备的租赁与维修、船潜实习及 100 次累积潜水记录。

二、潜水社会体育指导员制度

（一）潜水社会体育指导员制度简介

社会体育指导员制度的法律法规，是指由国家权力机关和有立法权的行政机关制定颁发的，有关社会体育指导员制度方面的专门性法律、法规、规章等。要依法治国、依法治体，就必然要求社会体育指导员依法开展社会体育指导活动。事实上，国务院 1995 年印发的《全民健身计划纲要》即规定了“实施《社会体育指导员技术等级制度》，加强社会体育骨干队伍的建设”等内容，从法规的层面上确立了我国社会体育指导员依法开展社会体育指导活动的法定地位。

我国的潜水社会体育指导员制度于 2013 年 5 月开始实施。共分为初级、中级、高级潜水社会体育指导员和社会体育指导师四级，每一级的主要职能有所不同。目前，潜水社会体育指导员制度是我国潜水运动行业的准入制度，所有从事潜水运动的个人、俱乐部或其他潜水组织，都必须配备持有潜水社会体育指导员证书的从业人员依法开展潜水活动。

（二）各级别潜水社会体育指导员的素质要求

初级：能够运用基本技能指导练习对象学习基本技术动作和提高基本运动素质，能够针对不同年龄、性别练习对象的情况指导练习者提高专项技术水平、进行健身活动。

中级：能够熟练运用基本技能和专门技能完成技能提高和健身指导活动，能够针对不同体育活动对象的要求提供不同的服务。

高级：能够熟练运用各种技能完成技术指导工作，能够为不同职业者、残障人士、需控制体重者提供健身服务，能够组织开展体育活动，具有一定的组织培训和管理能力。

指导师级：能够独立解决技术指导过程中遇到的各种问题，能够胜任康复锻炼指导工作，能够组织开展专业技术培训，具有一定的经营、管理和科研能力。

三、选择潜水培训机构注意事项

在一些潜水运动开展较早的国家和地区，有很多潜水培训机构。在中国，许多沿海发达地区和大城市也陆续出现了潜水专业培训机构。部分国际潜水机构也相继进入中国，通过开展专业潜水培训及考核，代表这些国际潜水组织向通过了培训和考核的潜水员颁发相应级别的“潜水资格证书”。

选择合格的培训机构主要应当注意以下几点：

第一，营业执照：有无培训潜水员的经营项目；

第二，相关潜水组织的认证：是否有资格签发该潜水组织的潜水证书，尤其要获得中国潜水运动协会的认可和正式批准；

第三，教练员资格证：应明确直接授课的教练是否有资格证；

第四，教学计划：需要特别注意的是，有些机构为节省费用，没有经过规范的培训与严格的考核就签发潜水证书，这是危险且不可取的；

第五，教材：有无正式、规范的潜水教材来供学员学习等。

本章复习思考题：

1. 潜水运动的定义是什么？

2. 竞技潜水主要有哪些竞赛项目？我国开展最多的有哪些潜水竞赛项目？

3. 谈谈你对休闲潜水的理解。

4. 中国和世界主要潜水组织有哪些？其主要特点是什么？

5. 利用相关资源，了解潜水员国际认证课程的一般流程及相关证书、资质等问题。

ZHISHIPIAN

知识篇

古语云："智者顺时而谋，愚者逆理而动"。人们进行潜水活动时当然也须"顺时"而不"逆理"。要做到这一点，就须掌握关于潜水方面的许多基础知识。

要科学、合理地进行潜水，必然首先涉及潜水环境问题。如果潜水者在对所置身的潜水环境缺乏足够的了解时，不仅难以制定科学、合理、周详的潜水计划，进行潜水活动时的自信与乐趣也会大打折扣，甚至会埋下安全隐患。

其次，还要正确地理解和掌握人体自身在潜水环境当中的变化。理解和掌握这些变化，会牵涉很多学科知识。人们在进行潜水活动中而逐渐形成的潜水物理、潜水生理、潜水医学及潜水心理等方面的专业知识，对于潜水者而言，无疑是极为重要的基础。

最后，要科学、合理地进行潜水，也离不开对人们在长期潜水实践活动中所积累起来的安全潜水经验的学习与认识。开展潜水活动应当具备哪些条件，潜水时如何进行简便、有效的联系，诸如此类的安全潜水方面的知识，可以说是保障潜水者安全的坚固堡垒。

下潜时为何耳朵会感觉到疼痛？水下的物体为何看起来会更大？在水下为何很难辨认声音的来源？鲨鱼、海鳗究竟可不可怕？碰到它们又该怎么办？……诸如此类的疑问，在这一篇都将得以一一破解。

第三章 潜水环境

潜水环境是指人们在进行潜水活动时所处的周围环境。因此，只要是人们用来进行潜水活动的海洋、湖泊、水库、河流、小池塘、泳池甚至废矿坑等水域之处，就可以通俗地理解为潜水环境。当然，水的能见度、温度、密度、盐度、深度，以及水流、潮汐、地形、水生物、天气等具体情况，才是对潜水环境更确切的刻画与描述。

在现代，人类的潜水活动总是希望尽可能科学、合理。在正确认识人类所处潜水环境的客观现实的基础上，合理选择、妥善保护和不断改善正日益受到威胁和破坏的人类潜水环境，不仅是潜水活动的基础与前提，更在相当程度上决定着潜水活动的发展前景与生存空间。

第一节　关爱海洋

一、海洋面临的严峻形势

海洋是人类潜水活动毋庸置疑的第一选择，很多时候更是最佳的选择。当我们第一次潜入那变化多端的海底世界时，面对绚丽多彩的水下世界，会立即感到无比的紧张、兴奋，并完全沉浸在“悬浮”于其中的宁静和安详。正是海洋这种带有几分神奇的异样美丽，才让潜水显得如此富有乐趣、让人着迷，总是令我们特别地向往。

到目前为止的科学研究表明，在茫茫宇宙众多的天体中，地球是唯一拥有海洋的星球。换言之，只有地球上才有这么美丽的海洋和如此丰富的物种、生态。

很多人并不知道，在宇宙中地球之所以是蔚蓝色的星球，就是因为其71%的面积是被海洋覆盖的。栖息在地球淡水和海水环境中的生物多达上千万种，仅海洋里就养育了地球上五分之四的生物，人类食用的蛋白质中的21%也是由海洋提供的。不仅如此，海洋还储存着丰富的资源，如石油、天然气、铀等。海水中蕴藏的化学元素可被提取利用的也多达82种。可见，海洋正是人类赖以生存的巨大资源宝库。

对人类来说，地球上丰富的物种和生态，无论是将其作为资源宝库来看待和享用，还是投身其中潜水的美好感受，均需要在没有受到污染、没有被破坏的自然环境中才能够更好地实现。然而现实却是人们常常容易忽视对自身所赖以生存的环境的保护，而水下环境也正日益被我们难以逆转地破坏着（图3-1）。但环境的破坏与重生却是极不平衡的：破坏只在刹那之间，重生则是征程漫漫（图3-2）。

图3-1　海龟的生活环境不断恶化

图3-2　只有拇指大小的珊瑚却要生长十年（左图为活珊瑚区，右图为死珊瑚区）

因此，如果不及时行动起来保护我们蓝色星球的自然环境，恐怕我们以后只能从过去的照片上想象水下世界的精彩，我们最终能够选择的潜水方式就只能是无奈地在充满化学污染物、臭气熏天、毫无生机的环境中进行。

面对因人类的贪婪和大量污染而变得极其肮脏、脆弱不堪的海洋环境(图3-3)，面对因毁灭性捕捞所致的众多珍稀物种的濒临灭绝，作为一名能够与海洋亲密接触的潜水者，首要与最为基本的一项素养无疑就是能够深刻地意识到应当如何保护海洋，并立即开始行动，在关爱海洋、保护海洋这一全人类共同的责任和义务上敢于承担起更大的担当。

图3-3　海滩污染日益严重

二、潜水时保护海洋的理念

随着经济社会的快速发展，休闲潜水已经成为越来越多时尚人士的户外活动新宠。潜水者在享受阳光、沙滩、大海的同时，只要秉承正确的理念，采取恰当的做法，完全可以在带给海洋尽量少污染和破坏的同时，在关爱海洋、保护海洋方面做出更大的贡献。

潜水时保护海洋的意识和行为主要包括：

第一，尊重海洋生物。潜水时，不要随意碰触、惊扰或伤害海下生物，并与其保持合理、安全的距离。海洋生物是海底的主人，同时也是地球的生灵。生命都是息息相关的，尊重海洋生物，就是尊重我们自己，就是在保护海洋中最重要的自然资源。

第二，通过合理运用技术来保护海洋。在脆弱的海洋生态系统当中潜水，一定要通过合理运用和保持娴熟的潜水技术，确保自己的身体和潜水器材不碰触到珊瑚礁。

第三，不收集纪念品。记住，潜水后，带走的只能是相片，留下的只能是气泡。

第四，发现潜水点环境受到破坏，立即通报。身为潜水员，有责任和义务监督当地海洋的健康状况。如果发现海洋生物异常、减少、受伤或有污染，应立即通报当地政府主管部门。

第五，勿在海滩丢弃、乱堆垃圾，也勿在公共场所换衣服；树立良好印象，言辞友善，以身作则，努力成为非潜水员或其他潜水员的榜样。

第六，参加支持海洋、保护海洋的活动。这些活动包括参加海滩与海底清洁活动、参加当地海洋环境保护组织、支持环境条款立法、保护水质、慎选海鲜等。

海洋环境的改善，绝非一日之功。然而，社会上任何巨变的发生，往往正是由小部分人率先发起的。所以，作为一名热爱海洋的合格潜水员，让我们从自我做起，通过影响身边的人，来共同关爱和保护海洋。

三、潜水员的环保意识

要成为一名合格的潜水员，不仅要认真学习潜水相关理论知识、熟练掌握潜水技能，最为重要的是要有贯穿始终的环保理念，使环保理念成为潜水员自身的基本责任，在任何潜水活动过程中都秉承以下潜水环保意识：

第一，在潜水点抛船锚时，远离珊瑚礁。

第二，避免碰触珊瑚或海洋生物。

第三，不要采集贝类、珊瑚等。

第四，不要乱扔垃圾，处理垃圾时应尽可能回收。

第五，掌握正确的浮力控制方法。

第六，踢动脚蹼时，远离海的底部，避免搅动沉积物。

第七，缚紧附加的设备，以防止其破坏海底生物。

第八，沉船潜水时，保护好沉船的完整性。

第二节　潜点地形特征与光照强度

如果说海洋是人类潜水活动的第一选择，那么，从更深入了解和熟悉潜水环境的角度来理解，在海洋中潜水，就必须先了解其潜点的一些基本特征。在潜点的基本特征中，对潜点的地形特征的了解是非常重要的。因为，这涉及正确地选择入水方式、装备、技巧和做好充分的防晒准备。

一、与入水和出水有关的地形特征

潜水时与入水和出水有关的潜点的地形特征，通常分为岸潜地形特征和船潜地形特征。

（一）岸潜时入水和出水处的地形特征

岸潜就是潜水者携带潜水装备从岸边步行到下潜点进行潜水（图3-4）。

通常，岸潜最大的挑战之一，正是在入水和出水之时。例如，当岸边是崎岖不平的地形时，潜水者在背着沉重的潜水装备接近水面时，如果脚步匆忙，会很容易摔跤，从而造成身体与潜水装备的伤害或损坏。又如，当潜水者在出水时不小心陷入岸边的裂流①中，就会被裂流冲得离岸更远，需要耗费额外的体力才能够游回岸边。

图3-4　岸潜

当从岸边入水后，会发现不同潜点的水下地形有很大不同：有些地形是渐渐倾斜，突然形成峭壁的；有些散布着孔穴和岩石；有些地形较容易被搅起沉积物而降低能见度。显然，这些不同的地形特征必然会影响潜水时入水和出水的方

①对裂流的理解，请参见本章第四节的相关内容。

式，同时也一定会带来不同的潜水体验与乐趣。

（二）船潜时入水和出水处的地形特征

船潜则是指潜水者乘船到要下潜的地点进行潜水，潜水结束后再乘船回来（图 3-5）。

图 3-5　船潜

船潜时的入水和出水往往是最简单的，因为船潜可以避开岸边复杂的地形和水流。由于潜水船可以将潜水者直接送到理想的潜点，船潜的优点也是显而易见的，可以省掉长距离又无聊的水面游泳、避开波浪及背着沉重的潜水器材往返于潜点的跋涉，而且对于休闲潜水来说，在往返潜点的乘船过程中，潜水者还能结识共同潜水的新朋友和悠闲地浏览沿途风光。

但是，无论是岸潜还是船潜，只要是在新潜点潜水，潜水之前都必须要对包括入水和出水及水下有关的地形特征有所了解和认识，这样才会给潜水者带来更多的乐趣和自信。在休闲潜水活动中，关于潜点的地形特征信息可以从当地的潜水教练员、潜水长或是经验丰富的潜水员那里获取。

二、底质

（一）各种底质及其特征

潜水点的底质在很大程度上也会影响潜水者的潜水活动。底质是多种多样且复杂多变的，通常包括泥底、淤泥、黏土、沙子、鹅卵石、岩石和珊瑚等。不同的底质其特征也不相同，如泥泞的底质很容易被潜水者搅起，这些悬浮的沉积物会使潜水的可见度降到零；沙地底质虽然有较好的潜水可见度，但是通常会成为视觉沙漠，因为大部分生物都是在沙子里或沙子底下，或在你接近时逃走；岩石的底质能提供海洋生物较好的生长基部，当然，也提供孔穴裂隙让水中的动物将其当成家。

通常，水下的底质是岸边地形的延伸。例如，崎岖的岩石海岸，通常就意味着水下也是崎岖岩石的底质；宽阔的沙滩海岸就可以期待水下是宽阔的沙底。但也会有一些例外的情形，所以，向当地潜水员来确定不熟悉的底质对潜水者是有帮助的。此外，一些水下底质的信息也可以从用于确定航海路线和位置的航海图中获得。

（二）潜水者基于水下底质的选择

一般情况下，水下底质有较大起伏的潜水点会有较多的水生动物与植物存在，而平坦的水下底质与海藻林（图 3-6）或珊瑚礁相比，往往会缺少较易被发现的生物。通常，潜水者更愿意寻找和选择看得到较多生物的地区来进行潜水，因为那通常是比较有趣的地方。

图 3-6　海藻林

潜水者一旦进入水中，需要非常小心地移动，以免扬起泥沙，伤害到海底生态或者脚蹼踢到潜伴等。当然，海底的沙地（图 3-7）不会像淤泥或泥巴一样容易使水浑浊，珊瑚礁和岩礁通常可提供绝佳的水下能见度和许多有趣的生物和场景以供观赏。需要强调的是，一旦潜水者开始选择在开放水域潜水，一定要先了解好开放水域的底质，因为它是影响开放水域潜水的众多重要因素之一。

图 3-7　海底的沙地

三、遮顶环境

所谓遮顶环境（Overhead environment）（图 3-8）是指任何不能直接垂直浮出水面的水下环境，它实际上属于上面封闭的潜水环境。遮顶环境的典型例子包括洞穴、沉船内部、冰下、大型船底或厚重的海藻下方水域。

在遮顶环境中潜水时，由于不能直接向上浮出水面，如果潜水者一旦遇到潜水装备故障、身体不适等意外情况时，将无法及时浮出水面自救或等待救援，其他潜水员也难以及时发现异常情况，甚至无法进行救援。因此，无论潜水者在其他潜水环境中的经验多么丰富，只要是在遮顶环境中潜水，就必须进行专业特殊训练，取得遮顶环境专业潜水资格，并配备专用装备。否则，就是在拿自己的生命开玩笑。

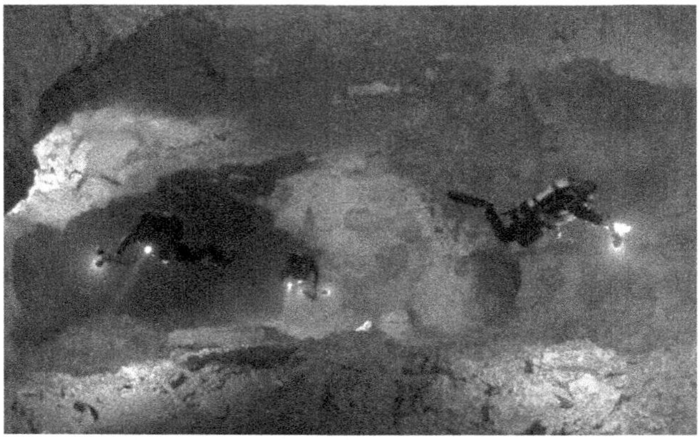

图 3-8　遮顶环境

四、光照强度

光照强度也是潜水点极为重要的潜水环境，光照强度不仅对水下的能见度产生直接影响，更重要的是光照强度也是会对潜水者造成伤害的不能忽视的因素。

潜水者进行潜水活动时，往往是在阳光强烈的夏季或常年阳光强烈的热带地区。在潜水过程中，人体常会处于阳光直射的船舶、海滩和码头上，所以，潜水前必须要有充分的防晒伤措施与准备。

潜水者不在水中时，要穿着防晒衣物且尽量待在阴凉处，并涂抹防晒油（应选择不伤害珊瑚的防晒油，或者采用其他防晒方法）。必须注意的是，即使是阴暗的天气，潜水者也很有可能被晒伤，因为紫外线会穿透云层并在水面形成漫射。虽然你感觉不到灼热，你的皮肤其实正在慢慢被紫外线伤害着。这就是为什么很多较严重的晒伤，大多是发生在多云的天气和水边。

在水中也有可能被晒伤，特别是进行浮潜时。因此在浮潜时，一定要穿上潜水服来保护自己。在水中的晒伤，可能要到伤害造成后才会察觉。

需要强调的是，据统计，晒伤是潜水者最普遍的伤害。但只要潜水者做好充足的防晒准备，晒伤是完全可以避免的。

第三节　水的状况

由于潜水活动的特殊性，潜水者还必然要了解和熟悉潜水点水质的状况。反映潜水点水质状况的主要指标包括能见度、温度和密度。

一、能见度

（一）能见度的含义

水下能见度，其实是从大气光学借用来的术语。水下能见度即水中视程。它以米为单位，是反映水透明度的一个指标。其基本含义是具有正常视力的人在当时的水质条件下能够看清楚目标轮廓的最大距离。

（二）能见度的作用

能见度是影响潜水者潜水活动的重要因素。

在低能见度的水域潜水，潜水者会由于缺乏视觉参考物而导致眩晕，从而丧失方向感，并容易受伤和发生危险（如被锋利的珊瑚礁或岩石、废弃的鱼钩刮伤，被渔网缠绕等）。通常，在低能见度的水域潜水，主要是出于工程、军事或公共安全需求。这种情况下的潜水需要特殊的装备、专业的训练及严格的操作程序。

（三）影响能见度的因素

水的运动、天气、季节、底质、浮游生物、潮汐的变化等因素都会影响水的能见度。

例如，中国渤海、黄海水域的能见度通常小于 5~8 米，东海以台湾、济州岛一线为界，以东的能见度可达 20~30 米，而以西只有 3~15 米。墨西哥的科提兹海（Cortez），夏天的水下能见度高于冬天。中国南海水域的水下能见度较高，一般为 20~30 米，但在河口附近，因含泥沙及浮游生物极多，能见度则会降低很多。

通常在热带，水是最为清澈的，在其水面上即可看到水深二十多米处的珊瑚及各种奇异鱼类，光线甚至可以直达海底，海底景观一览无遗。需要指出的是，在极端清澈的水域，由于物体看起来会感到很浅或很近，而实际上要更深和更远，因而对水下距离的估计将会产生很大的误差。

（四）有关能见度的提醒

必须提醒潜水者的是，无论能见度高与低，潜水时务必要跟潜伴靠在一起潜水。双方之间的距离以保持在潜伴需要帮助时伸手可及且游动起来又不会相互影响为佳。每一位潜水者从一开始潜水，就要养成这样的好习惯。

二、温度

（一）水温对于潜水者的影响

水温是制定潜水计划时需要重点考虑的因素之一。潜水者必须在下水前了解和掌握潜水点的水温，以便选择合适的潜水服。

水具有高热容性，水能储存的热量比大部分常见物质都要多。在与气温相同的情况下，水的导热速度约为空气的 20 倍。只要在水中停留时间过久，哪怕是在温度为 24℃的水中都可能致命。这是因为，身体产热的速度比不上水带走热量的速度。所以，即使在温暖的水域潜水也需要穿潜水服。

必须强调，由于人们进行潜水活动的水温通常低于人体的温度，长时间的潜水活动必定会使潜水者的身体热量不断流失，严重时甚至会造成潜水者失温，所以，绝大部分的潜水活动都需要穿着潜水服。

（二）水温的相对稳定性

水的高热容特性还有一个重要的特性，就是水温的改变具有热惰性。即使气温产生极大的变化，水的温度也不会骤升或骤降。如某一个地区的早晚气温差相差可能 8~10℃，而水温却几乎没有什么变化；或者，气温连续几天都在下降或升高，而水温却在 5~6 天后才有稍微显著的变化。在某种意义上，水温具有的这种相对稳定性，为人们潜水活动的开展提供了某些便利。

三、密度

有关水的密度方面的基本规律包括：

第一，水温和盐度的差异会造成水的密度差异。

第二，水的密度差异又会造成不同的水层。其中，密度高的水位于密度低的水的下方。

第三，低温和高盐度会形成高密度水；反之，较高温和较低盐度则会形成低密度的水。

上述关于水的密度规律对潜水者制定潜水计划和进行潜水活动也必然带来相应的影响，潜水者必须要对此有所认识。

第四节　水的动态及效应

水所蕴含的巨大能量既让人欣喜又让人畏惧。欣喜的是，可以利用水流的能量进行发电或借助海流推动远洋巨轮等；而畏惧的是，人们无力掌控大海啸、大洪水等。同样道理，在水中逆流游泳是非常困难的，哪怕是世界级的游泳冠军，很快也会体力不支。如果学会顺流而进，哪怕是万吨巨轮也会毫不费力到达目的地。

显然，上述情形同样适用于潜水活动。潜水者想要顺畅地从事潜水活动，就必须正确地理解水的动态及其效应。在潜水活动中，反映水的动态及其效应的概念主要包括洋流、潮汐和岸边水流等。

一、洋流

（一）洋流的含义与成因

1. 洋流的含义

洋流也常称海流（图 3–9）。人们常形象地将洋流称为“海洋中的河流”。它是指海洋中海水沿着一定路线做大规模流动的现象。

海洋中有很多大大小小的洋流，每条洋流终年沿着比较固定的路线流动。洋流可以分为暖流和寒流。其区分标准是：若洋流的水温比到达海区的水温高，则称为暖流；若洋流的水温比到达海区的水温低，则称为寒流。洋流也会出现在大型湖泊，甚至是面积虽较小但有一定规模的水体中。当然，水体面积越小，就须有越强劲的风力才能造成一定强度的水流。

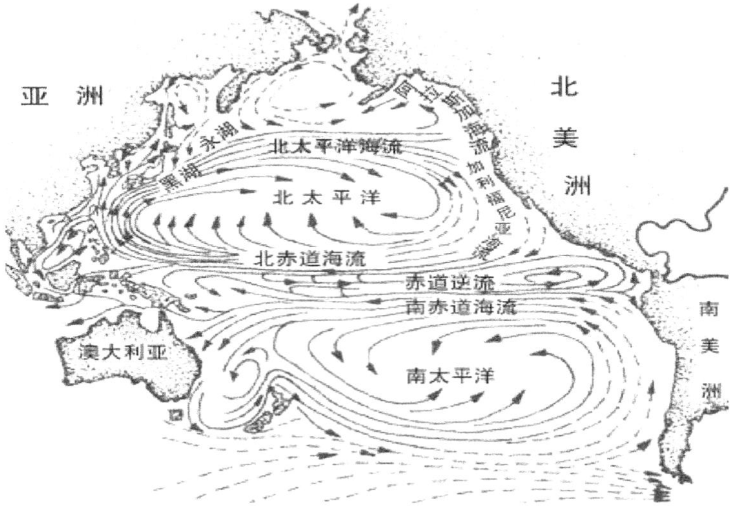

图 3–9 洋流图

2. 洋流的成因

按成因不同，洋流可分为风海流、密度流和补偿流。

(1) 风海流

风海流也称吹送流。风海流是在风力作用下形成的。当盛行风①吹拂海面时，它会推动海水随风漂流，并使上层海水带动下层海水流动，从而形成规模很大的洋流，这就是风海流。世界大洋表层的海流系统，其成因大多属于风海流。由于海水运动中黏滞性对动量的消耗，这种流动随深度的增大而减弱，直至小到可以忽略，其所涉及的深度通常只为几百米，相对于几千米深的大洋而言仅仅是薄薄的一层水流。

(2) 密度流

密度流是在海水密度差异的作用下引起的。其基本机理是，不同海域海水温度和盐度的不同会使海水密度产生差异，从而引起海水水位的差异。在这种情况下，在海水密度不同的两个海域之间便产生了海面的倾斜，并造成海水的流动，由此形成的洋流便称为密度流。

(3) 补偿流

补偿流是由于海水挤压或分散所引起的。当某一海区的海水减少时，相邻海区的海水便来补充，这样形成的海流称为补偿流。补偿流既可以水平流动，也可以垂直流动。垂直补偿流又可以分为上升流和下降流，如秘鲁寒流就属于上升补偿流。

综上所述，产生洋流的主要原因是风力、温度和海水密度差异所致。当然，实际发生的洋流往往是多种因素综合作用的结果。

(二) 洋流的意义及其对于潜水的影响

1. 洋流的意义

洋流是促成不同海区间水量、热量和盐量交换的主要原因，它对气候状况、海洋生物、海洋沉积、交通运输等方面都有很大影响。洋流像人体的血液循环一样，把整个世界的大洋联系在一起，使整个世界的大洋得以保持其各种水文、化学要素的长期相对稳定。如果没有洋流，赤道和热带地区将比现在炎热得多，两极地区将比现在寒冷得多，温带寒冬酷暑变化之激烈也会令人难以忍受。

针对洋流的上述特征及其现实意义，在科学技术日益发达的今天，人们已经大量地利用海流来选择航线、发电和捕鱼等。

---

①盛行风也称最多风向，是指在一个地区某一时段内出现占频数最多的风或风向。

2. 洋流对于潜水的影响

由于洋流的存在，潜水者在制定潜水计划和进行潜水活动时必须要考虑洋流的存在。无论洋流多么细微，只要在其中进行潜水活动，就可以利用洋流来帮助潜水者在潜水活动中确定入水和出水点，也可利用洋流减小潜水者的体力消耗。当然，也必须充分考虑洋流对潜水安全的影响，避免洋流对潜水活动形成危险，甚至对潜水者造成伤害。

二、潮汐

（一）潮汐的含义

到过海边的人都知道，海水有涨潮和落潮现象。涨潮时，海水上涨，波浪滚滚，景色十分壮观；退潮时，海水悄然退去，露出一片海滩。涨潮和落潮一般一天有两次。海水的涨落发生在白天叫潮，发生在夜间叫汐，所以也叫潮汐。我国古书上说“大海之水，朝生为潮，夕生为汐”。此外，在涨潮和落潮之间水位处于不涨不落的状态叫作平潮。

（二）潮汐对潜水的影响

当潜水者在进行潜水活动时，必须注意，潮汐会造成潜点水位的变化。如果事先没有将这一点考虑到潜水计划内，就会遇到麻烦。

例如，涨潮或高潮时海水会涌向岸边，覆盖了岸边的岩石，这会使得入水变得容易，因为你可以从岩石的上方游过；当退潮或低潮时，水位下降，无法覆盖岩石，如果此时你在水中，就必须爬过石头才能回到岸边，这比起游过它们要困难且危险得多。所以，在制定潜水计划时，需要对潜点的潮汐有足够的了解。

另外，因潮汐所形成的水流也会对潜水活动造成很大的影响。如涨潮时从岸边入水后会形成逆流而行的状况；而落潮时从岸边出水也会形成逆流而行的状况，这使得潜水时的入水和出水变得很困难。

三、岸边水流

当风吹过水面，它会将能量传递给水，推动水开始出现高峰与低谷，继而形成波浪。当风继续增强或长时间吹动，较大的波浪便会形成。波浪的能量之大，会通过水传播几千公里。当波浪进入浅水区时，受到水底和岸陆地形的影响，便会形成各种水流，如沿岸流、离岸流等。

（一）沿岸流

1. 沿岸流的含义

沿岸流（图 3-10）是指波浪推向岸边，当波浪并不平行于海岸线，两者间形成夹角，持续不断的波浪推动而成的一股贴岸而行的海流。

2. 沿岸流对潜水的影响

潜水者若不慎游入沿岸流水域时，亦会被带到不理想的出水点。潜水者如果在岸边遗落物品，则物品通常会顺着沿岸流的方向移动。此外，沿岸流如果带有海底沉积物，还会降低海岸附近的能见度。

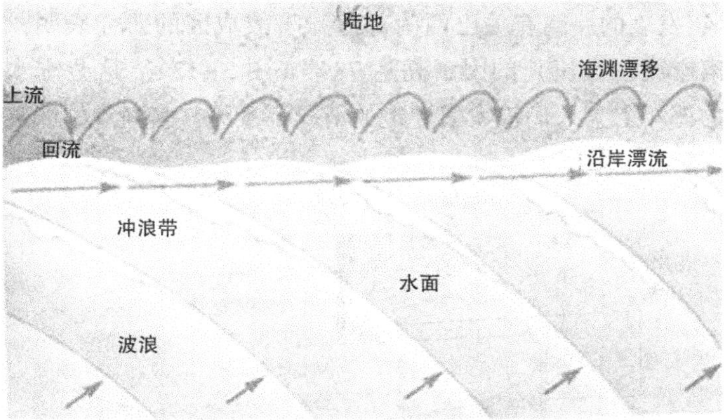

图 3-10　沿岸流

（二）离岸流

1. 离岸流的含义

离岸流（rip current）（图 3-11）也称裂流，是指当非平行海滩的波浪涌向海滩，两个不同方向的波浪汇聚后，产生离岸方向的水流冲出外海的现象。

2. 离岸流对潜水的影响

根据有关实验，离岸流的平均流速为 0.5～1.5m/s 之间不等，甚至有超过

2m/s 的流速。因此，水性再好的人一旦陷入离岸流，并且逆水而游，最终会因为体力不支而出现危险。

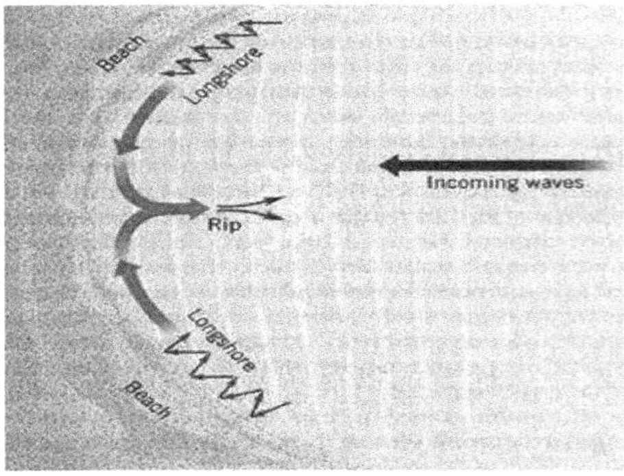

图 3-11　离岸流

在 2003 年发表的一篇有关巴西南部海滩事故成因的研究表明，在海滩事故的成因中，离岸流（裂流）的因素高达 78%（图 3-12）。这些溺水的意外，皆发生在平坦的海滩上，人们被大浪卷走的情况不多见，其潮汐的涨落也不明显。

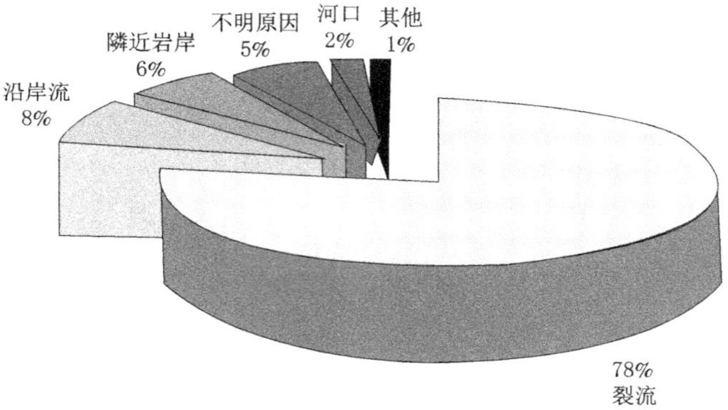

图 3-12　海滩事故成因的比例分布

离岸流是可以在岸上观察到的。浪越大，则离岸流的流动越明显。如果潜水者身陷离岸流，决不能逆流而上，而应该转向与离岸流方向成 90°角度游离离岸流区，就可顺着向岸边的波浪进入浅处上岸。事实上，对离岸流较为熟悉的潜水者，常常利用离岸流的特性轻松地游出与游入。

本章复习思考题：

1. 潜水时保护海洋的方法有哪些？
2. 简述岸潜与船潜时入水与出水处各自的地形特征。
3. 潜水的遮顶环境主要有哪些？
4. 简述水下能见度和水温对潜水的影响。
5. 为什么不穿潜水服的潜水员即使在阴暗的天气也有可能被晒伤？
6. 简述洋流的主要类型、成因及其对潜水的影响。
7. 简述水中遇到离岸流的应对方法。

第四章 潜水物理知识

潜水给人带来的感受是神奇和美妙的。由于水和空气这两种不同的物理介质所存在的差异，使潜水者在水下时身体会产生与陆地上完全不同的感受，比如，由于水的浮力更大，潜水者可以像太空人一样自由地漂浮在水中。当然，水的压力也会使潜水者面临一些问题，比如在下潜时，潜水者若没有掌握好平衡耳压技术，就会导致耳朵疼痛。这些问题的存在，将直接或间接地对潜水者产生影响，致使其身体的生理状态发生变化。因此，了解和掌握与潜水有关的物理知识，是潜水者从事潜水活动的必备素质，也是制定科学的潜水计划和进行安全的潜水活动的必要前提。

第一节　物质形态与空气组成

潜水者在从事潜水活动时，会涉及不同的物质形态，如需要使用固体装备——潜水器材，在液体——水中活动，呼吸气体——压缩空气，以满足其潜水活动和维持其生命活动的需要。因此，作为一名潜水者，首先有必要对物质的基本形态与主要特征，特别是对潜水者而言生命攸关的空气方面的知识进行学习和掌握。

一、物质形态

固体、液体和气体是物质的三种基本状态。

（一）固体

固体物质具有固定的体积和形状，质地坚硬。固体物质是很难被压缩的。

（二）液体

液体物质具有一定的体积，但无固定形状，其形状可依容器不同而改变。液体物质是不可被压缩的。

（三）气体

气体物质无固定的体积和形状，是可被压缩的物质。

二、空气组成

（一）大气分层

因地球引力作用，空气围绕地球形成一层厚度约为 1000 km 的气体层。这就是大气层。大气层的顶端并没有明显的界限，离海平面越高，空气就越稀薄。几乎所有气体都集中在离地面约 100 km 的范围内，其中 50%的空气集中在离地面约 30 km 以内。按气温垂直分布，可将大气层分为对流层、平流层、中层、热层和外层（图 4-1）。

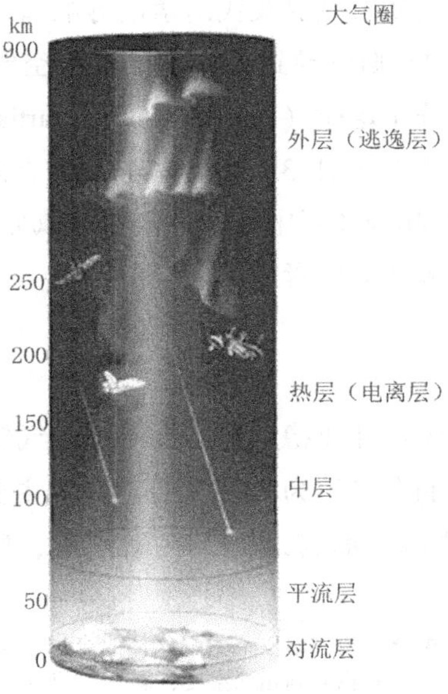

图 4-1　大气分层示意图

（二）空气的成分

空气由多种气体混合而成，包括氮气、氧气、二氧化碳、稀有气体（例如氦气、氖气、氩气等）、水、其他气体（臭氧、一氧化氮等）及杂质（如悬浮的固体颗粒）等。空气成分以氮气、氧气为主，二者约占空气总量的99%。

人在陆地上活动时，气压变化对空气的影响程度比较低，对人的机体影响也比较有限。但是，潜水者在潜水时，水压将使气体的分压值①增加，当潜水者在水下呼吸“压缩空气”时，机体会产生一些与陆地上不同的生理反应。如果不能适应潜水环境，或是使用器材不当，就有可能导致身体损伤。因此，潜水者必须要对空气的组成和性质有所了解，才能预防和解决潜水时因气体变化而产生的各种问题。

1. 氧气（O_2）

氧气为无色、无味、无嗅的气体，密度比空气大，能溶于水，溶解度很小。氧气是生物体维持生命活动不可缺少的物质。正常空气中，氧气含量约占21%。需要强调的是，在高压下的氧气是带有酸味的。

氧气含量过高或过低都会损害人体。当空气中的氧气含量低至14%即可导致人体生理机能衰退，表现为判断力减退及代谢紊乱等缺氧反应，含量低至10%时人体会出现呼吸困难，低于7%则可导致死亡。同样，空气中氧气含量过高也会损害人体，根据道尔顿气体分压定律（Dalton´s law of partial pressure），正常空气中的氧分压约为101. 3 KPa×21%=21. 3KPa（0. 213bar），人体较长时间吸入氧分压0. 6~1. 6bar的空气可能引起慢性氧中毒，人体吸入氧分压2~3bar以上的空气在较短时间内即可能发生惊厥性氧中毒。

2. 氮气（N_2）

氮气为无色、无味、无嗅、性质稳定且活性不强的气体。氮气并没有维持生命的功能。正常空气中氮气的含量约为78%，是空气的主要组成成分。氮气是造成潜水“减压症”的主要成因。简言之，人在潜水时，呼吸气体的压力增加，

---

①气体分压是指当气体混合物中某一组分在相同温度下占据气体混合物相同体积时，该组分所形成的压强。如收集一瓶空气，将其中N_2除去，再恢复到相同温度，剩余O_2仍会占满整个瓶子，但其单独造成的压强会比原来的低，此时的压强值即原空气中O_2的分压值。

会有更多氮气“溶入”人体，而在上升（减压）时，没有按照潜水规则操作，导致气泡堵塞在身体某些部分，而导致的减压病。其机理类似打开一瓶碳酸饮料，而冒出的气泡。

第二节 大气压与水压

一、大气压

（一）大气压的含义

在物理学中，把物体表面受到的压力与受力面积的比叫作压强。大气对处于它里面的物体产生的压强称为大气压强。大气压强也就是单位面积所受到的大气压力，简称为大气压，其国际单位是 Pa（帕斯卡）。1Pa 的物理意义是：1 牛顿的力作用在 1 平方米的面积上，即 $1N/m^2$，$1Pa = 1N/m^2$。在实际应用中，大气压也常用 bar（巴）来表示，与 Pa 的换算关系为：1bar = 100KPa。

（二）大气压的特征

大气压随海拔的升高而降低。在海拔 3000m 以内，海拔每升高 10m，大气压约减少 100Pa，在海平面的大气压约为 101.3KPa（即 1.013bar），称为 1atm（标准大气压）。

（三）大气压的测量

大气压可通过托里拆利（Torricelli）实验测得。

实验采取如下方式进行：将一端密封的长约 1m 的玻璃管注满水银，用手指按住玻璃管的开口端，倒插在水银槽里，开口端全部浸入水银槽后放开手指，玻璃管内水银柱受大气压力影响而保持一定的高度，该高度水银柱产生的压强即为大气压。因此，大气压也可用厘米水银柱或厘米汞柱（cmHg）表示。其关系式为：1atm = 76cmHg。

（四）大气压度量单位之间的换算

由于世界各地不同的使用习惯，在潜水的实际应用中，用来表示大气压的度量单位较多，除上述的 Pa（帕斯卡）、bar（巴）、cmHg（厘米汞柱）外，

mH_2O（米水柱）、ftH_2O（英尺水柱），以及 kgf/cm^2（千克力/平方厘米）、psi（磅力/平方英寸）等也是大气压常用的度量单位，它们之间的换算关系为：

$1atm=1.013bar=76cmHg=10mH_2O=33ftH_2O=1.033kgf/cm^2=14.7psi$。

（五）人体的压力感受及其变化

1. 正常情况下人体压力方面的感受

一般成年人的体表面积为 $1.3\sim1.8m^2$。这一面积在海拔 0 米处所承受的总重量在 $13436\sim18604kg$ 之间，由于人体内外气压相对平衡，再加上人类身体主要组成成分（液体、固体）原因和与生俱来的适应能力，所以没有受压的感觉。

2. 气压变化情况下人体压力方面的感受

由于重力的作用，气压越高，气体密度越大，人体内外压差增大，使呼气更困难，产生气闷；气压越低，气体密度越小，吸入体内氧气量减少，使人体缺氧，呼吸变得急促。

3. 潜水时人体压力的变化及其应对

一般来说，人类在陆上生活时，所承受的压强变化幅度比较小（在 1 个标准大气压左右变化），人体容易对这种变化产生适应。但是，在潜水时，由于水深变化造成压强的变化幅度比较大，人体对这种剧烈的变化难以适应，必须具备基本的身心健康条件和一些基本的训练方可适应。当然，这也需要正确理解下述有关水压方面的知识。

二、水压

（一）理解水压

水的密度要比空气大很多，体积 $1cm^3$（温度 4℃）的纯水重为 1g。我们可以这样来理解水压：想象有一长柱形容器，其底面积为 $1m^2$，若水柱的高度为 10m（1000cm），则其体积为 $1000cm^3$，重量为 1000g（1kg），容器底部的压强即水压为 $1kgf/m^2$。

（二）关于潜水水压的简单理解

潜水时的绝对压强为深度压强与水面的大气压之和，可以简单地理解为：在水下 10m 深处的压强为 2atm。而每下潜 10m，潜水的绝对压强值便增加 1atm。因此，通常水压也以大气压为度量单位。

（三）关于潜水水压的精确表达

倘要更精确地对潜水水压进行表达，还需注意到水的密度。

例如，因海水含有盐分，其密度与淡水不同（海水的密度约为淡水的 1.026 倍）。所以，相同水深的海水压强比淡水的要大。更为精确的表达就是：在海水中，每下潜 10m 便增加 1atm；而在淡水中，每下潜 10.3m 才增加 1atm①。

不仅如此，世界各海洋海水的含盐量也有所差异。比如，红海的海水含盐量最高，其盐度约为 39‰，波罗的海的海水平均盐度只有 7‰~8‰。而河川入海口因为有大量淡水作为补充，其海水盐度更低，如长江口附近海域的盐度在 5‰以下。此外，海水温度和水压变化也必然会影响其含盐量，但因其变化幅度较小，基本不影响潜水活动。

第三节　气体与压强的关系

一、气体体积与压强的关系

（一）波义耳定律

波义耳定律（Boyle's Law）由英国化学家罗伯特·波义耳（Robert Boyle）于 1662 年提出，其内容是：恒温条件下，一定质量的理想气体的体积与其压强成反比。

波义耳定律可以用公式表示为：$V=C/P$。式中，V 为气体的体积，P 为压强，C 为常数。

进一步推导，理想气体的体积与压强的乘积为常数，即 $PV=C$ 或 $P_A V_A = P_B V_B$。

（二）气体体积与水深

由波义耳定律可知，气体体积与压强成反比。所以，水越深压强越大，处于其中的气体体积就越小。

例如，水面体积为 $1m^3$ 的气体，在水深 10m 时，压强约为水面压强的两倍，

---

①由于海水和淡水之间存在着密度差异，如无特别注明或确指，本章中提及的水均为海水。

而气体的体积压缩为0.5m^3；下降到20m深度时，压强约为3atm，气体体积则变为原来的1/3。其他情况，依此类推。

二、气体密度与压强的关系

（一）基本关系

由波义耳定律可知，既然一定含量的气体的体积随压强的增加而减小，那么，随着单位体积中的气体分子数量的增加，气体的密度便会发生变化。

（二）确切表达

气体密度与压强的关系也可以表述为气体密度随压强的增加而增加。假设体积为a的气体在1个atm下的密度为b，则该气体在2个atm下体积缩小一半，气体密度变为2b。

因此，在一个大气压下，温度18℃的空气密度为1.2250kg/m^3，而在3个大气压下，其密度变为3.6750kg/m^3。

（三）气体密度变化对潜水者的影响

潜水时，随着下潜深度的增加，气体密度和压强增加，潜水者呼吸阻抗和输气系统阻抗均会相应提高。因此，潜水者下潜越深，就会感觉呼吸阻力越大。

第四节　气体与液体

一、气体与液体的关系

（一）气体在液体中的溶解

当气体与液体接触时，气体分子便通过分子运动方式，弥散入液体，直至饱和。换言之，气体可以在液体中溶解。

（二）气体在液体中的溶解系数

1. 含义

在一定温度下，在1atm下，一种气体溶解于1mL某种液体内的数量即为该气体在该种液体中的溶解系数。

2. 特征

气体在液体中的溶解现象存在一个重要特征：它的溶解系数与气体的平衡分压成正比。

亨利定律（Henry's Law）表明，温度恒定时，一种气体的溶解度与该气体的平衡压强成正比。而道尔顿定律表明，水深增加时，混合气体中各气体的分压也随之增高，则各气体溶于液体的量也随之增加。

（三）气体溶解系数变化对潜水者的影响

气体溶解系数的变化对潜水者的影响是非常大的，潜水者必须采取相应措施予以应对。

比如，在30m水深处长时间潜水时，氮气分压值约为大气压的4倍。此时，溶入潜水者身体的氮气含量也相应倍增。在此情形下，如果潜水者在上浮时身体不经减压就急速上浮，气压快速降低就会导致体内过饱和的氮气无法维持溶解状态，在缺乏充足的时间将多余的氮气排出体外的情况下，潜水者的身体组织和血液中便会形成游离气泡①。

二、浮力

（一）阿基米德原理

阿基米德原理（Archimede's Law，也称阿基米德定律）即浮力原理，其内容是：浸在液体中的物体受到竖直向上的浮力作用，浮力的大小与该物体排开的液体的重力相等，浮力大于物体重力时，物体上浮，反之，则下沉。

例如，体积1L、质量10kg的物体完全浸入密度为1kg/L淡水中，所排出的1L的淡水质量为1kg，此时，该物体受到的浮力大小为9.8N（即1kgf），弹簧测力计显示物体重量就减轻到9kgf（图4-2）。

①由此造成的相应后果，请参见下一章中的相关内容。

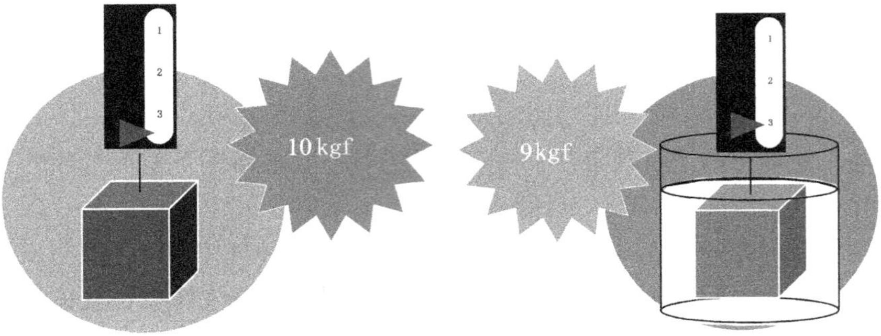

图 4-2 阿基米德原理示意图

（二）人在水中受到的浮力

人在水中受到的浮力因人而异。大多数的人由于肺内存有足量的空气，因此，身体的密度约为 0.97kg/L（稍低于淡水 1kg/L 的密度），完全浸没时，浮力是稍大于身体重力的。

例如，体重为 65kg 的人，身体重力为 637N，其在水中排开水的体积为 65kg÷0.97kg/L≈67L，所排开水的重量约为 67kg，根据阿基米德原理，其身体所受到的浮力为 656.6N，浮力比身体重力大 19.6N。因此，大部分的人在水中即使不做动作亦能上浮。此外，由于脂肪的密度（0.79kg/L）远低于水的密度，胖的人的脂肪含量更高，也更容易浮在水面上。

（三）潜水服在水中受到的浮力

潜水服为潜水员的必备装备，它的主要功能是防止潜水者的体温在水中过快地散失。但由于潜水服是用海绵状发泡合成橡胶材料制成，这使得潜水服在水中受到一定的浮力。正是因为人体和潜水服都会受到水的浮力作用，因此，为了潜入水下，控制上浮速度，潜水者在潜水前，需要携带一定的配重来抵消部分浮力，使潜水者的总重与其所受到的浮力达到合理的比例（比例的大小需要根据具体需求而定）。

需要强调指出的是，根据波义耳定律，潜水者在潜水时，水对潜水服中气泡的压缩使得潜水服的厚度变薄，从而浮力减小，这会造成潜水者的下潜速度加快（为控制下潜速度，这时需要借助浮力调整装备增加浮力，具体参见装备章节）。例如，在水下 30m 深时，潜水服内气泡的体积被压缩为原来的 1/4，浮力因此减少，而由于配重不变，因此，潜水者在下潜到某一深度时就会感到自己开始变得有些“沉重”。不仅如此，变薄的潜水服也会导致保温效果降低。

第五节 光线、声音与热能

一、光线

（一）水中光线强度的变化

阳光映照入海水后，由于水对光线的吸收以及水中杂质（如细小砂泥）和浮游生物等对光线的散射与遮挡，光线强度快速减弱。在到达一定深度后，光线甚至就完全消失了。

比如，在正午时分，阳光在非常透明的水体中能透过75m的深度。但是，在水深4.5m处，光的强度就已经降为水面处的1/4，而在水深15m处，光的强度仅为水面处的1/8。

（二）水对光线的吸收

水中光线的强度之所以会发生变化，是因为光线会依水深不同而被有选择地吸收。其基本吸收规律是，光波越长的光线越早被吸收。因此，根据水深的变化，水对不同颜色的光线吸收的顺序依次为红、橙、黄、绿、蓝（图4-3）。

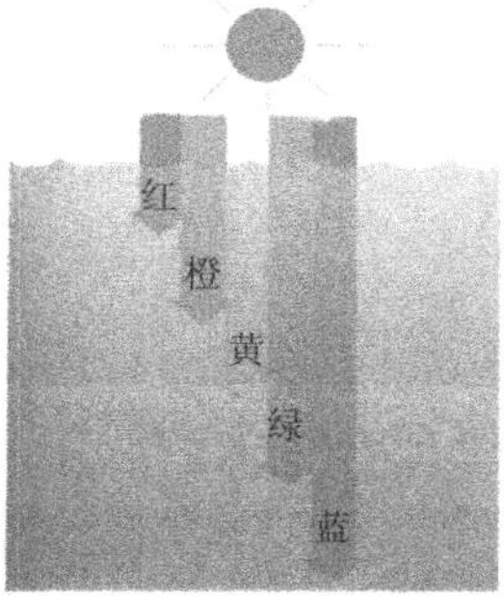

图4-3 水对不同颜色光线的吸收顺序

具体来说，红光在海水表层会很快消失，在2~3m深处便已显得微弱；橙色光和黄色光分别在 5m 和 10m 水深处被吸收掉；水深超过 18m 则蓝色光占优势，越往深处颜色越浓，水深处则呈现一片蓝色。在水中猎鱼时可以发现，此时，鱼流出的血是蓝色的而非红色的。这就是因为红色等颜色的光被水吸收掉，只有蓝色光被保留了下来所致。

（三）水中视物与面镜

1. 裸眼水中视物存在的问题

有些人会注意到，在水中，用裸眼直接观看时，所看到的物体是不清晰的。这是由于在水中直接看水里的东西时，水和角膜发生了直接接触，眼球此时失去了正常校正的功能，这很像相机的镜头无法聚焦。因此，这时所看到的物体只是模糊的影像而已。

2. 问题的解决

为了解决这一问题，潜水时必须戴上面镜。因为戴上面镜后，由于眼睛和水之间隔着一层空气，潜水者就可以清楚地看到水中的物体。然而，由于光线在空气和水的界面处会产生折射，因此，潜水者在水中看到的任何物体都比其实际体积要大，感觉物体的距离也比其实际距离要近——约为实际距离的 3/4（图 4-4）。

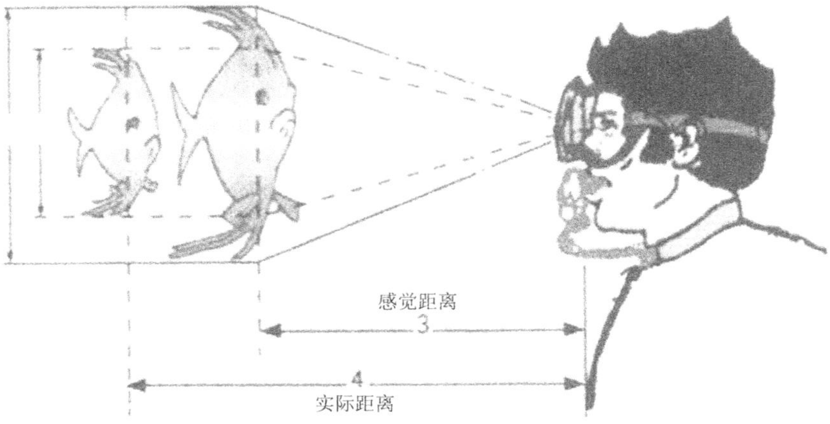

图 4-4　戴上面镜后水中所看物体的体积、距离的变化

二、声音

（一）水中的声音

可能有人会觉得，水中是静默无声的宁静世界。

但事实并非如此，其实水中充满了各种嘈杂的声音，比如浪击声、砂与砂的摩擦声，以及水中鱼、虾、蟹类等各种生物发出的声音和水面上舟船经过时的机械声等。因此，水中并非是宁静的世界。

（二）声音在水中的传播

声音可以在固体、液体或是气体介质中传播，在不同的介质中的传播速度不同，介质密度越大，则传播速度越快。在一个标准大气压下，声音在25℃空气中的传播速度仅为346m/s，但在25℃海水中却增加到1531m/s，因此，声音在水中的传播速度比在空气中更快，传播距离也更远。

声音在水中传播速度更快的特性会造成潜水者在水下难以依靠听觉来判断音源的方向和位置。因为通常人们是根据两耳接收到的声音的强度、时间等因素的差异来判断音源的方向与位置，正常的人在空气中对音源方向的判断，误差一般不会超过10°。由于声音在水中传播得非常迅速，使得人的两耳几乎同时听到声音，因此，潜水者在水下很难依靠听觉来判断音源的方向与位置。

三、热能

（一）热能的含义

热能是人类维持生命活动的基础，人体维持正常体温和进行各种生理活动都要消耗能量，所消耗的能量来源于食物中的蛋白质、脂肪和碳水化合物等，可以简单地理解为人体的热能来源于食物转化后的所产生的热量。

在物理学中，热能和热量是两个不同的概念，热能是状态能，指的是物体的内能；而热量是过程能，指的是由于温差的存在而导致的能量转化（热交换或热传递）过程中所转化的能量。热能通常以cal（卡）为单位，1cal即为在1atm下1g纯水的温度从14. 5℃上升到15. 5℃所需的热量。但是，要使1g空气的温度上升1℃，则仅仅需要0. 24cal的热量。

（二）潜水时的热能变化与应对

由于上述原因，潜水时，人体在水中散失热量的速度比在空气中要快得多。因此，在水中穿着潜水服，可以有效减少身体热量的散失，以利于维持体温。

在潜水前，潜水者必须充分了解和掌握潜水区域的水温，并根据水温情况合理选择潜水服的厚度，尽可能减少潜水时体温的流失。如果可能，还应该了解潜水区域垂直深度的水温变化情况和规律，以便应对潜水过程中的水温变化。

本章复习思考题：

1. 潜水者为何需要了解空气的组成及其性质？
2. 潜水者在海水中潜水时，其所受到的压力是如何变化的？
3. 气体体积与压强、气体密度与压强各有何关系？潜水者在下潜时，为何要平衡体内与周围环境的压强？
4. 何为气体在液体中的溶解系数？潜水时，这一系数的变化对潜水者有何影响？
5. 一个体积为3L、质量为8kg的物体，将其全部没入水中所受到的浮力是多少？
6. 何为波义耳定律？何为亨利定律？其对潜水者在潜水中的行为各有何指导作用？
7. 为何海水深处是一片蓝色？
8. 潜水者佩戴面镜潜水时，在水中看到的物体有何特征？
9. 为何潜水者在水下难以依靠听觉来判断音源的方向与位置？
10. 为何大部分潜水者需穿着潜水服来进行潜水？此时，潜水者在下潜到某一深度时，为何会产生有些“沉重”的感觉？

第五章 潜水生理与医学知识

由于人类是长期生活在陆地环境当中，因此，人类身体的构造和机能都是更适宜于在陆地进行各种活动。而人类在进行潜水活动时，由于人体需要面对完全不同于陆地的环境，其生理机能方面必然会发生变化。

潜水者要更加科学、安全地潜水，同时能够有效预防可能发生的各种潜水病症，就必须具备潜水生理与医学方面的相关知识。具体来说，潜水者不仅要熟悉与潜水有关的人体系统及器官，还要正确理解潜水环境或其他因素对人体和潜水带来哪些影响，更要清楚潜水病的诱发因素及相应的预防措施。

第一节　与潜水有关的人体系统与器官

潜水者在从事潜水活动时，由于人体处于完全不同于陆地的环境之中，其生理机能方面发生的变化必然涉及人体的各个系统和器官。鉴于人体系统和器官的复杂性，本书只对与潜水具有直接密切关系的人体系统和器官的相关内容做必要的介绍。

一、神经系统

（一）神经系统的作用

神经系统是人体各器官的协调中枢。神经系统的作用是把从人体各部收集到的信息传达到大脑，经脑的分析、判断后，命令相应的器官做出反应，从而使人体的机能协调统一。因此，神经系统一旦受到伤害，将会导致极为严重的后果。

神经系统对缺氧非常敏感，短短 3 分钟内的缺氧，即可造成对神经的伤害，而且神经细胞没有再生的能力，若受到损伤则将造成永久性的障碍并永远不可复原。

（二）神经系统的分类

1. 中枢神经系统

中枢神经系统由大脑、间脑、中脑、小脑、延脑、脊髓等部分组成。大脑分为左右半球，大脑表面的皮层约有 140 亿个神经细胞。部位不同其组成的细胞也不同，机能也就不同。例如后部与视觉有关，前部与意、欲、创造有关，侧面与记忆有关，所以哪一部分受损，哪种机能即会产生障碍。

大脑神经细胞的形如枝状，有传导作用，延伸至神经末端。人体生存所必需的反射及调节功能，如呼吸、循环、体温维持、运动、消化等机能调节均由脑及脊髓担当，而小脑承担运动、姿势、平衡等机能的调节。

2. 自主神经系统

自主神经系统是中枢神经和各器官组织间联结而形成的神经系统，其作用有两大部分：

（1）知觉与运动神经

听、看、触等外部所获得的状况及情报往中枢传导，此为知觉神经。

另一方面中枢下达命令，传至肌肉令其运动，此为运动神经。脊髓在两者之间。

（2）自律神经

自律神经是我们神经系统中非意识可控制的神经系统。这个系统掌控了唾液分泌、胃肠蠕动、膀胱收缩等功能。当人们处在压力之下，跟自律神经有关的功能常会出现不正常的运作，常见的症状有，拉肚子、胃痉挛、口干、火气大、失眠等。

二、循环系统

（一）循环系统的作用

循环系统包括心血管系统和淋巴系统，其作用主要是输送人体组织所需要的氧及营养素，输出人体组织所产生的二氧化碳及各种废物，输送分泌出的荷尔蒙以及体温的维持及调节，以维持人体机能的正常运转。显然，循环系统的关键作用关系到氧和二氧化碳的输送，如被阻碍，在短时间内便会使人体出现窒息并危及生命。

（二）循环系统的分类

1. 心血管系统

心血管系统由心脏、血管、血液各部分组成。人体内遍布血管和血液，血液在心脏跳动（收缩、扩张）的作用下按一定的方向沿着血管不停地循环流动（图 5-1）。心脏是血液循环流动的起止点，血液在血管里密闭循环，心脏输送出血液，流经动脉血管后再分出许多分支血管，最后分成极微小的毛细血管遍及全身各组织，再由毛细管聚集成较粗的静脉血管流回心脏。

心血管系统承担着为人体各个器官组织输送氧、营养素、荷尔蒙等机体生存必需能量的重要功能，一旦出现循环障碍，人体将无法存活。

2. 淋巴系统

淋巴系统像遍布全身的心血管系统一样，也是一个网状的液体系统。该系统由淋巴组织、淋巴管道及其中的淋巴液组成。淋巴器官包括淋巴结、脾、胸腺和腭扁桃体等，脾脏是最大的淋巴器官，脾能过滤血液，除去衰老的红细胞，平时作为一个血库储备多余的血液。

淋巴系统是人体的重要防卫体系，它与心血管系统密切相关。淋巴系统能制造白细胞和抗体，滤出病原体，参与免疫反应，对于液体和养分在体内的分配也有重要作用。人受伤以后组织会肿胀，要靠淋巴系统来排除积聚的液体，恢复正常的液体循环。

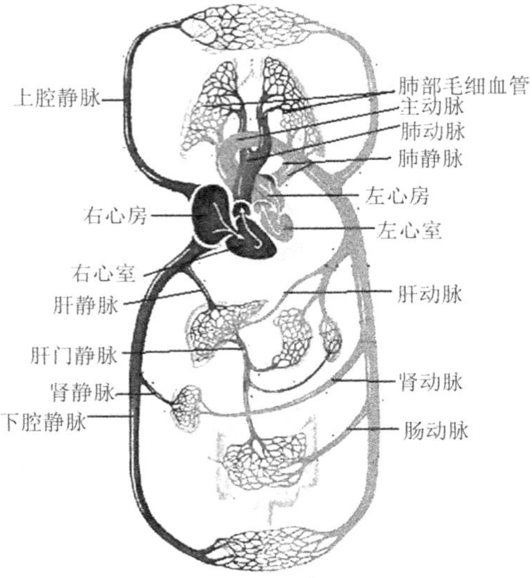

图 5-1　心血管系统示意图

三、呼吸系统

呼吸系统由肺脏、气管等部分组成。呼吸系统的作用是通过肺脏的收缩让人体内外的气体进行交换，使人体内的细胞从外界获得氧气并排出人体内产生的二氧化碳（图 5-2）。人体能量供给的原料来自食物，而食物的氧化供能需要氧气，氧化供能后又产生二氧化碳及水。由于人体内无氧气的储存库，所以必须依靠不停地呼吸以吸取氧气，并依靠不停地呼吸排出二氧化碳。

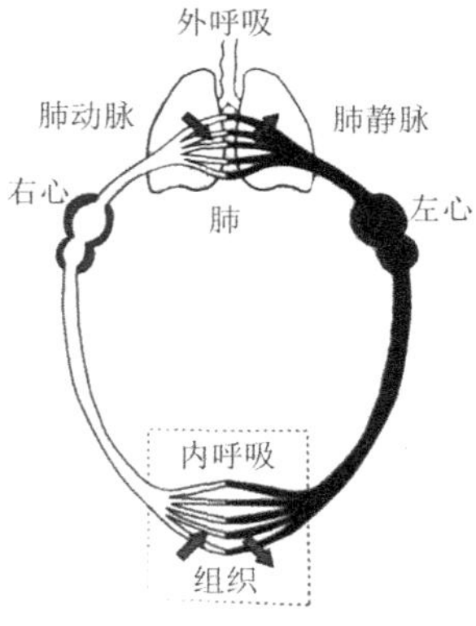

图 5-2　呼吸系统示意图

人体的呼吸循环与血液循环密切相关，呼吸系统的工作过程可分六个阶段：肺脏中空气的呼吸换气；肺脏里血液和空气间的气体交换，吸收氧气排出二氧化碳；血液循环输送气体；血液和组织间的气体交换；组织和细胞间的气体交换；细胞使用氧气，并产生二氧化碳的代谢作用。

呼吸系统承担着人体吸收氧气、排出二氧化碳这一维持人体氧化供能的重要作用，与心血管系统的血液循环同样，一旦发生呼吸系统障碍，可在短时间内导致死亡。

四、耳与鼻窦

（一）耳

潜水时最先感到异样的就是耳部。耳膜极薄，因此压力稍有变化，就能马上感觉出来。耳为声音的接收器，耳按构造可分为外耳、中耳及内耳三部分（图 5-3）。

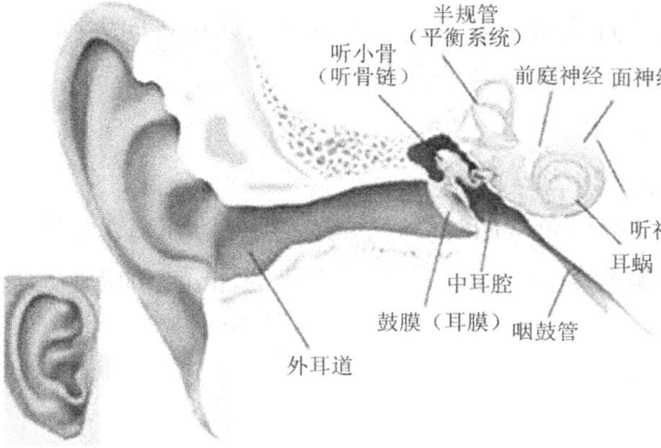

图 5-3　人耳结构图

1. 外耳

外耳包括耳廓、外耳道及耳膜。耳廓与外耳道相连，有辨别声音方向来源的功能。

外耳道长约 2.5cm，耳膜在耳道末端，状似一无孔的漏斗。耳膜极薄，厚度约为 0.1mm。因受空气波动冲击而导致耳膜的振动。耳膜振动频率与空气波动频率相同。

2. 中耳

中耳由听小骨、听骨肌与韧带及耳咽管所组成。听骨共有三块，为锤骨、砧骨、镫骨。锤骨的一端由韧带附着于耳膜内侧部，另一端连接砧骨。砧骨在锤骨与镫骨与镫骨之间，镫骨一端接砧骨，另一端盖于卵圆（前庭）窗上的纤维耳膜。耳膜的振动通过听骨的传导到达内耳。

中耳室有一管道通咽，称为耳咽管或欧氏管，其作用为维持耳膜内外压力平衡，使耳膜能自由震动，且避免因外界气压增加而破裂。耳咽管咽处开口端常紧闭，咽喉中压力变更或吞咽及打哈欠时，颚张肌反射心缩，耳咽管打开。当外界压力增加时，如耳咽管不能正常打开，耳膜将凹陷，外界压力持续增加将引起耳膜破裂。

3. 内耳

内耳由前部的耳蜗、中部的前庭及后部的半规管等三大部分组成。其功能为平衡、感受和接受声音刺激，耳蜗接收镫骨之振动再传向大脑。前庭及半规管与头部姿势反射的关系，称为平衡器官。

（二）鼻窦

头部的空间除耳部外尚有四对鼻窦，包括额窦、筛窦、蝶窦及上颌窦（图 5-4），其功能主要为减轻头部重量，有助于空气的加温、加湿、过滤以及帮助声音共鸣等。

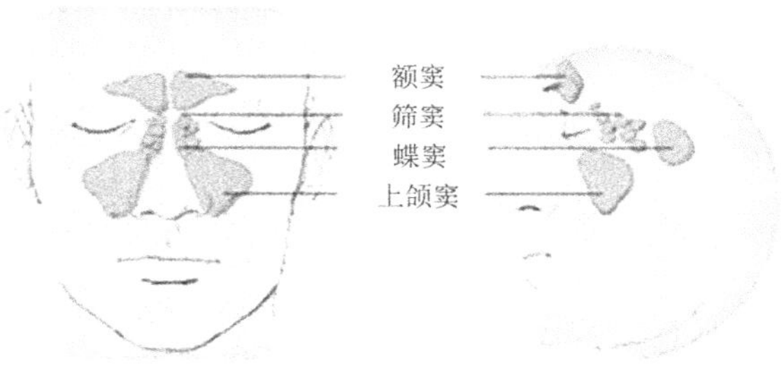

图 5-4　鼻窦的位置

每一鼻窦都有一细管和鼻腔相通，这些管子一般都打开着，外界压力一改变，鼻窦里的压力可借着与鼻腔相通的管腺马上平衡。但如果患有鼻窦炎、感冒等病症时，因细管腺肿起或黏液使管腺堵塞，导致当外界压力变化时鼻窦里的压力无法和外界平衡，即造成挤压，前额窦最易患挤压的症状。

第二节　水温和压力对人体的影响

一、水温对人体的影响

（一）失温

原因：当体内热量产生的比散失的少时，体温自然降低。潜水者在潜水时，如果未穿着足以保持体温的潜水衣，就会发生这种情况。

症状：四肢冻僵、头痛、发抖、呼吸速率增加。

处理：寒冷天气潜水后尽快擦干身体保温；饮用热汤；严重失温时，避免给予咖啡、茶、含咖啡因的饮料及酒等，并不可再潜水。

预防：穿着保温良好的潜水衣；感觉寒冷时就上岸；手足要进行特别保温；不可勉强或超过自己的能力范围。

（二）高体温症

原因：环境温度过高，而致身体热量无法散失，正常热传递的过程被阻断，体温调节系统机能失调，遂出现一连串症状。

症状：症状多和水分散失有关，而水分散失源于脱水及皮肤血管扩张。最严重的症状是中暑，且体温会升高至40℃或更高，并引起昏迷，甚至造成死亡。

处理：首先必须预防更进一步的伤害，补充流失的水分和降低身体的温度。症状轻微的患者，补充水或平衡电解质溶液。当症状加剧时，患者必须送至医疗单位治疗。

预防：热天注意水分补充；适度预防环境的温差；潜水员在炎热天气下穿着潜水服且没有下水时，要浇水冷却，避免体热聚积。

二、压力对人体的影响

潜水者在下潜时，随着深度的增加，水压不断增大，体内空腔或装备形成的密闭空间会受到挤压，如果无法与外界水压达到平衡，将会对人体造成挤压伤害。在水压下呼吸压缩空气也会对人体的生理机能产生影响，如果违规操作，则有可能使潜水者产生氮麻醉、减压病等潜水疾病。在潜水过程中，压力有可能对人体造成的伤害或影响主要包括以下几种。

（一）中耳挤压

原因：欧氏管堵塞，造成中耳腔内外压力平衡缓慢或无法平衡。

症状：耳部疼痛，压差继续增大，就可能造成骨膜破裂。血会顺着欧氏管流到咽喉，唾液内就会含有血液。

处理：禁用手触摸伤处，接受医生治疗尚未完全恢复前，不可压迫伤处，同时禁止继续潜水或游泳。

预防：感冒时不可潜水；下潜时做适当的耳压平衡；欧氏管开口过狭窄时，不易平衡耳压者需接受医生检查，同时与潜水教练员商量对策。

（二）鼻窦挤压

原因：鼻窦与鼻腔间的管腺堵塞，而致鼻窦内压无法与外界平衡。

症状：下潜时眼的上下或两眼之间、眼的内侧感到疼痛。

处理：症状未消失前避免潜水。

预防：感冒时禁止潜水；潜到感觉疼痛的深度，如还未达到内外压平衡，不可继续下潜。

（三）面镜挤压

原因：下潜时忽略面镜内外压力的平衡；没做好面镜压力平衡；压力平衡不当的操作。

症状：脸部疼痛，有被吸的感觉，眼睑肿起，眼白部分充血。严重时，耳鼻出血，眼球出血及突出。

处理：如发生眼球充血现象时，必须接受眼科医师诊治。

预防：在下潜过程中适时用鼻向面镜内呼气，保持面镜内外压力的平衡。面镜的佩戴不可过紧。

（四）肺部挤压（下潜时）

原因：抑制呼吸下潜，肺内的气量被压缩到余气量以下，则呈现被挤压的现象，挤压超过肺的弹性界限时，即造成肺部伤害。

症状：下潜胸部有压迫感，并伴有疼痛感，上升后呼吸困难，口吐带血丝的泡沫状唾液。

处理：将患者带到岸上，马上给予纯氧呼吸；必要时，须施以人工呼吸。

预防：水肺潜水时保持正常的呼吸，严禁憋气。浮潜时不可超过自己能力范围的深度。

上升时（不包括浮潜）如速度过快并憋气，随着周围水压的减少，肺部的空气就会膨胀，从而造成肺部组织受伤，严重者还会出现肺部破裂，所以上升时，务必谨记：严禁憋气！

（五）颈动脉压迫

原因：过紧的潜水服或装备的佩戴过紧，压迫颈动脉，引起昏迷或失去知觉。

症状：头晕、头痛、兴奋感。

处理：将潜水者过紧的颈部或装备的背带松开，让患者呼吸新鲜的空气。

预防：潜水服的穿着不可过紧。

（六）氮麻醉

原因：由于潜水者呼吸高氮分压的气体，而高分压氮气会对人的神经系统产生麻醉作用。通常，呼吸压缩空气在 4~5 个大气压时，氮气分压为 3.2~4 个大气压，人会开始产生麻醉的现象。

症状：氮麻醉的个体差异很大，但与耐酒精的能力无关。有些潜水者甚至在水深 20~30 米之间即会产生氮麻醉的感觉。潜水者的氮麻醉症状依外界环境而不同，在水域清澈时表现兴奋、狂喜，在寒冷、昏暗水中感到沮丧、抑郁。水深超过 60 米，大部分的潜水者都难以避免的产生氮麻醉的感觉。

处理：上升至浅处或将氮醉者带至浅的地方。

预防：利用空气潜水时，要依自己能力范围和身体适应情况，循序渐渐地增加潜水深度，并且在有经验的专业人士的指导和监护下进行。

（七）减压病

原因：溶解在机体组织和血液中的氮气由于外界压力快速降低而膨胀形成气泡，是减压病产生的直接原因。事实上，体内气泡的形成取决于两个关键因素：一是机体在一定的气压下暴露相当长时间，机体内氮气达到相应饱和程度。二是机体周围的气压迅速且大幅度降低，超过氮气在体内饱和溶解的极限。

症状：其症状一般会在结束潜水后15分钟到2个小时内出现，最迟在48小时内出现。潜水后，如果立即乘坐飞机，则会加速症状的出现。其症状表现主要有（可参见本章第四节相关内容）：

1. 皮肤发痒起斑

皮肤发痒，较严重者全身发痒皮肤有刺痛感，起疹状、红白大理石斑。此种症状不久便会消失，虽不必接受再压治疗。但必须注意，有时在重症发生前也有这样的症状发生。

2. 关节肌肉疼痛

疼痛开始于关节或肌肉深部，渐渐疼痛加重，有如千万支针在刺，手足无法动弹。

3. 呼吸系统障碍

胸部堵塞感为此症状的特征。喉咙干燥、呼吸变速，胸的中央部的胸骨内侧疼痛，无法深吸气，甚至休克。

4. 中枢神经系统障害

氮气泡发生在脑、脊髓等部位，即引起中枢神经系统障害。症状表现为手足无法控制、脑反应迟钝、肢体麻痹感、知觉迟钝或丧失、自律神经机能失调、呼吸肌麻痹，呼吸运动受阻，有引起窒息的危险。氮气泡产生在内耳，会导致听觉、平衡能力丧失，而异常强烈的疲劳感、视力异常为重症的前兆。

5. 骨骼坏死

不完全的减压，气泡在长骨关节形成栓塞，阻止氧的供应而致骨骼坏死，症状为慢性，无法第一时间感觉出。

处理：应及早将出现减压病症状的患者送入加压舱进行加压治疗，治疗拖延会造成恢复困难，产生后遗症可能性增大。运送时尽量使患者安静，呼吸氧气。

预防：减少需要减压的潜水次数，每次潜水必做安全减压，超过无减压限界时，应遵照减压表施行保守的减压。重复潜水时应进行详细计算，做妥善的潜水计划。保持良好的身体状况。

第三节 饮酒、吸烟、晕船对潜水的影响

一、饮酒对潜水的影响

酒对精神和肉体有麻醉作用。酒后潜水时，水压、水温及水中的一切对潜水者会即刻产生相应的生理机能变化，损害潜水者的健康。

（一）机体能力下降

人饮酒后，其机体会出现动作不协调，判断力、平衡能力、环境辨识能力下降等状态，这种状态在水中很容易引起事故。

（二）排尿过多

酒精为一种利尿剂，会致饮酒者排尿次数增多，水分大量排出。饮酒后潜水会使潜水者的身体呈脱水状态，血液浓度增加，循环不良，易得减压症。

（三）体温变化

酒精使饮酒者毛细管扩张，体表的血液循环增加，所以人在饮酒后会感觉温暖。但这种温暖的现象会造成人体急速的散热，使体温急速丧失反而耐不住寒冷。

（四）发生呕吐

饮酒后会引起恶心、呕吐、畏寒、头痛等现象。如发生呕吐现象时，呕吐物有可能使呼吸调节器堵塞而无法呼吸到空气。

（五）氧气缺乏

血液中的血红蛋白运送氧气到组织，将氧气从血红蛋白分离输送给组织时，是需要酶的催化的。酒精会使酶变质从而妨碍氧的分离，造成组织供氧不足，如果再进行消耗体力的活动的话，是非常不利的，且容易形成减压症、氮麻醉。

上述这些与饮酒有直接关系的病症都会对潜水者的潜水活动产生直接影响，如果在饮酒后潜水，不仅会损害潜水者的身体健康，也可能导致潜水事故的发生。因此，潜水者在进行潜水活动前，通常至少要禁酒 24 小时。

二、吸烟对潜水的影响

吸烟对一般人而言皆有害处，它可能导致心脏病、肺癌、支气管炎、高血压等，而对于潜水者来说，吸烟害处更多。

（一）呼吸道阻塞

香烟中的尼古丁和焦油物质会严重地影响呼吸道的功能，所以抽烟的人往往多痰而咳嗽，容易造成呼吸道阻塞，因此吸烟者在潜水时极易发生呼吸障碍。另外，吸烟者患感冒后对呼吸道的影响甚至可能延续一个月以上，因此，有吸烟习惯的潜水者，在感冒康复后的两三星期内，要特别注意自己潜水时的上升速率。

（二）空气栓塞症

肺脏中的小空气道在潜水时，可容许压缩空气进入肺脏的组织，但在上升时可能无法将膨胀的空气迅速排出，从而造成肺部局部过度膨胀，引起空气栓塞症。只有健康的呼吸和循环系统才能获得充足的氧，更顺畅地排除体内二氧化碳。而这些器官功能的有效发挥正是抵制减压症、缺氧、疲劳的最佳保证。遗憾的是，吸烟恰恰损坏了这些器官的功能。

（三）气体交换障碍

此外，吸烟时所产生的大量的一氧化碳会造成血红蛋白无法和氧结合。血液与一氧化碳的结合只要几秒，但恢复的时间却需要几小时。这些症状在日常的活动中不会显示出来，但当在潜水或剧烈运动时，人体需要充足的氧气以维持供能，因此吸烟的潜水者容易产生气体交换障碍，造成潜水者缺氧，感觉呼吸困难，从而引起呼吸急促，进而增加了潜水者患空气栓塞症的机会。

显然，吸烟会对人体的呼吸系统造成严重损害，而人体的呼吸系统对潜水的重要性是不言而喻的，吸烟不仅损害潜水者的身体健康，还极易在潜水过程中引发潜水病。因此，对于潜水者来说，要潜水，最好不要吸烟。

三、晕船对潜水的影响

当人体受到持续的颠簸或摇动时，耳内的半规管受到刺激，使神经过度兴奋、敏锐，就会产生了晕船现象。事实上，晕船不单是乘船才会发生，在乘火车、汽车、飞机时都可能发生。甚至当人较长时间注视钟的摆动，或持续地异常颠动也会引起晕船现象的发生。晕船症状的个体差异很大，越神经质的人，其症状越严重。

（一）头晕眼花

晕船最初的症状是感到头晕眼花，其发生的基本机制是：内耳的前半规管、后半规管和外半规管负责调节支配身体的平衡。半规管中的淋巴液随着身体的姿势不同而移动，其移动经耳石的感受传到脑神经，脑神经对各神经传达异常，便会产生头晕眼花的晕船症状。头晕眼花的晕船症状容易引起倦怠、动作不协调、思考判断力减低、平衡能力和环境辨识能力下降等状态，潜水者在这种状态下潜水，很容易引起事故。

（二）恶心呕吐

恶心呕吐是晕船现象的又一表现症状。持续的神经传导异常，除导致头晕眼花外，也使自律神经受到刺激，胃部状况就会受到影响，以致产生恶心呕吐的晕船症状。恶心呕吐的晕船症状不仅使潜水者的身体机能下降，极易因身体的不适而引发潜水事故，而且如果在潜水过程中发生呕吐现象时，呕吐物有可能使呼吸调节器堵塞而无法呼吸到空气。

（三）恶寒

恶寒是晕船现象严重的表现症状。严重的晕船现象会导致人体的中枢神经系统和自律神经系统均发生紊乱，从而产生恶寒的晕船症状。恶寒的晕船症状会使人感到寒冷、不受控制地颤抖、头疼等现象，如同生病一样的感受，这时人体的各种机能都会严重降低，在这种状态下显然是不适合潜水的。

由于潜水者往往需要搭乘车、船等交通工具前往潜水地点，因此，晕船现象对潜水的影响就不应被忽视，晕船现象不仅会让潜水者在潜水活动中产生不愉快的感受，严重时甚至会致使潜水活动失败。避免晕船现象的发生最有效的方法就是预防。

医学观点认为，晕船并非生病，只要离开颠簸或摇动的状态就会恢复正常。因此，晕船也可以说是一定的心理作用。心理上的不安通常是晕船的原因之一，如果心理暗示自认为不会晕船，往往可能有效地防止晕船的发生。也有人试验用生理盐水注射，避免了晕船现象的发生，这实际上就是心理自我暗示的结果。

为了预防晕船现象的发生，除了采用心理自我暗示不会晕船之外，常用的方法主要有：

第一，平时加强在颠簸和摇动的环境中的训练，让机体慢慢适应；

第二，在搭乘车船前保证充分的睡眠，不可过饱后搭乘车船，并且在之前应避免喝酒；

第三，搭乘车船时看远方的山及不摇动的物体；

第四，乘船时呆在船艇的中间位置，尽量避免过度地摇晃，并远离有异味的地方；

第五，随身携带防晕药物，如果感到晕船现象不可幸免，应及时服用。

第四节　潜水医学与潜水病

在人类潜水活动不断发展的历程中，有一段“黑暗的历史”，当时由于人们研发的潜水装备性能越来越好，所以潜水的深度和时间不断增加，但相应的潜水医学研究却并没有跟上步伐，因而进行各种潜水活动而导致的对人体的伤害和疾病日趋频繁，甚至造成残疾或死亡。因此，在潜水活动的发展过程中，人类始终在不断地探索和研究潜水活动对人体造成伤害或导致疾病的原因，以便解决因此而影响人类潜水活动发展的障碍。近代以来，随着人体生理生化及医学基础理论研究的突破和发展，人类较为全面地认识到潜水活动对人体生理影响的基本原理，并逐渐发展出相应的预防及治疗的应对方法和措施，逐步形成了专门针对潜水疾病的潜水医学体系。

一、潜水医学

（一）潜水医学的发展

可以说，潜水医学是伴随着人类潜水活动发展而起的崭新学科，人类进行潜水活动的时间可以追溯到6000年之前，但潜水医学作为一门独立的学科却只有短短的100多年。1637年，宋应星在其所著《天工开物》一书中，提及了人类在潜水中会遇到水下呼吸及低温的两个重要问题。直到十九世纪中叶，西方才出现了有关潜水医学比较系统的记载。因此，相对于人类潜水活动的历史，潜水医学成为一门独立学科的时间是非常短暂的。

到今天，潜水医学已经逐渐发展成为针对解决人类因潜水活动而造成的一系列医学问题的一门专门学科，并基本形成了完整的针对潜水病的预防、分类、治疗等医学理论体系。如今，潜水医学的发展水平已成为潜水技术发展水平的重要标志，在潜水医学理论和方法的指导下，人类的各种潜水活动得到了极为重要的安全保障，也极大地促使人类的潜水活动向更高水平不断发展。

（二）潜水医学的主要内容

对人体而言，某些复杂多变水域的潜水是在高压、低温、能见度差、水阻力大、呼吸高分压气体、有水中生物袭击等环境中进行的高强度运动。与常压下的其他运动相比，不仅艰苦得多，而且存在着一定的潜在危险性。如果各种因素的作用超过了机体的生理耐受限度，便可对潜水者机体健康产生不利的影响，导致疾病、伤害（潜水职业病）甚至残疾或死亡。

由于人在水下要承受水压，因而处在高气压环境中，必须呼吸压缩气体以平衡机体内外压力。所以，针对高气压和水下环境中各种物理、化学、生物因素对人体所造成的一系列专门的医学问题的研究，构成了潜水医学的主要内容。

二、潜水病的诱发因素

从人在水下所面临的医学和生理学问题示意图（图 5-5）可以看出，引起潜水病的诱发因素有很多，但归纳起来主要有自身健康原因、压力的作用、水温的作用和气体的影响四大类。

（一）自身健康原因

潜水者本身已患有病，不适宜在压力下活动，或在体能状况不佳的情况下做剧烈运动，也会引起不良状况发生，极易诱发潜水病。

（二）压力的作用

潜水者在潜水时，随着潜水深度的增加，水压不断增大，人体内的空腔会受到挤压，如中耳挤压、鼻窦挤压、肺部挤压等，如果无法与外界水压达到平衡，将会对人体造成挤压伤害。

潜水时，在外界水压的作用下，潜水者因平衡体内压力而呼吸高分压氮的空气会引起氮麻醉。比如，空气在 4 个大气压时，氮气分压为 3.2 个大气压，人就会产生麻醉的现象。值得注意的是，即使氮气分压低于 3.2 个大气压，但长时间的呼吸氮气分压大于正常值的空气，人也会产生氮麻醉现象。

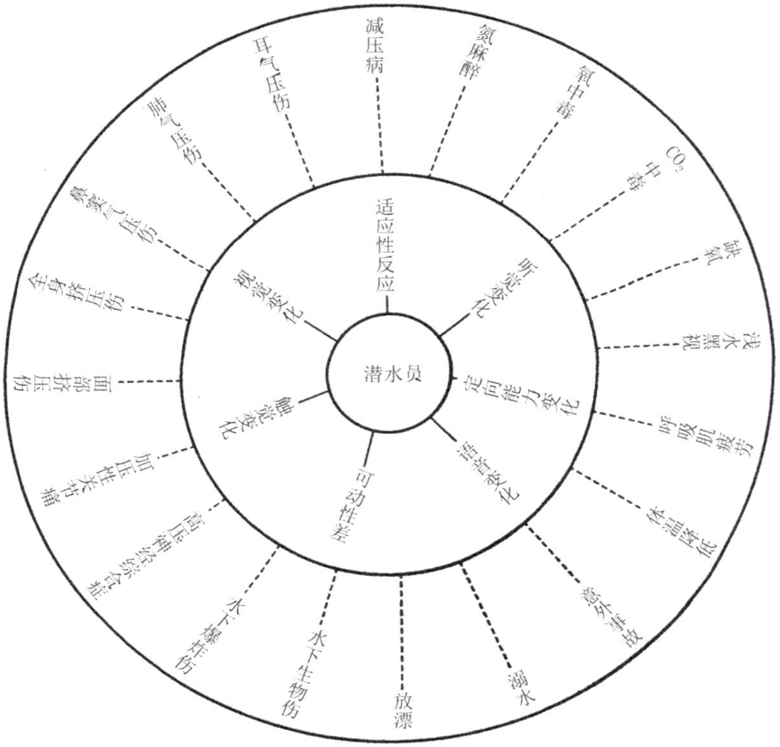

图 5-5　人在水下所面临的医学-生理学问题示意图
（图中实线表示必然，虚线表示可能遇到的问题）

（三）水温的作用

人体正常体温范围是 36.4~37.5 ℃。如果机体中心温度低于 35.0 ℃，就称为体温过低。当轻度体温过低（中心温度 32.0~35.0 ℃）时，一般表现为寒战、四肢麻木等症状；当中、重度体温过低时，会出现不同程度的循环、呼吸和神经系统功能紊乱，严重时甚至可导致死亡。

潜水者在低水温环境下，机体中心体温的变化趋势是：低温暴露初期有体温小幅升高，考虑是由于低温引起机体兴奋，尤以交感神经兴奋为主，呼吸加快、血压升高、心率加快等代偿性生理功能改变，代谢产热量增加，引起体温缓慢升高，但随着低温暴露时间的延长，机体热量不断地通过无保暖防护的体表传导到周围的低温介质，冷刺激又引起了外周血管的收缩，导致外周血液循环的障碍，能量物质不能充分输送到外周组织，加上逐步出现的较频繁的全身性肌肉震颤，使自身能量物质不断消耗，机体代偿能力已不能满足抵抗此低温环境所需的热量，并逐步处于失代偿状态，因此低温暴露后的中心体温会呈现先缓慢小幅升高后迅速下降的现象。机体长时间处于低温环境后，当机体脱离低温环境进行复温时，外周血管逐步扩张，外周循环中温度较低的血液不断混合入回心血流中，所以潜水者即使脱离低温环境后，短时间内中心温度仍会继续下降。

在中心温度下降初始阶段，潜水者最先感觉到头颈等暴露部位和手部的寒冷。头颈部在潜水时通常直接暴露在冷水中，这些部位血管分布非常丰富，在低温暴露的早期，机体的代偿能力使这些血供丰富的部位有充足的热量供应，同时这些地方也因此成为机体向低温介质传导热量最直接的地方。当中心体温下降时，机体的代偿能力也减弱，暴露在冷水中的头颈部皮肤继续向外散热，潜水员开始感到这些部位的寒冷并逐渐加强，后期可出现麻木感。潜水员的手部虽然戴湿式潜水手套，但手部皮下脂肪较少，细小血管组成的微循环较多，在冷水的长时间刺激下，血管收缩明显，血液黏稠度增高，血流变慢，肌肉组织代谢减慢，手灵活性下降，也成为机体率先对冷负荷刺激产生反应的部位。

综上所述，在平均温度 13.6 ℃的水中，不借助外部辅助加热时，潜水者穿普通干式潜水服只能坚持 155 分钟，如果要满足在更低温度的水中进行长时间潜水的要求，就必须进行低温防护。因此，研制保暖时间长、防护效果好、穿着舒适、活动方便的水下保暖潜水装具应该成为未来潜水装备研发的新目标，同时，低水温潜水的现场保障，尤其是为潜水者体温下降后期的医学保障也非常重要。

（四）气体的影响

潜水时，潜水者依靠气瓶中压缩空气维持人体的正常呼吸，气瓶中氮气在正常气压下对人体并没有什么影响，但在高压下氮分子会融入神经细胞而造成不同程度的麻醉性。大约停留于水下 30~40m 一段时间后，人体就有可能会开始产生麻痹现象，即氮麻醉，而氧分压在 0.6~1.6bar 范围内，停留超过一定时间，也会引发氧中毒。

所以，在现代潜水技术中，当潜水者在深潜时若需要停留相当长的时间，常以氦气换取一部分氮气，并且依适当的比例使用氦—氮—氧混合气体。氦气的优点是，在水底比较容易呼吸，然而，用氦气作为呼吸气体确实也有些缺点，由于氦气分子重量轻，使其扩散速度比氧气或氮气都要快，也就是说，它会更容易溶解于人体，所以在潜水条件和氧气比例相同的情况下，使用氦气潜水比一般空气需要较长的减压时间。

三、潜水病的分类与预防

（一）潜水病的分类及产生的原因

潜水病症的种类很多，有的在浮潜时发生，有的在水肺潜水时才会发生，也有的在浮潜和水肺潜水均会发生。为便于理解，我们将潜水病的分类按其产生的主因分为七类。

1. 自身健康原因引起的潜水病

因潜水者自身健康的原因所引起的潜水病症主要有：龋齿挤压、空气栓塞症、气胸、纵隔气肿、皮下气肿、胃肠里气体膨胀、外耳道炎等。

产生的原因：若潜水者本身已患有潜水禁忌疾病，是不适宜潜水的，否则极易引发自身健康原因的潜水病症，尤其是患有耳、鼻、喉疾患或有缺陷，将直接引发潜水病症。另外在体能状况不佳的情况下做剧烈运动，也会引起不良状况发生，极易诱发潜水病。

2. 下潜时加压的影响引起的潜水病

在潜水下潜时因压力增大的原因所引起的潜水病症主要有：全身挤压、中耳挤压、鼻窦挤压、龋齿挤压、面镜挤压、眼部挤压、潜水衣挤压（主要为干式潜水衣）、肺部挤压、外耳挤压、晕眩、窒息等。

产生的原因：下潜时因压力增大挤压人体内存在的密闭空腔，或潜水装备与人体表形成密闭空间，与外界的水压无法平衡而引起损害。通常是因为人体器官的某种障碍使得内外压力的平衡缓慢或无法平衡而造成加压原因的潜水病症，另外潜水时抑制呼吸或下潜时空气供给不足，潜水装备不合体或使用不当等也是重要的原因。

3. 上升时减压的影响引起的潜水病

在潜水上升时因压力减小的原因所引起的潜水病症主要有：中耳倒塞、鼻窦倒塞、龋齿倒塞、晕眩、空气栓塞症、气胸、纵隔气肿、皮下气肿、胃肠里气体膨胀、浅水昏迷、减压症、窒息等。

产生的原因：潜水上升时因压力减小人体内存在的密闭空腔与外界的水压无法平衡而引起损害。通常是因为人体器官的某种障碍使得人体内压力与外界水压的平衡缓慢或无法平衡而造成减压原因的潜水病症，上升时抑制呼吸或上升速度过快造成减压原因潜水病症的重要常见原因。

4. 压力的间接影响引起的潜水病

潜水时，因压力间接影响的原因所引起的潜水病症主要是氮麻醉。

产生的原因：潜水时，潜水者因外界压力而呼吸高分压氮的气体，过高的氮气分压使人的神经和精神状态产生像酒醉的麻醉状态。比如，空气在4个大气压时，氮气分压为3.2个大气压，人就会产生麻醉的现象。人对氮麻醉的耐受度个体差异很大，有人在2~3个大气压下即会产生。氮麻醉的耐受度除本身的个体差异外，酒精、疲劳、运动强度、恐怖感、二氧化碳、锻炼等因素也会对氮麻醉的耐受度有很大的影响。

5. 水温的影响引起的潜水病

潜水时，因水温影响的原因所引起的潜水病症主要有：失温、高体温症、晕眩等。

产生的原因：潜水时，若潜水者没有穿着足以保持体温的潜水衣，使得体温的产生比散失小，体温自然降低产生失温；反之如果环境温度过高，而致身体温度无法散失产生高体温症，体温丧失和高体温具有同样的危险性，都会对潜水者造成伤害。失温和高体温均会直接影响人体的循环系统，最为明显的表现是使人产生晕眩。

6. 气体的影响引起的潜水病

潜水时，因气体影响的原因所引起的潜水病症主要有：氧气中毒、二氧化碳中毒、一氧化碳中毒、浅水昏迷、氮麻醉、非水溶性脂肪肺炎等。

产生的原因：潜水时因氧分压过高、因呼吸不畅或空气供给不足使人体组织中二氧化碳过多、因不当使用空气压缩机将含有一氧化碳或润滑油的空气压缩到气瓶内等因素是造成气体原因潜水病症的主要原因，另外，潜水前的超呼吸而使二氧化碳大量排出和人体对高氮分压的耐受度也是造成气体原因潜水病症的重要原因。

7. 潜水装备的影响

因潜水装备的原因所引起的潜水病症主要是颈动脉压迫。

产生的原因：过紧的潜水衣或潜水装备的佩戴过紧而压迫到颈动脉，使输送氧分的血液无法供给脑部，而此起昏迷或失去知觉。

（二）潜水病的分类预防

要成为一名合格的潜水者，就必须对潜水病症有清晰的了解。根据潜水病的分类，我们对常见的各类潜水病症状预防的方法做简要的叙述。

1. 自身健康原因引起的潜水病预防方法

身体感觉不适时应避免潜水；患有耳、鼻、喉疾患或有缺陷者应避免潜水；感冒时禁止潜水；不可勉强或超过自己的能力范围；注重锻炼身体，保持健康的体魄。

2. 下潜时加压的影响引起的潜水病预防方法

熟练掌握平衡压力的潜水基本技能；潜水时始终保持正常的呼吸；不可进行超过自己能力范围之外的深潜；感冒时禁止潜水；身体的任何部位有疼痛感都不可勉强下潜。正确穿着合体的潜水装备。

3. 上升时减压的影响引起的潜水病预防方法

熟练掌握平衡压力的潜水基本技能；下潜时若感觉平衡困难时即不再进一步的下潜；严格控制上升速度；上升时始终保持正常呼吸；不可进行超过自己能力范围之外的深潜；感冒时禁止潜水。

4. 压力的间接影响引起的潜水病预防方法

循序渐进地增加潜水深度，并保持在训练和身体适应范围内；潜水时不可与潜伴分开单独潜水；了解自己能力范围，体况不佳时避免较深的潜水；平时保持良好的生活习惯，注重锻炼身体，具有健康的体魄。

5. 水温的影响引起的潜水病预防方法

预防的办法：穿着保温良好的潜水衣，感觉寒冷时就上岸，注意手足特别需要保温；低温状态下给予适当的营养使身体产生足够的热量；高温状态下注意水分的及时补充；避免饮酒后潜水；避开在水流区潜水；不可勉强或超过自己的能力范围。

6. 气体的影响引起的潜水病预防方法

潜水时呼吸时感觉异样或难以恢复正常时应立即中止潜水；避免使用空气供给不足、吸气困难或换气不良的有缺陷潜水装备；正确使用空气压缩机并妥善保养；潜水深度一般不要超过30m；潜水时不可与潜伴分开单独潜水；不可勉强或超过自己的能力范围。

7. 潜水装备的影响引起的潜水病预防方法

穿着合体的潜水衣，且潜水装备的佩戴绝不可过紧；潜水时感觉颈部有压迫感或感觉有晕眩感时应立即中止潜水。

本章复习思考题：

1. 水温、压力对潜水者潜水时的身体有何影响？
2. 饮酒、吸烟、晕船各对潜水者潜水有何影响？
3. 潜水病的诱发因素主要有哪些？
4. 潜水病可以进行怎样大的分类？
5. 简述在下潜加压时对人体有可能造成的伤害包括哪些？
6. 简述在上升减压时对人体有可能造成的伤害包括哪些？

第六章 潜水心理知识

潜水活动与其他陆上活动相比，是在非日常生活的特殊环境中进行的，因而它带给人的心理感受必定有很多不同。对于初学者，或者进入陌生水下环境的有经验潜水员来说，由于水下环境刺激的不可知性、不确定性，在潜水过程中可能会因遭遇到一些不常见刺激而产生不合理反应，这些反应有可能进而导致其操作失误，严重时甚至令其遭致生命危险。因此，潜水者应该了解和掌握相关的潜水心理知识，以减少潜水时因心理原因的不合理反应，确保潜水活动的安全。

第一节 潜水应激概述

一、应激

（一）应激的含义

在日常生活中，人们在经历和体验某种过度情境时会产生某种心理和生理反应过程。

加拿大内分泌学家谢耶（Selye）将其称为“应激”，意指“机体对有害刺激的非特异性防御反应”。有时，人们也将“应激”通俗地理解为“压力”，即是指有机体遇到干扰自己平衡状态或超越自己应对能力的刺激事件时，表现出的特定或非特定的反应过程。

可以认为，个体能力和环境要求之间缺乏适应是导致应激的主要原因。

（二）应激刺激与应激反应

谈到应激，就必须提及应激刺激和应激反应两个概念。

应激刺激也被称为应激源，是指对有机体形成威胁并引起有机体产生变化的各种内在及外在的影响因素。日常生活事件是应激的诱发因素。

应激反应是指有机体对应激刺激作出的适应性反应，它包括了生理的、行为的、情绪的以及认知上的改变。

其中，生理反应主要有：心率加快、血压升高、心悸、心律失常；呼吸短促，胸痛；胃痛，胃溃疡；多汗；肌肉紧张；睡眠障碍，如失眠、头痛等。行为反应有：作风拖沓，拖延或逃避工作；工作效率降低，成绩下降；冒险、冲动行为；攻击行为；退行性行为；病态固着等。情绪及认知反应包括：情绪异常，如焦虑、抑郁愤怒、敌意、忧虑、烦躁、易激惹；感情压抑，冷漠；孤独感和疏远感；不愿与他人交流或交流困难；缺乏自主性和创造性；自信心不足，产生无助感和无望感；疲劳感，厌倦感，工作满意度低；注意力分散、视觉狭窄等。严重的应激反应还可能造成个体崩溃、急性应激障碍、创伤后应激障碍以及适应障碍等。

有了应激刺激，是否产生应激反应，个体的认知评价起着决定作用。在刺激和反应之间是认知或者思维过程决定了个体如何反应（图 6-1）。

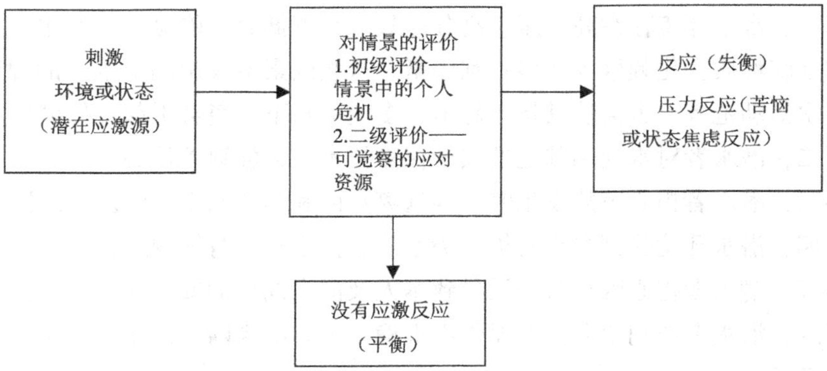

图 6-1　应激过程决定应激反应的程度

上图表明，在面临存在潜在应激的状态时，个体会对所处状态进行瞬间评价或估量，这种评估分为两个层次：第一层次被称为初始评价，第二层次被称为二级评价。在初始评价时，个体判断他的行为结果是否有个人风险。如果个体判断这一行为结果对他很重要，那么二级评价也就变得很重要。在二级评价时，个体估量该状态下可以利用的个人应对资源，如果可以应对则不会或轻微出现应激反应；而如果难以或无法应对则会出现应激反应。初始评价和二级评价的结果决定了个体应激反应是否会出现。

二、潜水应激

潜水应激是指发生于潜水活动的应激。也就是说，在工程潜水、军事潜水、竞技潜水、休闲潜水、公共安全潜水和科学潜水等各种潜水活动中，潜水者面临或觉察到环境变化对机体有威胁或危险时作出的适应性反应都可称为潜水应激。

（一）潜水应激源

1. 潜水应激源的含义

所谓潜水应激源，是指与潜水活动相关的、对有机体形成威胁并引起有机体产生变化的各种内在及外在的影响因素。

2. 各种潜水应激源

潜水应激源种类繁多，我们只对常见的主要潜水应激源进行介绍。潜水过程中可能存在的常见的主要应激源有：

第一，水下环境存在高气压、高分压氧、水下低温、能见度差及水流、水底地形和水底性质变化频繁等诸多不利因素。这些因素不仅影响潜水者的健康、安全和潜水活动范围，也会使其担心恶劣、多变的水下环境会引起意外事故；

第二，潜水者对水面和陆上的安全保障技术与设施缺乏信心；

第三，潜水者担心事故发生时，因远离水面和陆地而得不到及时的援助；

第四，潜水环境受到严重污染，潜水者会担心有害身体健康；

第五，潜水者担心因自身失误导致本人及潜水同伴的安全受到威胁；

第六，潜水者遇到紧急情况要作出准确、及时的判断、决策和行动，并承担后果和责任；

第七，潜水者单独进行潜水活动；

第八，潜水者与潜水同伴配合不够默契；

第九，身体及精神负担大，潜水者要保持注意力的稳定性和灵活性，以保证既能完成水下操作，又要警惕意外事故的发生；

第十，潜水活动遇到困难，无法达到预期的潜水目标时。

需要强调的是，与专业潜水相比，休闲潜水的水下任务相对简单。因此，其休闲潜水过程中的应激源可能更多来源于水下环境（如水温、水流、地形地貌、能见度等）的变化、水下压力变化所引起的身体反应（如耳痛）、海洋生物的威胁或装备出现故障等。

（二）潜水应激反应

潜水应激反应指在潜水过程中，有机体对潜水应激刺激所作出的适应性反应。对于潜水应激反应，可从生理、情绪、认知和行为几方面来进行理解。其中，生理反应以心率加快、血压升高、呼吸急促、胸闷胸痛、肌肉僵硬等为主要特征，其他三种反应均伴随着生理变化，且相互关联。

1. 情绪反应

潜水过程中常见的情绪反应主要是焦虑和恐惧。

（1）焦虑

焦虑是个体在担忧自己不能达到目标或不能克服障碍而感到自尊心受到威胁下形成的一种紧张不安、带有惧怕色彩的情绪状态。

当潜水者感到自身能力难以完成潜水任务时，就可能产生焦虑。

直接由自主神经系统的唤醒引起，通过心跳加快、呼吸急促、手心出汗、肠胃痉挛以及肌肉紧张表现出来的焦虑类型叫躯体焦虑；由对内外刺激的评价所引起，含有担忧和干扰性视觉表现成分的一种不愉快感受则属于认知焦虑。

不同个体的相对稳定的焦虑水平是不相同。换言之，不同个体的特质焦虑不同。在相同的潜水应激刺激下，高特质焦虑的个体更容易产生较高的焦虑，即这些个体对刺激的敏感性更强，具有引起焦虑反应的“潜质”。

在潜水过程中，过分焦虑状态的出现通常是由于潜水者对意外情况的应对经验不足、技巧不熟练造成的，比如对面镜排水的技巧掌握的不熟练，则在潜水面镜进水时可能会让潜水者出现不必要的惊慌，行为也可能因此异常。

（2）恐惧

恐惧是因为周围有不可预料、不可确定的因素，而导致的无所适从的心理或生理的一种强烈反应。

产生恐惧的人具有强烈的焦虑症状。例如，不规律的心跳、流汗、眩晕等。

强烈的恐惧所产生的心理震动甚至会威胁人的生命。恐惧症则是具有个体特征的以恐怖症状为主要表现的一种神经症。患有此症者对某些特定事物或情境产生强烈和不必要的恐惧情绪，而且伴有明显的焦虑及自主神经症状，并主动采取回避的方式来解除这种不安。

与潜水相关的恐惧症主要包括：恐水症、恐鱼症、惧黑症、幽闭恐惧症、重力恐惧症、窒息恐怖、深渊恐惧症和死亡恐惧等。

其中，患有幽闭恐惧症的患者会尽量避免浸没水中或进入一个压抑的空间。而当他们置身于某些特定的应激状态或者能见度减弱的状况下，例如在浑浊的水域、夜潜或持续很久的潜水中，其症状会突出地表现出来。

2. 认知反应

（1）视野狭窄

潜水过程中的认知反应主要表现在注意力分散，视野狭窄。

当应激反应出现时，潜水者的注意范围急剧缩小，就可能致使有效信息错漏，从而大大降低潜水者的信息综合能力。这不仅会使潜水者很难作出准确的判断和反应，最终还会因应急措施不当或鲁莽行动而导致不良后果。例如，如果调节器发生问题，受限的气流可能使得潜水者处于恐慌，这个时候由于他们的注意趋于狭窄，做出正确选择的能力就会降低甚至丧失，就有可能在恐慌中选择十分迅速地上浮，从而导致动脉血管产生常常是致命的气体栓塞。

（2）语言障碍

潜水过程中的认知反应还包括语言障碍。比如，声音颤抖（哆嗦）、音调升高、失语，与潜水同伴或水面的交流造成困难。

（3）反应迟缓

思维迟缓、问题解决能力下降也是潜水过程中常见的认知反应。当应激出现时，潜水者大脑在进行信息处理时，可能因为“交通阻塞”而不能立即做出决断，从而延误解决问题的最佳时机。

3. 行为反应

（1）主要行为反应

潜水过程中，应激状态下的行为反应主要表现为冒险、冲动、病态固执、动作操作效率和准确性降低等。

（2）潜水中因恐慌而出现的常见主要行为反应

潜水者可能因恐慌而出现的行为反应包括：习惯性的无关动作，如拉扯面镜，导致面镜进水、遗失；或者在水肺潜水时，未经咬嘴通过嘴巴呼吸，而是直接用鼻子呼吸；逃避，面对意外事故时无所适从，选择干脆放弃。

三、恐慌障碍

恐慌障碍是一种急性的焦虑障碍，简称恐慌。其具体表现有极度害怕、呼吸困难、严重的心悸、胸痛憋闷、疲劳和头晕等症状。由于交感神经系统过分反应，因此常常刺激心脏和其他器官，使其活动过度。恐慌障碍症状发作者的反应经常犹如窒息，尤其是当他们感到无法控制局面时。许多经历恐慌障碍的人会因为换气过度（呼吸太快或过分用力，超过实际需要）而使问题更加严重。

最近的研究认为，恐慌或近似恐慌可以解释很多水肺潜水事故及导致某些潜水者死亡的原因。有调查显示，一半以上的潜水者在潜水过程中有过至少一次短时间恐慌或近似恐慌的经历。

恐慌的出现通常是遭遇到某种被缺乏经验的潜水者认为是很严重的刺激，如被异物缠住、装备发生故障或受到某种未预料到的海洋生物惊吓等。当潜水者遭遇状况反应过快且不合理时，恐慌就可能出现，并伴随不合理的行为。当然，如果潜水教练员对这种现象知晓得更多，那么，他们就可以指导缺乏经验的潜水者在遭遇某种严重刺激时消除恐慌症状，以保护缺乏经验的潜水者。另外，恐慌的出现是相对的，例如，如果潜水时面镜丢失，对于有经验的潜水员则不会感到恐惧，而对于初学者则很有可能产生恐惧心理。

第二节　潜水应激反应的影响因素

潜水应激反应的影响因素较多，可归纳为个人因素、社会因素、环境与设备因素等几个类别。当然，引起潜水应激反应的往往并不仅仅是某种单一的影响因素，更多的是多种影响因素综合作用的结果。

一、个人因素

影响潜水过程中应激反应的个人因素主要包括人口统计学变量、技术水平与经验、人格因素以及个体生理状况。

（一）人口统计学变量

年龄、性别不同，应激反应就可能不同。

对于潜水活动来讲，由于50岁以上的潜水者心血管功能相对年轻者较差，尤其是其动作的速度、力量和灵活性大大降低，对信息刺激的反应也更加迟钝，故遇到意外情况下的应对动作相对较慢，但是从另一个角度来说，年长者心智相对年轻者心智更为成熟，在遇到意外情况下的应对也会相对从容，尤其是对于经验丰富的老潜水员来说。

此外，有资料显示，无论是潜水事故中遇难者的总数量，还是遇难者在各自性别潜水者群体中的比例，女性均低于男性。

（二）技术水平与经验

技术水平与经验是影响潜水应激反应的重要因素。

过硬的技术有助于潜水者从主观上提高自我效能，帮助其做出积极的认知评价，以有效应对潜水中的意外情况。通常，初学者比有经验者更容易产生应激反应。经验丰富有助于潜水者采取积极应对措施，当然，降低应激反应不仅仅是因为经验丰富，还需要考虑年龄因素和性别因素，年龄、性别与经验的交互作用可能对应激反应的程度共同起作用。

（三）人格因素

人格因素也会影响应激反应。

有证据表明，特质焦虑高的个体在压力情况下更可能产生较大的反应，因而在潜水者中，潜在焦虑更高的个体体验到的危险也处于更高水平，惊慌反应与不合理行为在特质焦虑较高的潜水者中更为常见。患有某些恐惧症的潜水者应激反应可能更高。研究认为，个体存在倾向性的、相对稳定的应对方式，应对方式也是影响（降低或增加）应激反应结果的重要中间变量。

此外，自我效能、自我动机和独立性等人格特征对应激反应也有影响。

（四）生理状况

个体身体不适、疲劳、损伤、残疾、既往病史、晕船、呕吐、眩晕和（或）定向障碍等均会增大潜水者的应激反应。另外，酗酒、吸毒等不良行为不仅可能增加应激反应，严重的还会导致死亡。

二、社会因素

（一）社会支持与应激

应对资源是决定应激反应的根本因素。良好的社会支持是重要的应对资源，它可以有效降低或缓解应激的强度，有助于摆脱困境，对身心健康有保护作用。

（二）社会支持的含义

社会支持有三方面含义：客观的支持或援助及社会网络、团体关系（婚姻、家庭、亲友、同事等）的存在和参与；受尊重、被理解、被支持的情感体验和满意程度；对社会支持的利用情况。

（三）潜水者缺乏社会支持时的应激反应

缺乏或不能很好地利用社会支持的个体，面对同样强度的应激源，其心理和生理反应都相对较为显著。假如潜水活动的组织与管理不好，潜水者在潜水过程中独自潜水或与潜水同伴（或团队）失去联系，与潜水同伴协同不好，缺乏水面和陆上的安全协助等，潜水应激反应就会增加。

三、环境与设备因素

（一）环境因素

影响潜水应激反应的主要水下环境因素包括：

1. 潜水深度

有研究结果表明，深度小于 30 米的潜水，事故发生率为 0.054%；深度在 31~60 米间的潜水，事故发生率猛增 10 倍，达到 0.54%；深度超过 61 米的潜水，事故发生率为 2.063%。由此可见，随着潜水深度的增大，潜水应激反应会急剧增加。

2. 水温、水流和能见度

通常，在寒冷、水面结冰、水温急剧变换、风浪大、水流急、能见度低的环境中潜水更容易加大潜水者的应激反应。

3. 复杂潜水条件

难以进行准确判断的较复杂潜水条件，或者执行高风险的潜水任务，或者是检验新式潜水装备的试验性潜水，均可能给潜水者带来更大的应激反应。

（二）设备因素

在潜水活动过程中，潜水装备和设备若出现故障，不仅会引起潜水者的应激反应，严重的还将导致潜水事故的发生。

潜水活动中可能出现的潜水装备故障主要有：

第一，头盔或面镜脱落、系带损伤或断裂、供气调节器故障、水面气源不足、管路不畅、调节阀失灵，导致供气不足或中断。

第二，系带绞缠或羁绊。

第三，潜水鞋或压铅脱落，压铅绳断开，导致正浮力不足或稳定度失调。

第四，潜水装备使用不当或使用不合适的潜水装备。

第五，通信故障或中断。

第六，加压舱出现泄露，导致缺氧或减压病。

第七，加压舱测氧仪失灵或自动配气系统故障，导致舱内氧分压过高或过低。

第八，加压舱生命保障系统故障，导致舱内二氧化碳分压和湿度过高。

第三节　潜水应激的调控

一、应激调控的重要性

碧波覆盖的海洋深处，不仅有美丽多姿的珊瑚礁、光彩斑斓的鱼群和各种色泽鲜艳的奇特海洋生物，也有寒冷、暗流、水流、压力高、通讯困难、孤独等不良因素。因此，潜水者在整个潜水活动过程中，都需要具备良好的心理适应能力。

研究证明，潜水事故中，有相当一部分是由于潜水者应激调控不良造成的。例如，在水流比较急的情况下，潜水者由于过度紧张害怕而放漂，过度关紧了腰间调节阀而导致缺氧窒息。可见，良好的应激调控能力对潜水活动非常重要，它在某种程度上可以有效减少潜水事故的发生。因此，无论是潜水专业人员还是爱好者，在潜水过程中，具备良好的应激调控能力和采取有效的应激调控措施，均至关重要。

二、应激调控措施

许多情况下，个体通过自身努力或他人帮助即可成功地应对应激。但是，当应激反应过于强烈，个体难以应对时，就需要各方面人员针对应激发生的各个环节采取措施，以有效降低应激强度，维护潜水者的身心健康。

（一）针对应激源的措施

针对应激源的措施包括：消除应激源，如治疗疾病、消除事故隐患、改善生活环境等；调整生活方式，避免应激性事件的发生；改变应激的行为方式；增强对应激源的耐受性，如模拟训练、脱敏疗法。

（二）改善认知的措施

改善认知的措施有：消除不合理的信念，调整需要的内容和抱负水平；调整心态，换一个角度看问题，重新评价应激事件；培养乐观主义精神；增强自信心，提高自我效能，相信自己应对行为的有效性。

（三）扩展应对资源的措施

扩展应对资源的措施有：增强体质，以良好的状态应对应激；拓展社会网络，培养社会技能（如交流、亲近、展示自我、表明和坚持立场等）；提高技术水平。

（四）提高控制应激反应能力的措施

提高控制应激反应能力的措施有：监视应激源和早期应激反应（如肌肉紧张）及时、合理地选择应对方式；提高情绪的自我觉察、控制和表达能力；积极转移和释放，如欣赏音乐、阅读、锻炼等可促进能量释放，降低紧张水平，从而减轻近期的痛苦体验；采用渐进式放松法、生物反馈疗法以减轻症状、降低焦虑水平；适当地坚持立场，维护自尊。

（五）改进组织管理的措施

改进组织管理的措施有：合理控制工作负荷、工作量和工作时间；加强与潜水者沟通，促进潜水者之间的交流，增强团体凝聚力；提供潜水者参与决策的机会，如潜水方案的确定、任务分工、团体间的合作等；确保工作计划有一定的弹性，以使潜水者在必要时有时间处理家庭和个人事务；关心潜水者的家庭、婚姻与个人问题；经常性地给予技术指导，有计划地组织培训，帮助潜水者提高技术水平，为其提供职业发展的机会；在管理制度中设有可行的应激管理方案。

三、常见潜水应激调控方法

（一）自我暗示法

当潜水中应激反应出现时，可采用积极的自我暗示："镇静、放松""现在情况正常""我能应对突发情况"，以及暗示自己某部位的肌肉放松等，都可以稳定情绪，缓解紧张。

（二）呼吸调节法

通过采用慢而深的腹式呼吸，可以有效调节、控制呼吸节奏，防止过度换气，缓解应激的情绪状态。

（三）思维阻断法

当内心感到恐惧时，自己可以在内心里大声对自己喊"停！"。尽快阻止消极意识，并用积极、建设性的思维取代消极意识。比如，潜水者在下潜到10米水深时感到了恐惧，就可以想象"这才多深？我下潜过20米的深度哪！再说还有一根绳子在上面保护我呢"。也就是说，当出现恐惧心理时，潜水者一定要有相应的积极心理去面对。

（四）高峰体验法

当感到恐惧时，潜水者可以想象自己最成功的时候、最风光的时候或最开心的时候等，让自己能够把大脑保持在高度兴奋的状态。这样做，不仅可以分散自己对于恐惧的注意力，也能使大脑保持兴奋状态，从而有助于克服恐惧。

（五）意守法

潜水者把注意力集中在所要完成的动作或活动上去，不为外来刺激和内在因素所干扰。即集中注意自己的动作操作要领，排除思想杂念干扰，尤其要善于从焦虑状态中，将注意力转移到对自身动作的感知或当前的活动上去。

本章复习思考题：

1. 什么是潜水应激？
2. 潜水应激源主要有哪些？
3. 潜水过程中的应激反应主要包括哪些方面？
4. 影响潜水应激的因素主要有哪些？
5. 你认为，潜水者应具备哪些基本心理素质？

第七章 安全潜水

潜水运动作为一项体育运动项目而言，有其独特的项目魅力，其所固有的惊险、刺激、新奇等元素，能够给参与者带来挑战后极大的快感和愉悦感。当然，潜水在某些时候也是一项冒险运动，像攀岩、跳伞或者高山滑雪一样，有其项目的特殊风险性。

但是，必须强调，虽然潜水运动是有一定风险的，但和众多体育项目相比较，潜水又是相对安全的运动。在一项对体育运动项目危险等级的排名中，潜水运动仅仅排名第 42 位（排在第 41 位的是足球）。事实上，大部分潜水事故的发生，往往是由于潜水者自身的态度等原因所致。如不尊重、不遵守潜水安全守则，对潜水装备缺乏爱护与保养，没有认真学习潜水技能与知识，轻视有经验的潜水者的安全建议等。

因此，要安全地享受潜水乐趣，就须理解潜水者所需条件、潜水有关通信信号、可能对人造成伤害的危险生物以及潜伴制度等内容，领会、遵守潜水安全守则，防患于未然，杜绝潜水事故的发生。

第一节 潜水者需要具备的条件

多数情形下，潜水活动是背负潜水装备在水中压力环境下进行的，在遇到水流时，还须踢动脚蹼抵抗水流或顺势而行。潜水者只有在体力、生理心理、游泳能力、潜水知识与训练等众多方面具备必要的条件，才可以安全地尝试潜水。

一、身体条件

（一）年龄

一般情况下，潜水活动对年龄是有限制的。这是因为：一方面，在潜水活动中，尤其是在水肺潜水中，由于装备较重，潜水者就必须要有足够的力量才能背负这些装备；另一方面，对潜水过程中水下某些状况的正确判断与相应选择，也需要潜水者具备较为成熟的心智。

综合各种因素，年龄在 8 岁以上，才较为适合潜水。其原因是装备重量超越年龄太小的孩子的承受能力，年龄太小的孩子注意力和判断等方面的能力还不够适合；通常，未成年人在学潜水时须经监护人同意或陪同下进行。年龄较长者，在符合上述要求的情况下，则要定期进行身体检查。

（二）性别与生理

通常，男性在生理方面并无困扰，而女性由于有生理期及妊娠问题，其在生理期不宜潜水。另外，一般来说孕妇是可以潜水的，在之前的经验中发现，很多孕妇在不知道或知道自己怀孕的情况下仍然潜水，而生产后对母婴都未造成任何影响。但是为了安全起见，尤其是在胎儿相对不稳定的期间要谨遵医嘱。

（三）身心条件

潜水时，潜水者心理、生理均面临一定的压力。潜水者一定要具备健康的身体条件和一定的心理自控能力。经验表明，某些疾病患者在压力下可能会导致病症更加严重或根本无法潜水。

潜水者的身心健康的检查与判断须由医生完成。只有在医生检查确认潜水者身心适宜的情况下，潜水者方可开始从事潜水活动。因此，开始学习潜水的第一步，就是要进行身体健康检查。开始潜水后，潜水者至少每两年还要进行一次身体检查。

二、能力条件

（一）游泳能力

游泳能力是安全潜水的基本条件。潜水者以具备能游泳 200 米的能力为佳，若无此能力，具备穿着脚蹼游400米的能力亦可。

某些情况下，如在休闲潜水时，潜水者也可能不具备游泳能力。但是，这不仅仅很不安全（一旦潜水装备发生问题，是需要潜水者依靠游泳能力来克服某些问题），也必然影响潜水者对水的适应或学习速度。因此，游泳能力既是潜水的基本条件，更是安全的根本保障。

（二）相关知识与训练

潜水相关知识、技能的学习与训练是要循序渐进的。首先，对潜水装备的了解、操作的熟练、对水的适应及紧急处理，均需在游泳池进行一般的安全水域练习，熟练后才可到开放水域潜水；其次，水中的各种变化特别是物理变化与陆地是不同的，其会直接、间接地影响人的生理，潜水者无法适应这些变化，就会引起各种障碍。对于潜水者而言，潜水相关知识的必要学习，正确的训练以及实地的技术演练，三者从来是缺一不可的。

此外，除具备以上条件，潜水者还需要接受有资格的潜水教练指导，在合乎安全的标准场地训练，接受足够课时的学习和训练，在遵守潜水安全守则下吸取潜水经验，并尽可能地参加晋级学习。

第二节　潜水有关的通讯信号

潜水者在水中与同伴主要通过手势进行讯息沟通。除手势外，其他潜水联络方法有水面口哨、水面气动蜂鸣器、水中鸣响器等音响信号，照明器材、旗帜、求救浮标、求救充气柱等视觉信号。当能见度不良时，还可利用潜伴绳索，以拉引的信号相互联络。当然，无论是手势、音响信号、视觉信号还是绳索拉引信号，本身必须极其清晰、明确，以让对方极其清楚。否则，信号传出后，如果对方不能了解甚至是无法理解其意思，就失去了通讯信号的意义。因此，潜水通讯既是潜水训练必修课程，更是其最重要的安全课程。

一、手势信号

世界各国潜水手势信号各有不同。有关潜水组织正在促进水中手势信号的统一。因此，以下介绍的手势（图7-1）多为各地潜水者广泛采用的国际通用潜水信号。当然，世界各地除了一些通用手势外，尚有依该国风俗习惯不同而存在的特定手势。到国外潜水或与外国潜水者共同潜水时，为安全起见，必须要事先对此有所了解。

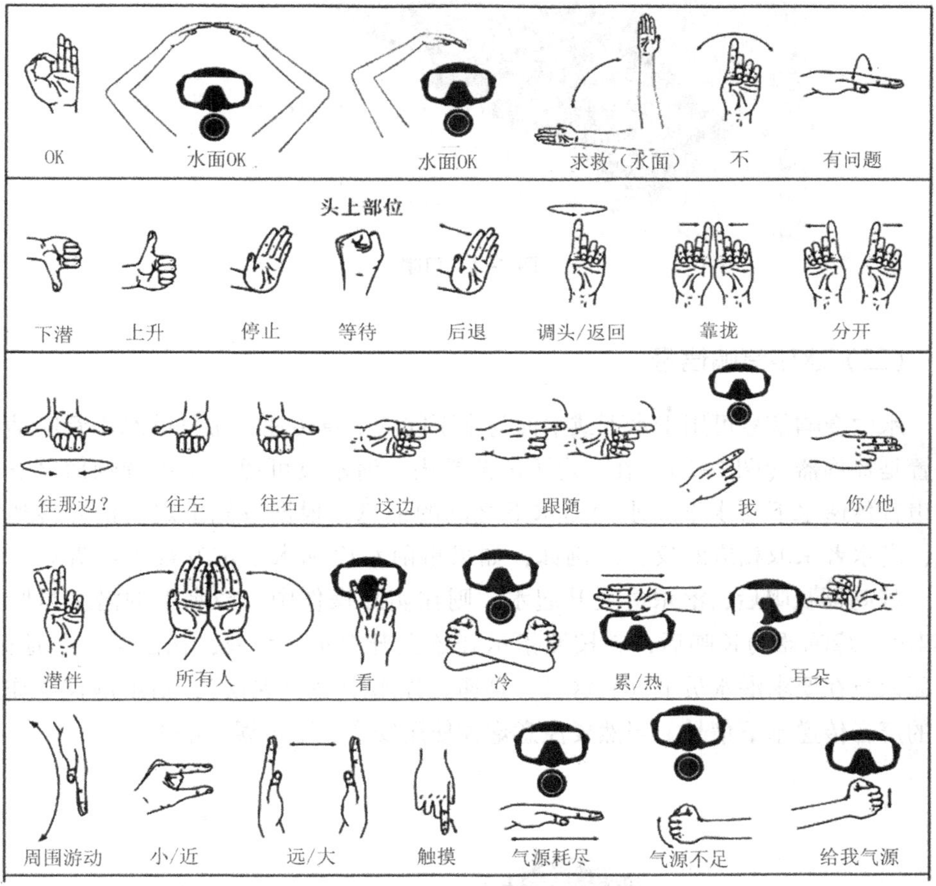

图 7-1　国际通用潜水手势

二、音响信号

（一）水面音响信号

口哨（图 7-2）或气动蜂鸣器是常见的水面音响信号器材，当出现紧急情况时潜水者在水面上用来呼叫联络时使用。国际遇难求救记号的呼叫为五次或五次以上的急促短音。

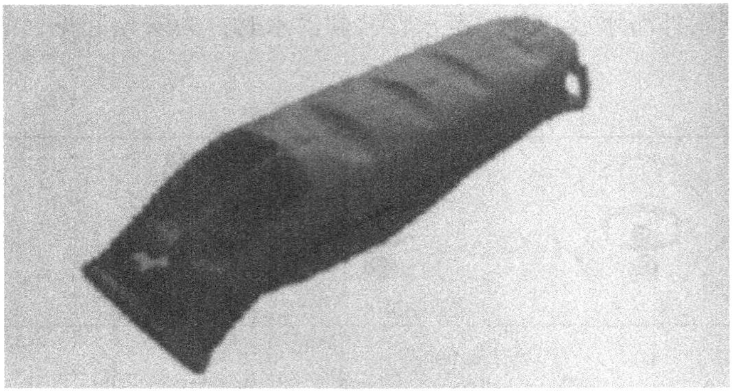

图 7-2　口哨

（二）水中音响信号

水中音响信号可用于水下或水面与水下间的信息传递，常见的水中音响信号装置是蜂鸣器（图 7-3）。在一定距离范围内，潜水员可通过水中音响信号发出的声音传递水下与水下或水面与水下之间的信息，根据事先拟定的信号传达意思，潜水者采取相应的反应。例如，如果事前水面和水下定好规则：听见“四声”蜂鸣器长鸣后，潜水员上升起水，则在实际操作中，当水下的潜水员听见“四声”蜂鸣器的长鸣后，就按照指示开始上升起水。另外，在法国一些地区，水面人员在要求潜水员上升起水时，是通过往水中丢“炮仗”，借助炮仗爆炸发出的声音传递水下信号。当然要注意炮仗使用安全，不可误伤潜水员。

图 7-3　蜂鸣器

三、视觉信号

（一）潜水视觉信号的种类

潜水视觉信号可分为标识类和发光类两大类。标识类主要有潜水信号旗、求救浮标、求救充气柱等，发光类主要有潜水灯、水面信号弹等。

潜水时最常用到的视觉信号是在水面或船只上挂有潜水旗帜。它表示此处水下有潜水人员活动，请船只保持 30 米以上的距离，需经过时，请从旁边绕道而过。

以下是一些潜水常用视觉信号，更加详细的相关内容请参见装备篇。

1. 求救浮标和求救充气柱

潜水者在水下出现问题需要援助时，需使用求救浮标（图 7-4）或求救充气柱。潜水者在水下放出求救浮标或求救充气柱后，浮标迅速浮出水面，醒目地提示在水上或陆上的潜水支持协作人员对水下的潜水者进行救援。另外，也有其他颜色的充气柱，其主要目的是引起水面船只的注意，防止与正在上升的潜水员发生撞击，同时也帮助船只定位潜水员。

图 7-4　求救浮标

2. 潜水灯

潜水灯的功能主要是用于夜间潜水、深潜或透明度很差的水域的照明，但往往也作为潜水信号器材使用。如潜水同伴之间用潜水灯光相互联络，在水下用潜水灯光向水面传递信号等。

3. 潜水旗帜

（1）标准旗号

阿法旗为国际潜水旗帜（图 7-5），其属于国际法规旗帜，为标准旗号。

图 7-5 国际潜水旗帜

（2）休闲潜水旗

休闲潜水旗的基本图案为红底白斜线（图 7-6），此旗虽非世界公认，但一般潜水者均有所认识。

图 7-6 休闲潜水旗

（二）潜水旗的使用规则

潜水旗在使用时，要遵循其特定使用规则，这些规则主要包括：

第一，潜水时必须在水面或船上挂潜水旗。

第二，潜水旗要挂在最显明的地方。

第三，潜水者在水中时一定要把潜水旗挂好。

第四，潜水者在出水后一定要把潜水旗收回。

第五，挂上潜水旗，提示周围其他船只回避或绕道，对于其他船只而言，并非是法定或必须。因此，潜水者必须对水面上的交通予以充分注意，并对相关船只有关人员礼貌待之。

第六，潜水者要在挂潜水旗处下潜、上升。

第三节　潜水安全守则

根据统计数据和调查结论，潜水事故几乎均是人为因素所致。换言之，潜水事故是可以通过充分预防而有效避免的。经验表明，认真学习和遵守人们多年来根据潜水相关理论知识、潜水装备的原理和使用、潜水实践经验以及潜水事故教训等所形成共识的潜水安全守则，是防止潜水事故发生或将安全危害减少至最低程度的最好的方法。

一、潜水安全守则

身体及精神均须在最好的状态。

有较好的游泳能力。

接受正确的训练指导。

建立安全潜水计划，遵照计划进行潜水。

熟悉潜水区域。在不熟悉的区域潜水应有熟识此区域的人带领。

携带急救用品。

要衡量自己和潜水装备的能力。

检查潜水装备，确保其在良好状况下使用。

使用齐全必要的潜水装备。

鱼枪是危险器具，须小心使用。

避免单独潜水，不可离开潜水同伴而独自行动。

在耳内感到疼痛前，须使耳压平衡。

受伤、疲劳或不适时，要尽快离水上岸。

浮潜的经验是水肺潜水的必要条件。

注意潜水深度，遵守潜水深度限制。熟练者使用空气潜水也应尽量避免深度超过 30 米，绝不可超过 40 米。

慎重、正确地上升。

了解与正确应用水中通讯方法。

水肺潜水须保持正常的呼吸。

重复潜水时，要注意顺序，避免减压潜水，做安全减压。

使用洁净空气。

高压气瓶要有良好保养，并确保搬运时操作正确。

定期保养装备，气瓶至少每年进行 1 次内外部目视检查，每三年进行 1 次水压检测。

二、其他注意事项

为确保潜水安全，还应注意做到以下几点：

第一，必须明确自己将做的一切事情，不可忘记正确的常识并作出正确的判断，要有防范事故发生及应变的处置能力。

第二，多读与潜水有关的书籍，学习和掌握海洋环境中可能发生的各种问题及相关知识。

第三，潜水前少吃容易产生气体的食物。

第四，潜水深度与潜水时间一定要适度。

第五，要在安全的条件下，慢慢累积自己的潜水经验。

最后，需要强调的是，无论任何运动，安全总是前提，潜水也不例外。所有与安全相关的要求，都必须严格遵守。端正态度，是安全潜水的第一步。为了更加安全的潜水，潜水者必须要对任何不遵守潜水安全守则的态度与行为实行“零容忍”。

只有拥有了过硬的潜水技能、足够的潜水知识以及安全渐进式增加的潜水经验，潜水者才会赢得“潜水事故”这位苛刻考官的尊重与肯定，潜水也才会更加安全并充满乐趣。

第四节 潜伴制度

在任何条件下从事潜水活动，无论用什么方式进行潜水活动，都应遵循两人以上的潜伴制度。在潜水活动过程中，潜伴之间应从组装潜水器材、着装、入水、下潜、出水等步骤给予潜伴相应的帮助，并与潜伴在潜水过程中始终保持安全距离，以确保在遇到困难或危险时施以援手。

一、潜伴之间的相互协作与帮助

潜伴之间的相互协作与帮助应贯穿于整个潜水活动过程之中，从组装潜水器材开始，直到潜水活动结束出水之后，而且潜伴之间应建立相互信任的关系，并对潜伴的技术和能力有充分的了解，理想的潜伴是在整个潜水过程中都能够达到相互默契配合的程度。

（一）组装潜水器材

应与你的潜伴相互帮助组装所要用的潜水装备，并在组装好后相互进行认真的检查。

（二）着装

应与你的潜伴相互协助穿着和检查潜服、面镜、呼吸管、蛙鞋、自携式装备等所有潜水相关装备。

（三）入水

入水时，一人在岸上观察潜伴入水，先行入水者入水后确认水中安全状况，然后向岸上的潜伴做出安全手势，紧接着才能离开入水点等待潜伴入水。这时，岸上后入水的潜伴即可入水，待入水后，两人立即相互靠拢。

（四）下潜

下潜时，两人都保持在对方的视线以及安全距离内，同步下潜。

（五）出水

潜水结束出水时，应根据出水点的条件选择相应的出水方式。岸潜时，在到达齐腰水深时站立起来，然后潜伴间相互搀扶，轮流脱下脚蹼后步行上岸；船潜时，则应在潜伴相互协作下先后上船，若手中握有相机、手电筒或其余物品时，先出水者应先将物品交由后出水的潜伴（或船上工作人员），待上船后，再从后出水的潜伴手中取回物品，然后协助后出水的潜伴上船。

二、潜伴原则

潜伴制度所必须遵守的原则是：

第一，对潜伴的潜水技能和身体状况有足够的了解和掌握，相互间要有充分的信任。

第二，在准备、潜水和结束整理等全部潜水过程中潜伴之间都要互相帮助和协助。

第三，潜伴之间必须相互检查所使用的所有潜水器材。

第四，无论潜水水域状况如何，潜水教练员或等级较高的潜水者都应先下水并后上岸，以确保等级较低的潜水者安全。

第五，在整个潜水过程中，必须使潜伴始终处于你的视线之内。若水下能见度不好，应始终与潜伴使用连接绳保持相互间的联系。

第六，当潜伴在水下遇到困难或危险时，必须予以帮助或进行确保自身安全情况下的救援。若自身力所不能及时，应立即上浮向水面的潜水协作人员发出求救信号并协助救援。

第五节　海洋中的“危险生物”及其应对

很多不了解潜水的人常会问潜水者“海中的鲨鱼你们不怕吗?”“很多电影中的大章鱼好可怕！你们碰到怎么办?”等诸如此类问题的产生，大多是因导演们为追求戏剧性的效果，经常将很多海洋生物（诸如鲨鱼、章鱼、海鳗、乌贼、蝠鲼等）加以不实的夸张，在较为满意地为影片制造了紧张的场面的同时，却造成了一般社会大众对海洋生物的误解。

事实上，大多数海洋生物是非常“害羞”和“懂礼貌”的，很少主动靠近或碰触潜水者，潜水者受海洋生物主动攻击的事件少之又少，而潜水者被海洋生物伤害的原因多半则是海洋生物出于自我防御所致。这时，它们常常是被人故意或不经意地激怒、惊吓或伤害了。

虽然海洋中的生物不会主动攻击或危害人类，但我们人类却往往将某些看似凶狠的海洋生物称为“危险生物”。了解和掌握这些海洋生物的特性，是潜水者必须学习如何在潜水活动过程中与海洋生物和平相处的基本知识。根据海洋生物所具有的特性，我们可以依据海洋生物对人类可能导致伤害的方式分成以下三类：啮咬性海洋生物、割刺性海洋生物、接触性有毒海洋生物。下面将分别介绍这三类海洋生物以及被伤害后的应急处理办法。

一、啮咬性海洋生物

典型的啮咬性海洋生物主要是鲨鱼和梭鱼。海蛇也可归于啮咬性海洋生物，但与鲨鱼、梭鱼等啮咬性海洋生物不同的是，海蛇具有强烈的毒性，如果被海蛇伤害，其毒性的危险性要远远大于被啮咬的伤害。

（一）鲨鱼

1. 鲨鱼简介

一般人认为，鲨鱼（图 7-7）会咬人，是非常恐怖的海洋生物。但事实上，虽然鲨鱼的确是非常凶猛的海洋生物，但鲨鱼无端攻击人类的事件却少之又少。并且，潜水时是很难见到鲨鱼的。正因为如此，在很多潜水圣地，观赏鲨鱼竟然成为热门的潜水旅游项目之一，如位于南太平洋的岛国斐济。当然，潜水者也有必要对鲨鱼的特性加以了解。

图 7-7　鲨鱼

鲨鱼的种类多达200多种，在中国近岸海域内有80多种。其中，有身长达二十几米的鲸鲨，也有身长仅20厘米的小鲨鱼；有性情非常凶猛的，也有性情很温和的。目前所知的有可能攻击人的鲨鱼只有12种。

2. 防范鲨鱼攻击的注意事项

第一，不单独潜水。
第二，尽量避免在有攻击倾向的鲨鱼经常出没的混浊水域或夜间潜水。
第三，在水中若受伤出血，应马上离开水中。
第四，避免猎鲨，不要认为小鲨鱼无害而戏耍它。
第五，遇到鲨鱼时要镇定，保持正常呼吸，同时注意它的行为。
第六，有规律的游动。

（二）梭鱼

1. 梭鱼简介

梭鱼（图7-8）的种类有二十多种，平时都在水表层附近活动。其中金梭鱼相对容易攻击人类。金梭鱼有着利于快速游动的圆长身体，它在游动时嘴巴常处于张开姿势，故从外侧即可看到其獠牙。梭鱼的身体有闪闪的光泽，前端普遍为青绿色，胸鳍部为银黄色，腹部为白色，背和胸鳍间有黑线样的斑点。通常在防波堤、浮标、珊瑚礁或沉船的周围，都能发现梭鱼身影。

一般情况下梭鱼并不会主动攻击人类，国内迄今还没有潜水者被梭鱼攻击的情况发生，但国外某些海域则有梭鱼攻击人的记录。

图7-8　梭鱼

2. 防范梭鱼攻击的注意事项

第一，潜水时，应避免佩戴闪闪发光的东西，因为闪亮的东西往往会引起梭鱼的兴趣。

第二，避免在水面游动时的不规则踢动，不规则的踢动声音容易吸引梭鱼。

第三，若受伤出血，应尽快远离梭鱼群，并立即出水。

（三）海蛇

1. 海蛇简介

海蛇有 52 种，除产在菲律宾跳鲁湖的淡水蛇外，其余均生活在海水中，其栖息处主要在热带太平洋、印度洋沿岸海湾内（图 7-9）。海蛇的体长一般为 1 米左右，大的也有长达 3 米的。海蛇的体形和陆地蛇略有不同，头小，尾巴呈扁平状，像桨，便于在水中游动。

绝大多数海蛇性情温和，不会主动攻击人，但有些种类的海蛇在繁殖期会攻击人。海蛇的毒性相当剧烈，能致人于死，如果被海蛇伤害是相对危险的，往往会导致致命的结果。因此，在潜水时不可近距离的接近海蛇，更不要去挑逗它。

图 7-9　海蛇

2. 海蛇致伤后的处置

第一，将被海蛇啮咬的伤口切开约 5 毫米使血能渗出的程度，用吸毒器将毒液吸出，避免用嘴吸，吸毒动作要持续到将伤者送达医师处方可停止；

第二，如果伤口位于四肢，可用止血带延迟毒性蔓延，并每30分钟松开一次以防肢体坏死；

第三，若伤者疼痛强烈，可用冷毛巾冷敷使疼痛缓和；

第四，不可让伤者自行行走，以避免血液循环加快使毒性蔓延增快，并应尽快送往医院救治。

二、割刺性海洋生物

（一）割刺性海洋生物简介

有些鱼类的鱼鳍或尾鳍的硬端含有毒腺，如石头鱼、狮子鱼（图7-10）等，可分泌蛋白毒素、河豚毒素等。当鱼鳍或鱼棘刺伤或割伤人体皮肤时，毒液便进入人体，引起红肿、发炎。严重者还会导致呼吸困难、痉挛，甚至死亡等情况发生。

需要提醒潜水者注意的是，在潜水时，不要轻易触碰动作迟钝的鱼。另外，在身体接触水底前，应先要注意水底下有无割刺性海洋生物。

图7-10　石头鱼（左）和狮子鱼（右）

（二）割刺性海洋生物致伤后的处置

第一，受到割刺性海洋生物伤害时，应先利用带子绑住伤口上方，以阻止毒液流向心脏，然后再吸出毒液；

第二，尽快将伤口浸泡在热水中30~90分钟，温度越高越好，以不烫伤为原则，因为热水可以让蛋白失去活性；

第三，做上述在处理时越快越好，然后再将伤口消毒，并尽快就医。

三、接触性有毒海洋生物

（一）接触性有毒海洋生物简介

腔肠动物在捕捉其食饵时，是先用刺丝胞将小动物麻痹后再捕食。当然，这种刺细胞的毒性对人类的皮肤也会引起伤害，其剧毒的刺丝胞甚至会令人致死。

属于刺丝胞类的生物有水螅、水母、海葵、珊瑚和一些螺类等（图 7-11~图 7-13）。它们都长有具特殊毒器的刺丝胞。在 70 类左右的刺丝胞中，有几种对人的皮肤会造成伤害。刺丝胞囊像缩紧的弹簧，一旦受到刺激，刺丝就会射出，其力道可贯入动物的上皮组织；刺丝内为中空，胞内有毒物质会随着刺丝注射入被攻击者体内。

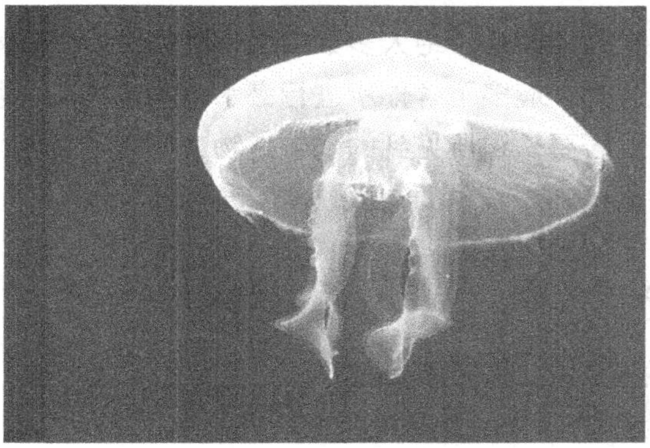

图 7-11　水母

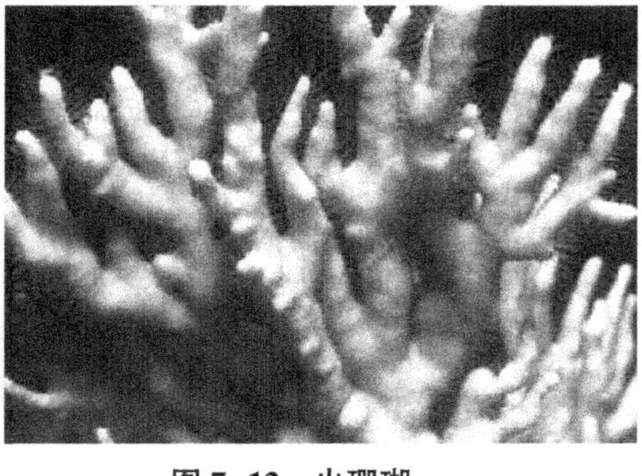

图 7-12　火珊瑚

图 7-13　鸡心螺

（二）接触性有毒海洋生物致伤后的处置

第一，被刺丝胞蜇到时，为防止水肿，须尽快上岸；

第二，治疗时，必须首先除去纠缠在皮肤的触手，以避免患部毒液继续扩散。可用毛巾、海藻、棒子、海水等除去附着的触手（最好使用浓度为4%～5%的食用醋溶液，也可用干燥的沙子或干性粉末），以防再度刺激伤口；

第三，去除附着的触手后，立即用冷水敷30分钟，严重者应立即送医就治。

尽管我们人类称之为“危险生物”的这些海洋生物有可能对潜水者造成伤害，但实际上在人类的潜水活动中被海洋生物撕咬伤害的例子非常稀少，大多是被水母、海胆等蜇伤、刺伤或珊瑚割伤。最有效避免伤害及环保的做法是：安静缓慢的游动与观察，不去碰触它们或接近它们，不要迫使它们改变行为及生活的自然节奏。

最后，需要再次强调的是，绝大多数的水中生物都不会主动攻击人类。每一水域都有一些特定生物，应多了解你所进行潜水活动水域的环境状况，以便找出最佳潜水活动地点。若要认识所见到的水中生物，则需请教潜水教练员、专家或经验丰富的当地潜水员来充实你的知识。

本章复习思考题：

1. 水肺潜水的一般年龄下限是多少？
2. 潜水有关的通讯信号主要有哪几种？
3. 简述潜水的安全守则与注意事项。
4. 简述潜伴制度的重要意义。
5. 简述潜伴制度的原则是什么？
6. 海洋中的“危险生物”有哪些种类？试举例说明，如不慎为其伤害，当如何处置？

ZHUANGBEIPIAN

装备篇

像鱼儿一样自由地领略水下奇妙世界的人类梦想从未间断。最终，人类借助潜水装备梦想成真。无论是人类潜水活动的突飞猛进，还是潜水方式的日新月异，抑或是潜水应用的不断拓展，人类的潜水发展，总是得益于装备的进步。因此，一部人类潜水史，也就是一部潜水装备的发展史。

“工欲善其事，必先利其器”。在人类潜水装备发展史中，浮潜装备与自携式装备始终占有非常重要的地位。本篇将在简要介绍潜水装备发展历史的基础上，重点介绍这两大类的潜水装备，从而便于潜水者为后续的学习奠定坚实的基础。

第八章 潜水装备发展史

如前所述，在我国，不仅早在四千多年前，就有关于“潜水采珠”的记载，在小说故事中那些“潜水专家”的本领也很高强。典型如《水浒传》中的梁山好汉“浪里白条”张顺，书中说他可以在水中潜伏一昼夜；阮氏三兄弟也都赤条条地在水中来去自如。事实上，由于人类身体构造和生理机能的限制，人类今天的绝大部分需要进行长时间或大深度的潜水活动，均是借助于相应的潜水工具才做到的。正因如此，我们才说，一部人类潜水史，就是一部人类潜水装备的发展史。

第一节 潜水装备制造缘由与早期记载

一、人类制造潜水装备的缘由

与许多动物可以在水下进行长时间活动不同，人类仅靠自身能力的屏气潜水时间和潜水深度极其有限。但是，如果借助工具，则人类的屏气潜水能力就将大幅提升（表 8–1）。

表 8–1 不同动物的屏气潜水能力

动物	屏气时间（分钟）	潜水最深纪录（米）	备注
人类	2.5	113/332	其中，屏气时间为普通人呼吸纯氧 15 分钟后的最高纪录；113 米为人徒手潜水最深纪录，332 米为有装备下人潜水最深纪录

续表

动物	屏气时间（分钟）	潜水最深纪录（米）	备注
鼠海豚	6	305	
虎鲸	12	未知	
海狸	15	未知	
海牛	30	未知	
海狮	30	152	
海豹	60	305	
抹香鲸	75	2200	
锥鲸	120	823	

但是，人类的潜水活动绝不会仅仅满足于潜水时间和潜水深度都非常有限的屏气潜水，在人类潜水的发展历程中，人们总是在不断地追求能够进行更高水平的潜水活动，总是期望能够在水中潜得更久、更深。因此，为了满足潜水活动不断发展的需要，人类对潜水装备研究制造的步伐从未停止。人类潜水活动的发展促进了潜水装备研究制造进程，而潜水装备的研究制造进程也推动了人类潜水活动的进一步发展，二者在人类潜水的发展历程中始终是相辅相成的互动关系。

二、人类潜水装备的早期记载

（一）东亚潜水装备的早期记载

根据《史记》记载，秦始皇统一中国后，曾在视察巡至彭城时，耳闻“泗水”里沉有一古鼎，即命人寻找此鼎，人数多达千人以上。其中，动用了众多潜水夫，虽未寻获，却是我国潜水打捞最早的记录，当然，也是中国潜水装备较早的正式记载。在中国明朝，南海的渔民已普遍以潜水方式采集珍珠蚌壳。在古代日本、韩国，也有潜水技术相当高超的“海女”（图 8-1）事迹的记载。其中，从留存至现在的图片中，我们能看到“海女”潜水时的装备。

图 8-1 “海女”潜水

（二）欧洲潜水装备的早期记载

在欧洲，地中海区域的潜水活动曾经最为兴盛。亚里士多德就记述了很多有关潜水的故事。比如，古罗马帝国就曾经培训了水中特攻兵（类似今天的“蛙人”），用其潜行水中来攻击敌人。武装士兵也被训练利用芦苇的茎，一端含在口里，一端露出水面呼吸，从水中潜向敌阵发起攻击。

再如，亚历山大大帝在包围腓尼基（Phoenicia）时，为便于制敌，就曾利用类似潜水钟的装备，沉入水中来观察敌军防务。在现在大英帝国博物馆中，仍可看到这个事件的版画图（图 8-2）。

图 8-2 古代潜水钟

另外，在一件公元前九百年左右的浮雕古迹中，也有口衔皮气囊的人像，他可能是在从事潜水或游泳。

第二节　工业革命之前潜水装备的发展

在人类潜水装备的早期记载之后，人类有关潜水装备的进一步发展，至今还没有发现有更多的记载。直到公元一千三百年到一千四百年代，潜水装备的革新与相关记载才重新活跃起来。但是，由于受到当时科学技术和工业制造水平的制约，这个时期人类所研制的潜水装备仍然处于较为原始和简单的阶段。

一、达·芬奇研制的装备

当时，潜水装备研制首先遭遇的难题，就是如何使潜水者在水中获得空气的补充，以便长时间在水中活动。在热心于解决这个问题的人们当中，以欧洲文艺复兴时代的达·芬奇（Da Vinci）为代表。他设计了一种以一个硬皮制成的潜水装备，上面附有观察用玻璃窗的头盔，在头盔上方还有一条呼吸管延伸出水面，为了呼吸管的一端能够飘浮出水面，呼吸管的一端还绑有软木。此外，为对付水中敌害，头盔上还装了一些钉子，并有划水手套及脚蹼等附属设备。但是，这套潜水装备，在深入到水下不到 1 米的时候，就会因水压挤压人的肺部，根本不可能利用呼吸管来呼吸水面上的新鲜空气。在这个水深，水所施加在人体肺部的压力能达到 90 多千克，而且随着水深的不断增加，施加在人肺部的压力会越来越大，克服或平衡这个压力才是关键。而一开始人们并不理解这个物理原理，所以，很多设计都不切实际。

比达·芬奇的研制还要早的是，有一位意大利的科学家曾经异想天开，把人面当马脸，将吊在马鼻前的皮制饮料袋改造成了潜水面具，制作了与达·芬奇的装备较为类似的潜水面具设计。这个面具罩在潜水者头部，也使用一条呼吸管伸出水面。当然，这一设计与达·芬奇研制的装备更为相同的是，它并不能够在实践中真正地使用。

二、约翰的木桶

1715 年，英国的约翰·莱斯布里奇（John Lethbridge）向伦敦一家制桶店订制了一个木桶用于潜水。1749 年，有杂志正式刊载了这种潜水器在世界各地成功操作的报导。实际上，在约翰将木桶用于潜水活动之前，潜水器都是用柔软的材料制成的。因此，约翰的木桶（图 8-3）堪称硬式潜水器最早的雏形。

图 8-3　约翰的木桶

三、哈雷的潜水钟

1690 年，艾德蒙·哈雷（Edmnud Halley）发明了向潜水钟灌输空气的方法。他意识到，如果潜水者呼吸的空气压力和周围的水压相等，那么，潜水者的肺就能正常工作，不受水的压迫，这也既是潜水钟的使用原理。

他使用的是一个无底的、能容纳一到两个人的潜水钟（图 8-4）。当潜水钟下沉时，水压就挤压钟内空气，潜水者可以利用钟内空气来呼吸。当然，该潜水钟需要从水面灌输空气，以解决后续空气的补充问题。之后，哈利还制造了一个小的潜水钟，利用软管的一端伸出水面，一人在钟内抓住软管，在水深 18 米多的地方安全停留了一个半小时。但是，至今我们并不能确定哈利是如何将水面空气通过软管送入水下的问题。

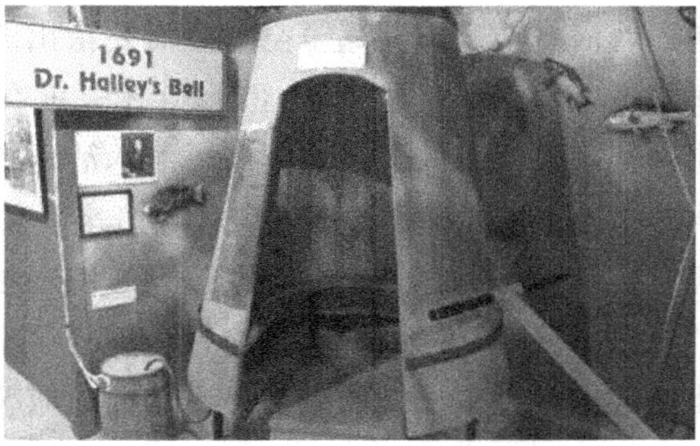

图 8-4　哈雷的潜水钟

第三节　工业革命时期潜水装备的发展

进入工业革命时期，科学技术研究和工业制造水平的不断提高，为潜水装备的发展和制造注入了新的活力，一批全新设计概念的潜水装备应运而生，人类的潜水活动得以快速发展和提高，并推动了人类的潜水活动从试验、探索和探险性质向实用和应用性质转化，使得潜水真正成为人类在各种生产活动中可以采用的技术手段和方法。

一、泵供气的出现

18 世纪后，进入工业革命时期，科技和工业制造的进步一日千里，潜水装备各项制造技术上的难题也被陆续解决。瓦特发明蒸汽机以后，泵随之问世，很快，人们就将泵原理很成功地应用到潜水装备之中，通过使用泵供给潜水者空气的方法日益流行开来，使得潜水技术随之大大地向前迈进了一步。

二、头盔式潜水的出现

潜水应用潜水头盔，相当于一个朝上的桶封闭潜水员的头，从表面向下注入空气，这逐渐成为一种公认的潜水方法。直到 19 世纪初，随着气泵被广泛使用，运用气泵可以有效地将水面空气通过供气管泵入头盔，以供潜水员呼吸，这使得潜水持续的时间更长，因此头盔式潜水快速推广开来，并被广泛运用于潜水工程作业。

1837 年德国人奥古斯都·雪贝（Augustus Siebe）改良并制造出了密封式的头盔潜水服，成为世界上第一套标准的有效潜水服。这种潜水服的供气线路连接泵或压缩机，潜水头盔与潜水服是连为一体的。头盔是隔绝空气的，弹力潜水服是封闭的，潜水服包裹着潜水员以及充满了空气。需要指出的是，到 19 世纪末，采用头盔式潜水，潜水员能够达到的深度已超过 50 米，就在潜水活动不断进展之时，却忽然发生了一连串恐怖事故，严重阻碍了潜水活动的发展，许多潜水员潜水后都患上了在当时来说是不可思议的疾病，如肌肉、关节剧痛、呕吐、耳聋、丧失意识、神经麻痹甚至暴毙，其实这就是今天我们所熟知的潜水病。法国科学家保罗·伯特（Paul Bert）是第一个解释这种疾病的科学家，认为潜水病是由体内氮气泡沫溢出造成的，并提出潜水后上升到水面时应缓慢上升的观点。

三、气瓶的出现

到了19世纪中叶，潜水装备虽然有新的发展，但始终无法摆脱那条通到水面之上赖以保命的空气供应管，如何使潜水者摆脱那条“生命线”，可以自由地在水中遨游，成为众多热爱潜水的科学家努力追求的目标。

气瓶的出现使得人们想要摆脱潜水空气供应管，实现在水中自由活动的目标成为可能。最早的关于气瓶产生的文献显示：1860年法国采矿工程师伯努瓦（Benoit Rouquayrol），为了防止矿井塌陷后，矿工无法呼吸，而发明了第一款“供需式”调节器，并且连接到背在身后的低压圆筒形气瓶上。

1864年伯努瓦遇到海军军官奥格斯（Auguste Denayrouze），在奥格斯的启发下，伯努瓦将其发明改装用于潜水，并起名叫“伯努瓦-奥格斯潜水装置”，但是由于当时的气瓶只能承受30bar的压力，并且只能满足潜水员在不超过10米水深的地方仅仅停留30分钟，所以这款装置只能作为水面供气装置的备用设备，仅在出现水面供气设备出现故障时，应急逃生使用。1865年法国海军开始订购此款装备，并开始了大批量生产（图8-5）。

图8-5　潜水员颈部后面的低压圆筒形气瓶

到了19世纪晚期，工业革命所带来的技术，可以生产高压空气容器，这促使当时很多的发明者开始研制匹配高压气瓶的“开式”压缩空气呼吸调节装置，但是这些呼吸装置都是不断持续供气的，直到1937年，能够匹配高压气瓶的

“供需式”压缩空气呼吸调节器问世，这主要是源于法国传奇人物库斯托的研制成果。

第四节 库斯托与现代潜水装备的发展

轻便、自由的现代潜水装备的出现，与一代潜水传奇人物雅克·库斯托（Jacques Cousteau）密切相关。库斯托所研制成功的自给式开放潜水装备 Aqua Lung（直译“水肺”）至今仍然是被广泛运用在各种潜水活动中的主要潜水装备，在各种潜水活动中发挥着极为重要的作用，有人认为，可以将库斯托称为“现代潜水装备之父”。

一、库斯托生平简介

库斯托本来是法国海军的炮术家，但自从他迷上潜水，不仅改写了自己的一生，更在潜水史上做出了不朽的功绩。

库斯托的潜水装备研制事迹不胜枚举：他曾试用普鲁理流式潜水器，在 12 米水深处停留 10 分钟；他曾通过军舰大炮保养兵帮忙，试制内置碳酸钠空气过滤器的氧气再呼吸闭路潜水器；他曾潜到 114 英尺深处，发现瓶里的空气从救命的朋友变成了要命的敌人；他曾在试验中差点因氧气中毒而送命。

1939 年，第二次世界大战爆发，库斯托奉调海军情报处。此时，他对潜水装备研制的兴趣从氧气潜水器转回到了普鲁理流式潜水器，并侧重研究该种潜水器能够舒畅地供给所需空气的自动控制机件。经过同法国工程师埃米尔·加尼安（Emile Gagnan）的合作研究，1943 年，库斯托成功地研制出了可在水中来去自如的自给式（或自携式）潜水装备——“水肺”。这是人类潜水装备发展史上的里程碑事件。凭借这种装备，人们从此可以更加自由地潜入水中，去发现、体验和探索海底世界。此后，库斯托还设计了很多种形式的潜水装备。他还驾驶其研究船加利普索号，来往世界各海域从事潜水研究和探险，并完成了水中居住试验。

二、现代潜水装备的发展

库斯托研制的自给式开放潜水装备“水肺”具有轻巧、安全简便，价格低廉等鲜明特点。因此，“水肺”生产投放市场后，几十年风行不衰。不仅如此，在“水肺”等现代潜水装备不断革新的推动下，潜水活动已经由军事、工程方面的需要衍生开来。如今，在人们的休闲活动中，潜水运动这项多姿多彩，既刺激又富于乐趣的项目，正在帮助更多的人去发现和体验蓝色的海底神奇世界。

当然，随着科技的不断发展和工业制造水平的不断提高，现代潜水装备的技术性能也在不断地改进和提高。如今，现代潜水装备在潜水科学理论研究不断发展、设计水平不断进步、新型材料不断涌现、制造工艺不断提高等多种因素的持续推动下，其技术性能更加先进、安全性能更加可靠、使用性能更加便捷。可以说，现代潜水装备的不断进步对现代潜水技术的发展、提高和普及起到了至关重要的关键作用。

三、自携式潜水及其别称

事实上，因为与潜水装备方面密不可分的关系，人类的潜水活动，特别是休闲潜水活动，往往有很多不同的名称。下面以自携式潜水为例，对这种情况的成因作一简单解释。

（一）自携式潜水叫法的由来

以潜水的方式进行分类，可以将潜水分为屏气潜水、自携式潜水、管供式潜水和潜水器潜水等几种类型。

自携式潜水英文为 SCUBA Diving。其中，SCUBA 是 Self-Contained Underwater Breathing Apparatus 的首字母缩写，意思是“自携式水下呼吸装置”或“自供式水下呼吸装置”。所以，SCUBA Diving 就是“自携式水下呼吸装置潜水”或“自供式水下呼吸装置潜水”，通常被简称为自携式潜水。

（二）与管供式潜水相区别

“自携式潜水”的叫法是为了区别于“管供式潜水”。

在早期，当自携式水下呼吸装置尚未出现时，人们在水下是通过一条连接到水面供气机的气管来获得空气的，这就是所谓的“管供式潜水”。在管供式潜水中，潜水员在水下的活动受到气管长度的限制，同时离不开水面的协助，水下活动自由受到了严重限制。

而使用自携式水下呼吸装置进行潜水则非常自由，潜水员在水下独自携带全副“维持生命”装备（携带气源，并通过调节器进行呼吸，也可随意调整浮力、深度），不需要水面的协助就能进行潜水，所以就叫作“自携式潜水”。

（三）自携式潜水的别称

在国内，尤其是港澳台地区，还会有水肺潜水的叫法，其实，水肺潜水就是自携式潜水。

水肺潜水的叫法来源考证并无权威说法，或许可以通过潜水装备有关历史及英文的翻译进行解释。

库斯托发明的世界上第一个水下开放式呼吸调节器的英文名称叫作 Aqua Lung，它也是现代呼吸调节器的鼻祖。有了“水肺”之后，人们才可以进行更加自由的自携式潜水。而 Aqua 的中文意思是指水或跟水有关的事物，Lung 是肺。那么，也许当时的译者就直接翻译成水肺，因此有了水肺潜水的叫法。

本章复习思考题：

1. 简述人类潜水装备的发展历史。
2. 潜水钟的使用原理是什么？
3. 何为自携式潜水？为何又叫它水肺潜水？
4. 自携式和管供式潜水的区别有哪些？

第九章 浮潜装备

浮潜是指潜水者借助面镜、呼吸管和脚蹼在水面做的浮游，偶尔还会做屏气下潜的水面活动。浮潜者所需的装备主要包括面镜、呼吸管、脚蹼、潜水衣、潜水头套、手套、靴子、浮力装置（视潜水者能力和环境条件选择）。尤其在热带度假村和水肺潜水地区，浮潜是一种很普及的休闲活动。浮潜最主要的吸引力在于，它不需要水肺潜水那样复杂的设备和训练，就可以在自然环境中观察水下生物。另外，在观察的时候，浮潜也不会受气泡干扰。浮潜装备的用途比较广泛：例如，进行水肺潜水的潜水员在水面上的游动，营救和搜索队在水面上寻找目标，水下曲棍球、水下橄榄球等潜水运动竞技项目。

第一节 面 镜

潜水面镜可以确保人在水中的视觉功能，是进行潜水活动最基本且必须使用的潜水装备，无论是进行浮潜还是使用自携式潜水装备潜水，潜水面镜都是必不可少的基本装备。

一、潜水面镜的功能与特征

（一）潜水面镜的功能

人的眼睛在水中直接与水接触时，所见一片模糊。戴上潜水面镜后，眼睛和水间隔了一层空气，水不直接与眼球接触，即可恢复陆地上的视觉功能。另外，潜水面镜还具有保护眼睛不受海水刺激、污染的功能。面镜不同于泳镜，它可以覆盖住鼻子，潜至深处时，这样的设计利于平衡面镜的压力，当你由鼻子朝面镜内呼气时，面镜内的气压和面镜外的水压就可以平衡。

（二）潜水面镜的类型与特征

潜水面镜的类型很多。从形状上区分，有圆形、椭圆形、四方形；从镜片上区分，有单镜片、双镜片或加有侧面视窗的多镜；从附加装置上区分，有附排水阀装置或捏鼻平衡耳内压功能的鼻形设计或捏鼻凹槽等。

潜水面镜裙部须柔软，群边与脸部要吻合（图 9-1）。裙部与头带的材质多为硅胶或橡胶，也有其他塑料材质如 PVC，但弹性不佳，戴起来不舒适。橡胶对某些皮肤过敏者易引起过敏，硅胶则不会。硅胶的耐氧化状况也比较良好，可制作出透明度佳、美观、颜色亮丽的裙部，当然，硅胶的价格也是比较高的。

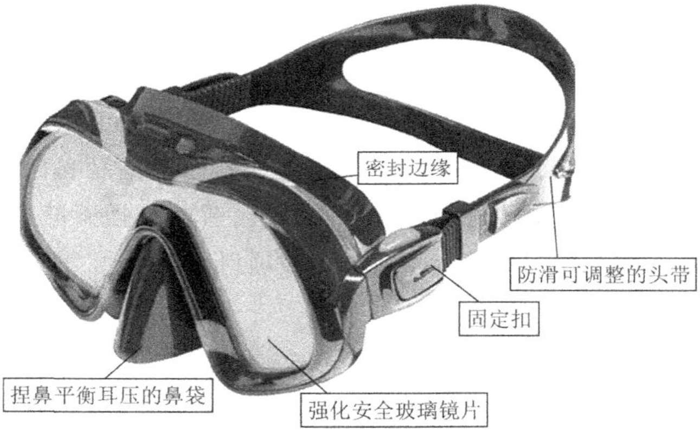

图 9-1　潜水面镜的基本结构

二、潜水面镜的选择

面镜的款式和颜色有很多种（图 9-2），可以根据使用的需要、自己的使用习惯和喜好进行选择。

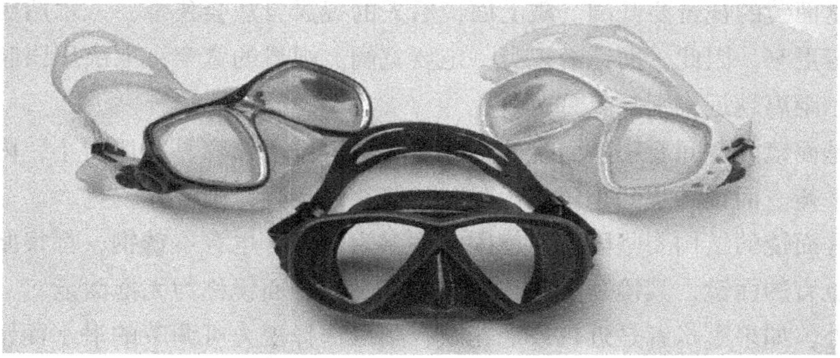

图 9-2　不同款式和颜色的面镜

潜水面镜的选择需注意以下几点：

一是潜水面镜的镜片必须使用强度比普通玻璃大的强化安全玻璃。这样，在面镜破碎时才不会形成锋利的碎片与锐缘而造成对潜水者的伤害。

二是面镜的佩戴必须舒适。潜水面镜的头带要足够宽阔而不易滑动，且调节容易。面镜戴在脸上也可调节头带，这样，长时间使用才不会有不适的感觉。越合脸形的面镜的舒适度越佳。最好请人将面镜轻轻触及脸部后由外部观察面镜裙缘与脸的间隙，间隙越少，则越与脸形相适配，戴起来就越舒适。

三是面镜的气密性要好。一般来说，潜水面镜的气密效果都不错。通常使用合脸测试（图 9-3）来验证面镜的气密性，即将面镜贴于脸上，用鼻轻吸气，面镜吸在脸部不掉即属气密性较好。另外，面镜头带不要调太紧，只调到裙边封住脸上即可，太紧反而会使得面镜的气密性变差。

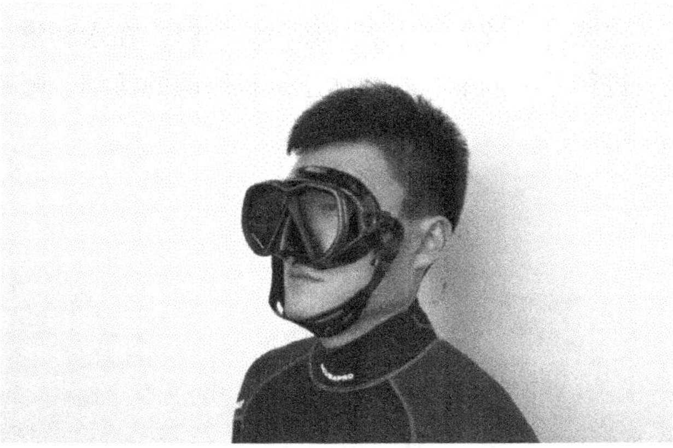

图 9-3　合脸测试

四是面镜的视野要开阔。戴上面镜后人的视界自然会狭窄，入水后因光线折射会变得更窄。因此，面镜的视野一定要宽阔。视界的宽窄，取决于眼睛与镜片的距离，距离越近，则视界越宽。

五是面镜的空间要小。面镜的空间较小时，排水较容易，浮力小，内外压力也容易平衡。面镜的空间小还表示眼睛与镜片距离近，则视界较宽。

六是面镜的结构要坚固。面镜固定框多为塑胶，也有不锈钢，都很坚固且耐撞击。也有的面镜，其镜片直接与群部粘合，这种面镜称为无框面镜。

另外，如果潜水者是近视或老花眼，则可选择视力可调节的潜水面镜。视力可调节潜水面镜都为双镜片的面镜，且只需进行简单的装拆即可换装不同视力的镜片。近视镜片一般度数从 150~700 度，也可根据需要而佩戴更高度数的镜片。还有一种镜片在下方部分装有放大镜片，方便老花眼的潜水者使用。

第二节　呼吸管

你是否曾经发现，可以趴在水面不需要任何动作也可以漂浮呢？这是非常容易而且大部分的人都可以做到的。但是，当你需要呼吸时，则必须将头抬出水面换气后再将头埋入水中。可是，如果利用呼吸管，就可以轻松解决这一问题了。

一、呼吸管的功能与特征

（一）呼吸管的功能与结构

有了呼吸管，潜水者在脸部浸在水中时，可不必将头抬出水面呼吸后再观察水下景物。这样，当然可以节省潜水者的体力。同时，在水肺潜水时，呼吸管还可节省气瓶气量，进行浮力调节、水面休息及长时间的活动。呼吸管的结构如图 9-4 所示。

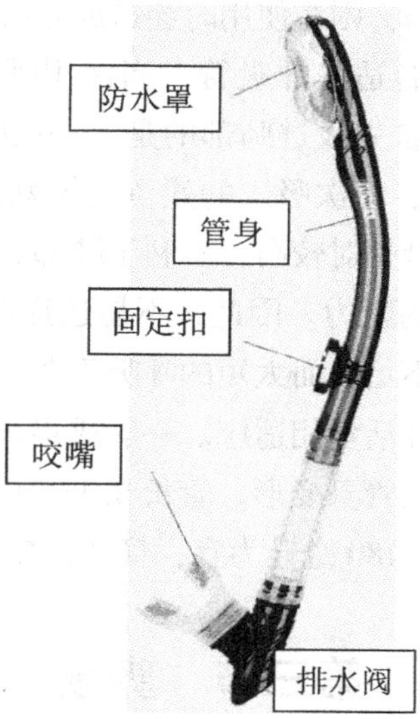

图 9-4　呼吸管的结构

（二）呼吸管的特征

呼吸管的型式可分 J 型、L 型、蛇腹型、附排水阀型和自动排水型等。有一种呼吸管设有防止水溅入管口内的“防水罩”，但潜入水下时仍会有水进入呼吸管内；另外还有一种有“防水阀”，当潜入水下 1～2 米深时仍可防止水进入管内。这些装置由于使口端呈较窄状，导致呼吸阻抗增加，在激烈游动时可能造成呼吸量不足，因此，仅适合运动量较小的潜水者使用。

呼吸管的咬嘴材料有硅胶、橡胶，管部则多为塑料材质，也有橡胶材质的。呼吸管应固定在面镜左侧。固定呼吸管的固定装置有几种形式，传统的形式为简单 8 字形橡胶套，但不方便与面镜拆卸组合，有些较新设计的快速扣式则非常方便。

二、呼吸管的选择

呼吸管的种类和样式有很多，不仅有形式、长短和粗细的不同，还有无防水罩和带防水罩之分。呼吸管的选择应注意以下几点：

一是要选择咬嘴合适的呼吸管，只有咬嘴合嘴形且容易衔咬，才能够舒适地将呼吸管含在嘴中。

二是要选择容易排水的呼吸管。当选用带防水罩的呼吸管时，一定要测试呼吸管的排水效果，如果排水不畅，则在使用时会造成呼吸困难并极易发生呛水现象。

三是要选择粗细和长度合适的呼吸管。当使用呼吸管时，人的呼吸死腔①会加大。通过呼吸管吸气时，首先吸进肺部的是上一次吐气后残留在呼吸管中的气体，所以呼吸管越粗或越长，每次吸入的残留气体就越多。而残留气体中的氧气含量相对较低，二氧化碳含量相对较高，不利于肺部的气体交换。而且，太粗的呼吸管还会增大潜水者游动时的阻力。因此，不易选择过粗或过长的呼吸管。反之，太细的呼吸管会造成通气量不足，而太短的呼吸管在使用时极易进水，因此，呼吸管的粗细和长度应与个人的肺活量相适应。一般成年人使用的呼吸管的要求为：质料硬度适中，快速游动时不致管身变形。管长在35~45 厘米，高过头的部分不可超过 10 厘米，管内容积以 150~180 毫升为宜，管径在 2.0~2.5 厘米。

第三节　脚蹼

脚蹼（或称为蛙鞋）除了使潜水者身体在水中保持平稳外，也为潜水者在水中游动提供了强大的推进力，使得潜水者的双手能从事其他工作。因为，利用双腿在水里作为推进的动力，要比利用双手容易得多。

一、脚蹼的功能与特征

（一）脚蹼的功能

脚蹼是靠腿部的大肌肉来踢动的。脚蹼的鳍面可增加排水量，提高推进效率与节省体力。潜水者不借助手的划动，仅靠脚蹼就可以达到在水中平衡身体的效果。脚蹼的推进力效率约为不穿脚蹼游泳的 3 倍以上。在潜水时遇到急流或浪时，如果没有一双高效率的脚蹼，就如同在陆上没有脚一样。

（二）脚蹼的特征

脚蹼依其外形，由套脚部、鳍部及龙骨部等组合而成。脚蹼可分为两种：一种为像穿着不系带的鞋子一样整个套住足部的“鞋型脚蹼”；另一种如凉鞋的后根带，可调整长短，称为“可调式脚蹼”。鳍面部分有一片、分叉、平面、V 形、有排水孔、无排水孔等形状。大部分脚蹼均有龙骨部支撑鳍面（图 9-5）。

---

①呼吸死腔是指呼吸过程中发生通气但没有参与气体交换的部分。

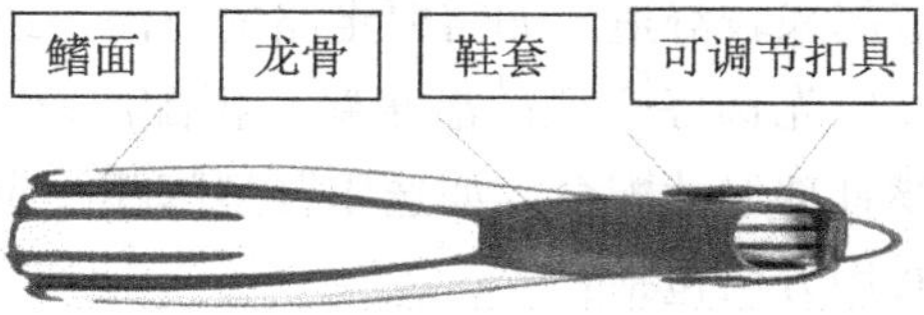

图 9-5 脚蹼的基本结构

脚蹼的材质主要有橡胶和塑料两种之分，各有优劣。橡胶制脚蹼较耐刮，柔软性较好，耐热性也可以。脚蹼质料又有正浮力与负浮力之分，其中以比重和海水一样，在海水中不沉不浮的中性浮力脚蹼为佳。

一双较好的脚蹼需由不同软硬度组成，鞋部脚踝周围需为柔软的质材，鳍部则需具备优良的弹性。

目前，脚蹼以塑料制的为主流，塑料材质也分好多种。鳍部材质有最普遍的 EVA 及塑料加纤维、玻璃纤维、PU、高弹性塑料等。鳍部的形状则有喷射式、V 字形、鱼尾形、分叉形等。当然，不管什么形态，均意在强调省力与提高推进效率。

可调式脚蹼的穿着部位由一对扣具与鞋带构成，扣具分传统扣具与快卸扣具两种，各有优缺点。快卸扣较方便初学者穿着。

二、脚蹼的选择

脚蹼的种类和式样很多（图 9-6），可依人的体能差异及使用目的来合理地选用。

图 9-6 不同款式的脚蹼

一般鞋型脚蹼穿着起来较舒适。如需要走路的岸潜，或在低温下潜水，则选用无跟型脚蹼。通常，应先选好合适的潜水靴，再配脚蹼。潜水靴的材质厚度、靴底厚度，都需与脚蹼鞋部尺寸配合。如选用鞋型脚蹼，应先穿厚袜再试穿。

选择合用脚蹼的常用方法包括：

一是选择与自己能力相适合的脚蹼，即使腿部力量很强，也不要选用硬而无弹性的脚蹼。

二是穿上潜水靴或厚袜后再试穿脚蹼。

三是脚蹼尺寸要适当，穿着时不可松动，以穿着合脚并且无压迫感为宜，舒服感是选择脚蹼首要考虑的要素之一。

四是要选择推进效率高的脚蹼。

五是脚蹼试踢要充分。脚蹼是否合适，不是踢几下就可确定的。遇到海流时，长时间的连续踢动容易造成抽筋。因此，通过试踢脚蹼进行正确的评估，需要较长距离的踢动及体能配合。

第四节　潜水衣

我们知道，水的导热速度是空气的 20 倍，在进行潜水活动时，如果不穿潜水衣，人的体温会快速流失，因此潜水衣同样也是必不可少的基本潜水装备。另外，除了减少潜水者体温的快速流失之外，潜水衣还具有防晒和防护的功能，并具有一定的浮力。

一、潜水衣的功能与特征

潜水过程中，潜水者不仅可能面临水面上阳光的曝晒，在水中还可能遭水螅或水母的螫刺，海底、浅滩或岸边锐利的礁岩也可能刮伤潜水者。有了潜水衣，就能更好地保护潜水者的身体，同时减缓体热的散失。

不同的潜水衣针对水温状况的不同，具有不同的保温性能。同时，其材质不同，其所具有的浮力也不同。

二、潜水衣的分类

（一）湿式潜水衣

湿式潜水衣材质的厚度有好几种。材质越厚，保温效果越好，但穿着后在行动上也越不方便。湿式潜水衣材质表面与里面的处理可分为如下三种：

一是双平面材质：这种材质的表里两面均为平面，无尼龙衬里处理，所以伸缩性与行动较方便，但无衬里穿着时比较困难。

二是单面尼龙衬里材质：这种材质的表面为平面、鲨皮面或龟纹面，里面加一层尼龙衬里，穿着容易。

三是双面尼龙衬材质：这种材质的两面均有尼龙衬面的处理，较耐刮且坚固。目前，最普遍的潜水衣料表面为莱克布料，颜色鲜艳、有光泽，非常美观，缺点是较易褪色。

湿式潜水衣可分为尼龙及发泡橡胶两种。

1. 尼龙潜水衣

尼龙潜水衣（图 9-7）由尼龙编织布料制成，保温性较差，适用于温暖的水域，可以防止礁岩的刮伤与刺丝胞螫刺，一般也称水母衣。

图 9-7　尼龙潜水衣

2. 发泡合成橡胶潜水衣

发泡合成橡胶潜水衣（图 9-8）的材质为发泡合成橡胶，其材质中的气泡独立不吸水，具有隔热与保温等作用，并具有一定的浮力。

图 9-8　发泡合成橡胶潜水衣

湿式潜水衣必须合身贴于皮肤，使进入的少量水在潜水衣与皮肤之间呈静止状态，使其易被体热导成同温。紧贴的潜水衣保温效果较佳，但束缚身体使人感觉不舒适并影响肢体的活动；太宽松的潜水衣易造成进入水的流动，从而失去保温作用。所以，潜水衣必须合身，以贴身且无压迫感为佳。

（二）干式潜水衣

干式潜水衣（图 9-9）使潜水者的身体与水完全隔绝。干式潜水衣的材质有尼龙布、橡胶、塑料及发泡合成橡胶等。一般干式潜水衣为一件式，鞋子也连在一起。衣服的手腕与颈部以光面弹性的橡胶密封，紧束在腕部与颈部。衣服穿着的开口用特殊气密防水拉链封口（图 9-10），整件衣服将身体与外界的水隔离，里面依水温需穿着特殊的潜水内衣。干式潜水衣适合在温度低的水域或污染水域使用，但穿着复杂，使用较困难，需进行专门的特别训练才可使用。

图 9-9　干式潜水衣

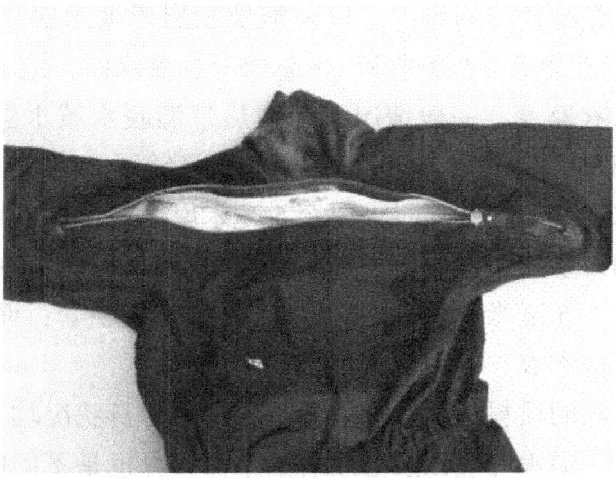

图 9-10　干式潜水衣的水密拉链

一般来说，干式潜水衣保养麻烦，价格较贵。通常是需要在寒冷水域或污染水域潜水的潜水者才选择这种潜水衣。

三、潜水衣的选择

（一）湿式潜水衣的选择

湿式潜水衣有多种样式，一般为上衣与裤子连接为一体的标准样式湿式潜水衣，也有上衣和裤子分为两件的湿式潜水衣。另外，湿式潜水衣还有长袖、短袖、长裤、短裤等样式之分。湿式潜水衣越厚，保温效果越好。相应地，也就越难穿着。

在温暖水域浮潜者最好选择有浮力的潜水衣，如只在夏季活动的浮潜者，选择0.5毫米、1.5毫米厚度的一件式长袖长裤即可；在温暖水域潜水，0.5毫米厚度的湿式潜水衣是最理想的选择，它既可防晒，也可起到保护作用。但特别怕冷的潜水者可选用3毫米厚度的一件式长袖长裤。

需要指出，潜水者在水中使用潜水衣出水后，遇到强风且低温状况时，需迅速更换干衣服，或披上不透风的长袍风衣或是雨衣。

（二）潜水衣厚度的选择

湿式潜水衣有各种各样的厚度。以发泡橡胶层厚度来说，一般有0.5毫米、1.5毫米、3毫米、5毫米、7毫米和10毫米等。潜水时，应该按照水温与潜水时间长短选择潜水衣厚度。一般情况下，在热带温暖水域水温25℃以上时，选择0.5毫米、1.5毫米、3毫米厚度的潜水衣就足够了。当然，也可选用尼龙编织布潜水衣。当水温在15~20℃时，要穿5毫米厚度的潜水衣或再加一件3毫米厚度的潜水背心和潜水头罩即可；当水温在10~15℃时，就得穿7毫米厚的潜水衣加背心、头罩及1.5毫米或更厚的发泡合成橡胶质手套；而水温在10℃以下时，就得使用干式潜水衣。

实际上，潜水衣的质料优劣、裁剪制作水平、合身状况均有不同。同时，潜水深度、潜水时间、潜水环境以及潜水者的个体差异也是不同的。上述潜水衣的选择方法仅供参考，潜水者要根据实际情况来进行选择。当然，潜水者能向教练进行咨询是最好的了。

第五节　潜水头套、潜水手套和潜水靴

潜水头套、潜水手套和潜水靴可以视为是对潜水衣功能的补充，可以在潜水

活动中为潜水者的头部、手部和足部提供必要的保温和防护功能。

一、潜水头套

如果没有潜水头套，大量的热量会从头部流失。潜水者在水温较低的水域潜水，或者是水下停留时间较长，都需要戴潜水头套（图 9-11）。

潜水头套一般用发泡合成橡胶材质制成，其材质厚度一般有 0.5 毫米、1.5 毫米、3 毫米等。选用时根据潜水水域的温度、潜水深度及水下停留时间决定佩戴何种厚度的潜水头套。值得注意的是，除了保温的功能之外，防止潜水者头部受到意外伤害也是潜水头套的重要功能。所以，在水深较深的自然水域潜水时，原则上必须佩戴潜水头套，即可防止热量的流失，又可预防潜水者头部受到意外伤害。

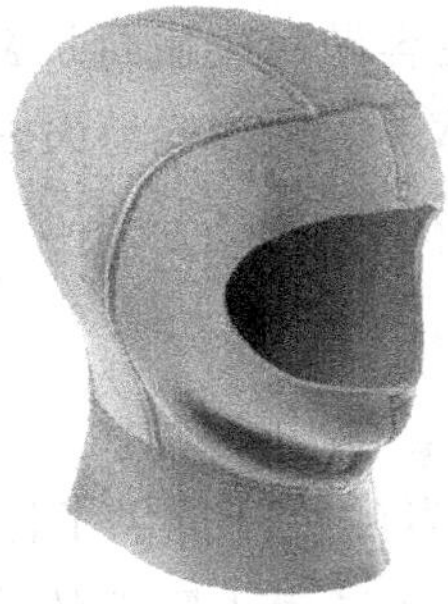

图 9-11　潜水头套

二、潜水手套

潜水手套（图 9-12）也是潜水的基本装备之一。潜水手套既可以保护潜水者双手免受割伤或刮伤，也可以保温。

潜水者在温暖水域活动时，为保证双手免于受伤，可选择的潜水手套材质有棉、尼龙、发泡橡胶、皮质（或手掌部分为人造皮）；在寒冷水域活动时，潜水者所戴手套或连指手套除具有保护双手免于受伤功能外，还能保暖，能够保温的潜水手套所使用的材质一般为发泡合成橡胶。

潜水者在选择潜水手套时，除了尺寸合适外，还要确保手指能够容易活动，并能操作装备。潜水者在限制水域训练时，也常常被要求戴上手套，以增加对戴手套动作的熟悉程度。

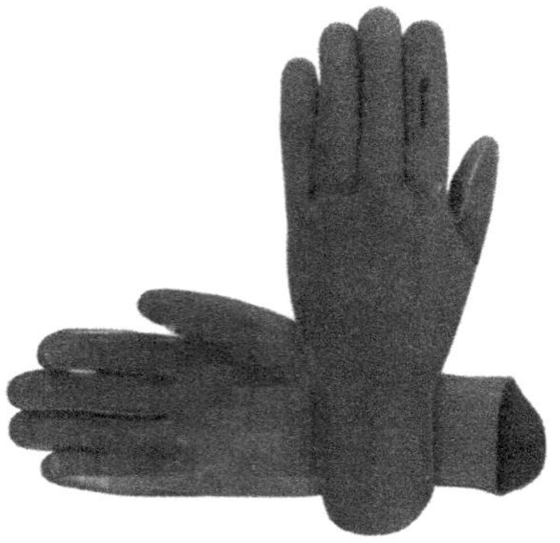

图 9-12 潜水手套

需要指出的是，潜水者在水中虽然有手套保护双手，仍不可任意碰触或捕捉水中生物。因为，有些动植物可能因为碰触而受到伤害甚至死亡，尤其是对珊瑚礁生物特别是珊瑚而言，它们更容易因碰触而断裂。此外，许多鱼类身上都有黏液保护，如果受到碰触，鱼体体表的黏液容易失去，鱼类从而容易受伤或受到寄生虫的感染。

三、潜水靴

潜水靴（图 9-13）为潜水者的足部提供了保护功能，尤其是当潜水者在粗糙的地面上活动时。潜水者在船上或潜点附近的陆上活动时，潜水靴还具有鞋子的功能。

图 9-13 潜水靴

潜水靴由一种含有气泡的发泡合成橡胶制成。潜水靴在制作时，通常要在橡胶中加入氮气，这些小气泡在海绵般的结构中所形成的空腔具有隔绝、保护功能。通常，发泡橡胶的外层附有尼龙布料，这不仅方便其穿脱，也增加了其穿着舒适度。潜水靴发泡橡胶可依潜水环境的水温不同而有不同厚度。在穿着潜水靴时，即可搭配无根脚蹼，也可搭配鞋形脚蹼。

常见的潜水靴样式有两种。一种是 3 厘米厚、高度到脚踝的套脚式潜水靴，这种潜水靴适合温暖水域的潜水活动；一种是盖过脚踝的拉链式潜水靴，其拉链下附有衬布，以预防水直接由拉链渗透进来，同时避免拉链直接接触皮肤所造成的伤害。

潜水靴的穿着要舒适且合脚。潜水靴如果存在过多的空间，不仅潜水时会有水进入靴内，使脚失温，也会让脚蹼无法合适地穿在脚上，可能造成脚蹼在游动过程中的脱落。反之，如果潜水靴穿着过紧，则会影响足部的血液循环，甚至造成挤压伤害。

本章复习思考题：

1. 潜水者应如何选用面镜才能确保最适合自己的脸型？
2. 呼吸管的基本结构是怎样的？潜水者该如何选择呼吸管？
3. 脚蹼的功能主要有哪些？
4. 潜水衣的有哪些主要功能？
5. 潜水者选择潜水头套、潜水手套和潜水靴时应注意什么？

第十章 自携式装备

所谓自携式装备的意思是“由自己携带的水下呼吸装备”，英文是 Self-Contained Underwater Breathing Apparatus（首字母缩写是 SCUBA），其叫法是为了区分水面管道供应式装备。自携式装备由自携式系统和相应的装备配件组成。运用自携式装备潜水的好处是，可以借助装备在水下进行正常的呼吸，并且活动范围更加自由。因此，有了自携式装备，潜水者在就可以在水中行动自如，尽情地享受潜水带给人的快乐。通过对自携式装备的学习，可以在掌握前述相关内容的基础上，对潜水装备的性能有进一步的了解，并建立起对潜水装备更为全面、正确的认识。

第一节 自携式系统

一般来说，自携式系统主要包括气瓶、呼吸调节器、备用气源、潜水仪表、浮力调节器、配重系统、潜水手表、潜水刀、求救浮标和口哨十个部分。

一、气瓶

潜水用的气瓶又叫水肺潜水气瓶，由气瓶与气瓶阀（头）组成。其中，气瓶为装填压缩空气的容器。气瓶按材质不同可分为钢制气瓶与铝合金气瓶两种。大多数铝合金气瓶的填充压力为 207 巴/3000 平方英寸，少数的可以充至 225 巴/3261 平方英寸至 270 巴/3915 平方英寸。气瓶的所有信息，包括容积、瓶重、水压测试时间、序号、最大填充压力、生产日期及制造厂商等，都印在气瓶的肩部。

（一）气瓶容量

气瓶容量是指气瓶在工作压力下可容纳的气体量，但由于不同的气瓶其工作压力也往往是不一样的，因此通常习惯于用气瓶的水容量来标识气瓶的容量。以气瓶的水容量乘以气瓶压力，即可得出任何压力下的气体量。最常见的气瓶是水容量为 12 升（钢瓶）和 11 升（铝瓶）。

（二）气瓶阀

气瓶阀可分为 YOKE（轭式）和 DIN 两种。气瓶阀的作用是利用其开关功能，阀门开启时使气瓶对外供气，阀门关闭时切断气瓶对外供气。

（三）气瓶底座

如果气瓶是钢制的，则其底部会有塑胶或橡胶底座支撑来保持直立；如果气瓶是铝制的，则底部是平的。

（四）气瓶的维护保养

潜水后，须清洗气瓶，再将其放置在干燥处。搬运时，须避免气瓶受损，要防止水进入气瓶中。同时，应定期对气瓶进行目视检查和水压测试。

1. 目视检查

每年都要对气瓶进行目视检查。检查的主要目的是查看气瓶内有无氧化、水分、杂质、凸痕及残缺，以及其外部颜色是否遇火发热而变色。检查时，对气瓶阀也需做彻底的保养和检修。同时，可委托专业水肺气瓶检测机构的高压气瓶合格检测师检查。检验合格后，需在气瓶外部贴上附有检验日期的目视合格证贴标。

2. 水压测试

气瓶还要定期进行水压测试。由于气瓶的材质、填充压力和使用环境的不同，水压测试间隔时间的要求也不同。国外大部分铝瓶的水压测试间隔时间是 5 年。我国规定，气瓶需每两年进行一次水压测试。气瓶完成水压测试后，其测试日期要标在生产日期下方（图 10-1）。

图 10-1 气瓶肩部的刻印

二、呼吸调节器

呼吸调节器简称调节器，它是潜水者在水下呼吸的重要装置。这种装置可以将来自气瓶的气体压力调整至与周围的压力相等，潜水者在水下呼吸时，由其供给潜水者所需要的气体。调节器由一级减压器（通常简称为一级部或一级头）、二级减压器（通常简称为二级部或二级头）、备用二级减压器（通常简称为备用二级部或备用二级头）和中压软管组成（图 10-2）。其中，一级部将气瓶压力降为预先设定的中压（高于周围压力）后，通过中压软管将气体输送到二级部，二级部再将中压气体降为适合呼吸的周围环境压力供潜水者呼吸。备用二级部是为了提高自携式装备的安全可靠性，如果在水下呼吸调节器二级部出现故障，或者潜水同伴的呼吸调节器出现故障需要与你用共同的气源呼吸时，备用二级部就是必要的安全保障。另外，备用二级部还有一种与浮力调节器的充排气阀组合在一起的整合式备用二级部。

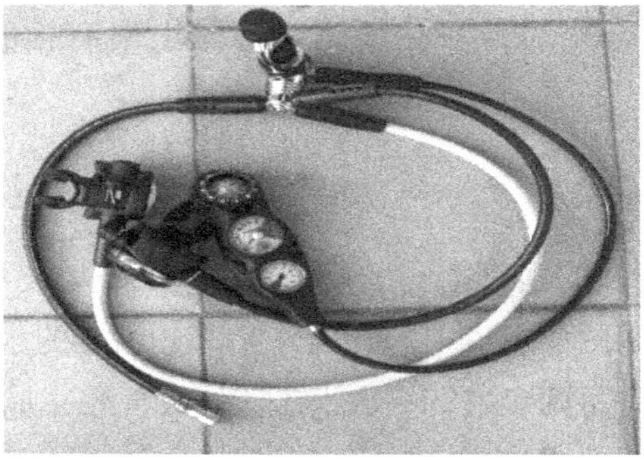

图 10-2 呼吸调节器套件

（一）调节器一级部

调节器一级部（图 10-3）的功能是将气瓶所供的高压气体降低为中压气体，一般采用平衡式设计，可以给调节器二级部稳定地供气。一级部的平衡式供气功能是由一套压力感应装置控制的，通常压力感应装置分为活塞式和隔膜式两大类。一级部的供气出口有数量不等的中压接口，实际使用时可根据需要进行选择。调节器一级部与气瓶阀连接的形式有 YOKE（目前休闲潜水所主要采用的形式）和 DIN 两种。

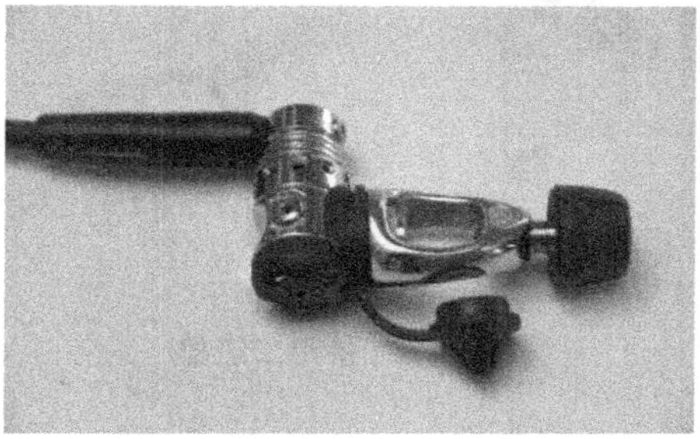

图 10-3　调节器一级部

（二）调节器二级部

调节器二级部（图 10-4）是由一个覆盖着弹性隔膜的杯状空间、一个利用杠杆原理操作的进气阀、一个咬嘴和一个排气阀所组成。在潜水者呼吸过程中，当吸气时，隔膜被往内吸而压到进气阀的杠杆，使进气活门打开让空气进入；而吐气时，单向的排水阀会打开，让空气通过排气活门而排出。排气活门在不吐气时会保持关闭，以免水进入调节器内部。调节器二级部具有通过压力感应装置将呼吸气体自动调节到与周围环境压力相同的功能，可以使潜水者在不同的环境压力（不同水深）下都能够自如地进行呼吸。

图 10-4　调节器二级部

（三）备用二级部

备用二级部（图 10-5）与调节器二级部共用同一个一级部，通过一个比调节器二级部中压管略长的中压管，接在一级部中压接口处。为了便于区分，备用二级部及其中压管的颜色与调节器二级部及中压管的颜色不同，习惯上一般采用黄色，使其比较醒目，容易辨认。

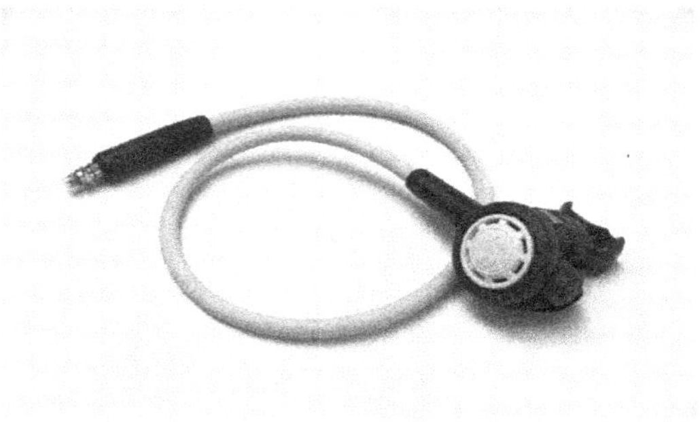

图 10-5　备用二级部

（四）整合式备用二级部

整合式备用二级部（图 10-6）是利用连接浮力调节器的中压管，将一个二级部与浮力调节器的充排气阀整合在一起，作为备用二级部。整合式备用二级部的优点是可以简化自携式装备的复杂性，或者是作为自携式装备的第二备用二级部，进一步提高自携式装备的安全可靠性。

图 10-6　整合式备用二级部

三、备用气源

备用气源实际上是独立于主自携式装备系统的另一套备用自携式呼吸系统，潜水者在水下如遇到无法从主自携式装备中获得足够气体时，可使用这套独立的备用气源维持呼吸，直到潜水者安全浮出水面。

（一）小型备用气瓶

小型备用气瓶（图 10-7）由容积为 3 升或 4 升的小型气瓶和呼吸调节器组成，通常小型气瓶有一套独立完整的呼吸调节器，与主自携式呼吸调节器组装方式一致；但是为了简化装备，也有将气瓶阀与调节器一级部整合成一体的设计，调节器二级部上的中压管直接与其相联接。小型备用气瓶使用起来很方便，只需打开气瓶阀门即可使用调节器二级部进行呼吸。当潜水者在水下遇到无法从主自携式装备中获得足够气体的情况时，小型备用气瓶可以保证潜水者维持呼吸，直到安全浮出水面。

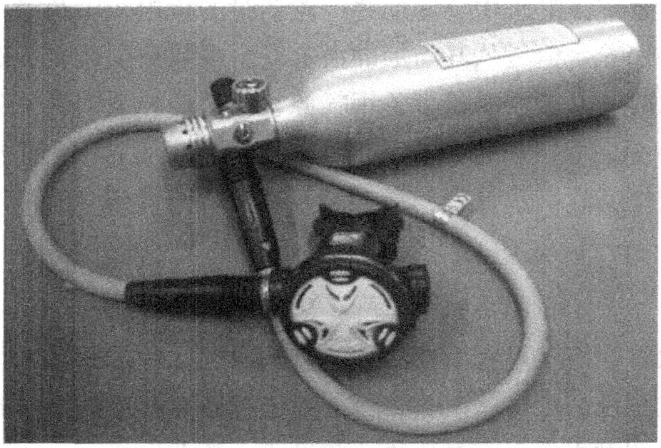

图 10-7　小型备用气瓶

（二）超便携式小气瓶

超便携式小气瓶（图 10-8）是呼吸调节器与气瓶结合在一起的一种呼吸装置（将传统的呼吸调节器一级部和二级部以及气瓶阀和气瓶整合为一体），气瓶的容积一般为 0.5 升或 1 升。超便携式小气瓶体积小巧、重量很轻、便于携带，使用起来也非常方便，潜水者可直接手持超便携式小气瓶进行呼吸。若潜水同伴需要使用时，也可方便地将其递给潜水同伴。其缺点是由于超便携式小气瓶的气体容量很小，当潜水者在水下遇到呼吸气体不足的情况时，超便携式小气瓶只能作为一定水深范围内紧急上升时的呼吸装置使用。

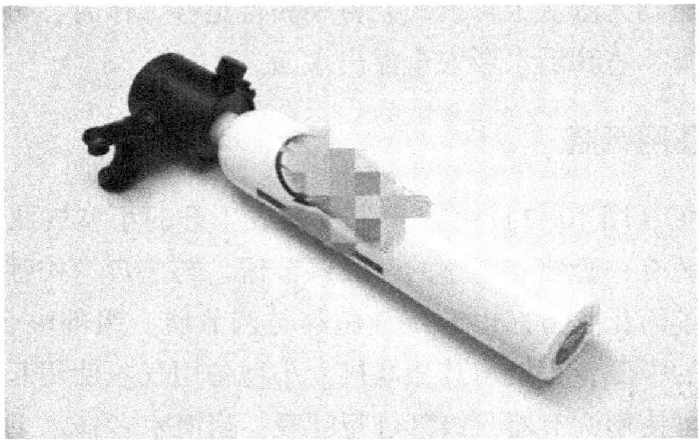

图 10-8　超便携式小气瓶

备用气源无疑可以极大地提高潜水的安全系数，但其缺点是由于另外增加了一套自携式呼吸系统，潜水中会增加些许游动时的负担，以及潜水后多一套自携式呼吸系统需要保养。但是从其增加的潜水安全系数角度而言，这些缺点可以忽略不计。在潜水时，是否需要携带备用气源、携带何种备用气源或选择备用气源的气瓶容量大小等，取决于潜水的深度、难度系数和对风险的可接受程度等因素。因此，要根据实际潜水计划，选择是否携带或携带相应的备用气源。

四、潜水仪表

为便于潜水者在潜水过程中清晰地知晓自身在水中的深度、方位和环境，并随时掌握自携式系统的工作状况，自携式系统配备有相应的潜水指示仪表，最常用的也是最重要的潜水仪表有气压表、深度表、指北针等。

（一）气压表

气压表（图 10-9）通过高压管连向一级部的高压接口。气压表主要用于显示气瓶内的压力。换言之，在潜水过程中，它可以不断显示气瓶压力，以提示潜水者气瓶中剩余的气体容量。气压表上设置于有一个安全阀门，当气压超过限制时，在表盘玻璃爆炸前可以经此将高压空气排出。这样，破碎的玻璃就不会伤到潜水者。

图 10-9　气压表

（二）深度表

深度表（图 10-10）是用来测量潜水深度的仪表。深度表可以显示潜水者下潜过程中的最大深度和即时深度。清晰地知晓潜水深度对潜水者来说非常重要，这不仅是可以帮助潜水者把握自己的潜水深度，更重要的是为潜水者在上升时的减压过程提供数据，使潜水者可以严格按照潜水减压计划表进行上升。

图 10-10　深度表

（三）指北针

在没有参照点或水的能见度较低的情况下潜水时，指北针（图 10-11）可为潜水者指示方向、提供路径信息，并帮助其返回起点。指北针一般戴在手腕上，但也可以和其他潜水装备放在一起。

图 10-11　指北针

（四）联合仪表

为了减小自携式装备的复杂性，也为了方便潜水者使用，现在的自携式装备通常将各种仪表组合在一起，组成所谓的联合仪表。常见的有由气压表和深度表组合的两联表（图 10-12），气压表、深度表和指北针组合的三联表。在联合仪表中，往往也将温度计组合在气压表上或深度表上，使其同时还具有测量水温的功能。

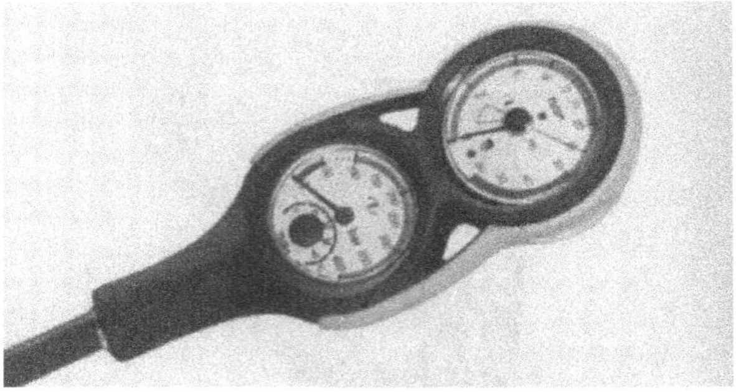

图 10-12　两联表

五、浮力调节器

浮力调节器也称 BCD 或 BC（英文 Buoyancy Control Device 首字母缩写），常见的有背后气囊式浮力调节器（图 10-13）和背心式浮力调节器（图 10-14）。浮力调节器上有固定气瓶的装置，可以把整套呼吸装备固定以后背在身上。利用浮力调节器，潜水者可以在水下根据需要来调节自身浮力，控制下潜和上升，也可漂浮在水面上保持较为舒适的休息状态或进行游动。浮力调节器主要由气囊、充排气装置、防爆阀、固定带、D 型环等部分组成，还有的浮力调节器可以与配重系统整合在一起。

图 10-13　背后气囊式浮力调节器

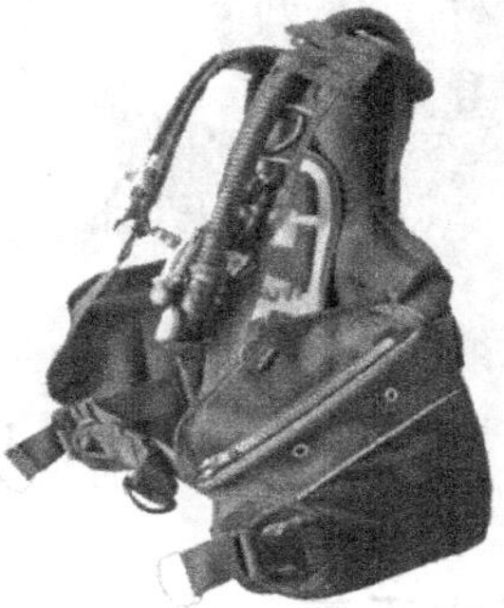

图 10-14　背心式浮力调节器

六、配重系统

当潜水者穿上潜水衣、浮力调节器等装备后，身体就会有一定的浮力，这将使潜水者无法下潜，所以，还需要通过佩戴配重来抵消已有的浮力，使潜水者在浮力调节器气囊中的空气排空时可以下潜，反之浮力调节器气囊充气时可以上升。即利用浮力调节器的浮力作用和配重的重力作用来控制潜水者的下潜和上升。

配重系统由配重铅块和配重带组成（图 10-15）。通常配重铅块是固定在配重带上的，也可将配重铅块装在浮力调节器上的配重口袋中。配重铅块重量的选择，要根据潜水者的体重、潜水衣的厚度、水的类型（海水还是淡水）等因素来确定。配重带有一个重要的特点，就是带扣是很容易解开的快卸扣，即只要用单手，一个动作就能够解开配重带。这主要是为了在水下遇到紧急情况而需要紧急上升时，尤其是浮力调节器发生故障时，可以快速、方便地解除掉配重，使潜水者可以上浮。

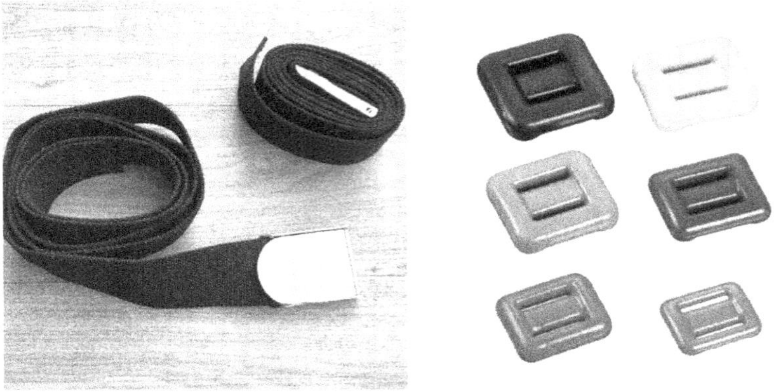

图 10-15　配重带与配重铅块

七、潜水手表

潜水手表（图 10-16）是具有耐压防水功能专门用于潜水的手表。潜水手表有数字型与指针型两种类型。指针式潜水手表的转盘可逆时针旋转，以便于记录潜水者在水下的停留时间。数字型潜水手表可设定潜水时间等，并带有音响提醒装置。

图 10-16　潜水手表

八、潜水刀

潜水刀（图 10-17）是在很多潜水环境中不可或缺的重要装备。它主要用来切割、撬动物体和测量，潜水者还可以用潜水刀敲击气瓶来传递信号。潜水刀必须坚固，刀把握起来要舒服，形状也要得体，因为潜水者需将其佩带在身体方便的位置。一般来说，潜水刀要佩带在腿肚内侧或者上臂。潜水刀应在确实需要时才用。潜水刀用后保存时，先要用淡水清洗、晾干，再涂抹上防锈油脂，以防生锈。

图 10-17　潜水刀

九、求救浮标

求救浮标的具体作用是，当潜水者在水下或水面遇到紧急情况需要援助时，将其充气，求救浮标浮出水面后竖立于水面，醒目地向水上或陆上的潜水支持协作人员求援（参见潜水安全章节）。求救浮标充气后的长度约 2 米，呈长管状，通常为橙色和黄色这两种非常醒目的颜色。求救浮标底部有充气口，可用二级部对其充气。潜水者在自然水域潜水时应随身携带求救浮标，携带时应将其卷起放入口袋内或挂于腰间。

十、口哨

潜水者在遇到紧急情况的时候，口哨将变得极其重要，因为它所发出的声音能够传送很远的距离，告知水上或陆上的潜水支持协作人员潜水者所在的位置。潜水者最好将哨子固定在 BC 的充排气阀上或其他伸手可及的位置。

第二节　辅助性装备

除上述自携式装备外，在某些特定的水域或环境中潜水时，还有一些装备是必不可少的，通常将这些装备称为辅助性自携式装备。下面对部分辅助性自携式装备的性能、使用方法等进行简要地介绍。

一、潜水灯

潜水灯（图 10–18）是夜潜、洞穴潜水、低能见度潜水必须要用的装备。在使用时，潜水者一般要携带两只潜水灯，包括一只大的主灯和一只小的备用灯。潜水灯有可充电式和不可充电式两种，外形有手电筒式、有手柄的手持式、有固定装置的安装式（如可固定在水下摄像机或照相机防水壳上）等样式。

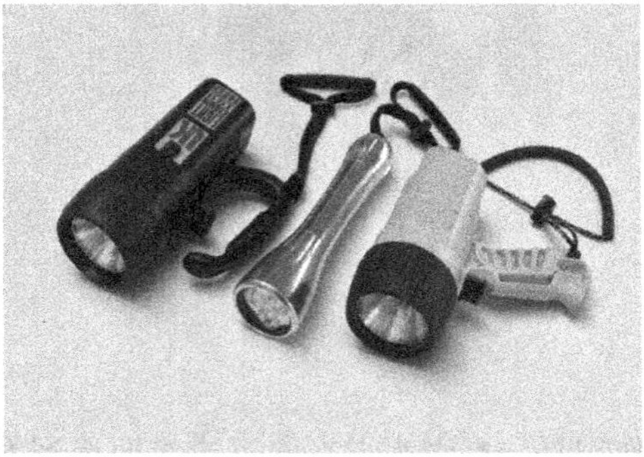

图 10–18　各式潜水灯

二、潜水浮标

潜水浮标是一种用以标明有潜水者正在水下潜水的安全警示装备，有些国家的潜水法规明确要求浮标上应悬挂潜水旗。潜水旗有蓝白色燕尾旗（国际航海的“A”或“alpha”旗），表示“水下有人潜水，请慢速避开行驶”（图 10–19）。还有一种潜水浮标上的潜水旗是红色底带对角的白色条纹，这是休闲潜水使用的旗帜（图 10–20）。

图 10–19　国际潜水旗帜

图 10–20　休闲潜水旗帜和浮具

三、潜水装备袋

潜水装备袋（图 10-21）的作用是将潜水衣等装备统一装包，以保护装备。潜水包样式众多，潜水者需根据自身装备的种类、数量、携带、飞机托运等具体情况选择其尺寸和材质。通常在船上时，更多地使用渔网潜水包。

渔网潜水包　　潜水拉箱

图 10-21　潜水装备袋

潜水装备袋除了保存和携带功能外，还具有可以快速地将物品晾干的功效；而在飞机托运等运输情况时，牢固、尺寸合适且便于携带的潜水拉箱则是最佳的选择。

四、潜水电脑表

潜水电脑表（图 10-22）是一种可以编制潜水程序并在潜水中用以查看潜水时间、气瓶余量、安全极限等相关数据的数字式智能仪表装置。它能够根据潜水深度的改变做反复的计算，并用音响或发光信号不断提示潜水者，它不仅可以延长潜水者在水底的时间，还极大地提高了潜水过程的安全性。

图 10-22　潜水电脑表

本章复习思考题：

1. 自携式系统主要包括哪几部分？
2. 现今普遍使用的水肺气瓶阀有哪些？
3. 简述中国对水肺气瓶水压测试的有关规定。
4. 呼吸调节器由哪几部分组成？并简述各部分的功能和作用。
5. 备用气源的作用是什么？
6. 查找相关资料，简述使用潜水电脑表的注意事项。
7. 简述潜水旗的作用？
8. 简述浮力调整装置（BC）的作用？

▶ ZJINENGPIAN

技能篇

作为确保潜水活动顺利进行、保障潜水者身体安全的关键因素，潜水技能的重要性，当然是不言而喻的。

与潜水知识的学习相比，潜水技能的掌握有其特殊性。只有长期坚持不懈地练习，潜水者才能掌握其中的技巧而不至于日渐生疏或遗忘。

本篇以浮潜和自携式装备潜水这两种基本潜水技能为对象，希望通过较为系统的介绍，为读者潜水技能的提高提供帮助。

第十一章 浮潜技能

浮潜活动的起源可以追溯至远古时代人类在海水涨潮与落潮之间的海边觅食谋生的行为，可谓是人类接触海洋的第一种潜水活动。就浮潜的定义而言，它不仅是漂浮在水面的活动，也汇集了漂浮、下潜、上升、排水、换气、呼吸、自救与器材选择使用等技巧。通过本章学习，可以建立对浮潜较全面的认识，同时对浮潜的各项技能有一个初步的了解。

第一节 浮潜前的准备

浮潜技术是潜水者必须掌握的基本潜水技术，而浮潜装备则是潜水者不可或缺的基本潜水装备。浮潜的基本装备包括呼吸管、面镜和脚蹼，通常被潜水者亲切地称为“潜水三宝”。潜水者借助呼吸管可以在水面持续地观察水下，而无须抬头呼吸；面镜防止水进入鼻腔和眼睛，保证潜水者在水中良好的视野；脚蹼的作用是提高潜水者的游进速度。

一、装备的准备

面镜的镜片上一般覆盖着一层薄薄的润滑物，这是为了在储存时保护镜片的，使用前应该用清洁剂、牙膏除去这些润滑物。其具体做法是：将少量清洁剂或牙膏放在镜片的内侧，然后用力擦拭已涂抹清洁剂或牙膏的镜片，最后用清水将面镜冲洗干净。

脚蹼使用前也要注意必须把脚蹼内的撑片取掉，如果穿着的是无根脚蹼，要顺着脚跟把固定带调整至适宜的紧度。如果带子太紧容易造成腿部抽筋；而带子太松，踢动时脚蹼的推动效率将会降低，同时也可能造成脚蹼的滑落甚至遗失。在调整固定带时要穿上潜水靴或潜水袜，如果鞋带上有保护油脂，必须要先用温和的肥皂和清水洗去带子上的油脂，因为油脂也会造成脚蹼滑落。

如果是多人同时潜水，为了避免装备之间发生混淆，造成穿戴混乱，可以采用有色胶带或防水的特殊颜料，在自己的个人装备上做标志记号，以便辨认。

二、着装

穿戴浮潜装备时必须在一个方便下水的地方。穿好脚蹼后要避免到处走动，否则，容易导致重心不稳而摔倒。如果脚蹼穿好后在下水前必须要在陆上走动，最好是将身体重心稍降低，倒退拖地走。若要使用潜水靴或潜水袜，也应先在岸上穿好，穿之前一定要先将潜水靴或潜水袜打湿，以方便穿着。穿潜水靴或潜水袜时最好是坐下穿。

佩戴面镜和呼吸管时，将面镜放在眼部，一手固定面镜，另一只手将头带拉至头的后部，并检查面镜的裙边，确定没有头发或部分头套被面镜的裙边压住，然后调整好面镜头带的松紧度，并将呼吸管固定在面镜的左侧。呼吸管的调整要求是将咬嘴的高度位置调到与嘴的高度相同。

第二节　面镜、呼吸管技术

一、面镜技术

（一）面镜头带调整

面镜在使用前除了必须进行除雾外，就是要调整面镜头带的松紧度（图 11-1）。面镜头带松紧度的调整标准为带好后不易滑动。因此，合适的松紧度是很重要的，太紧会使人在进行浮潜活动时产生不舒适感，太松则容易造成面镜进水以及面镜排水不便。

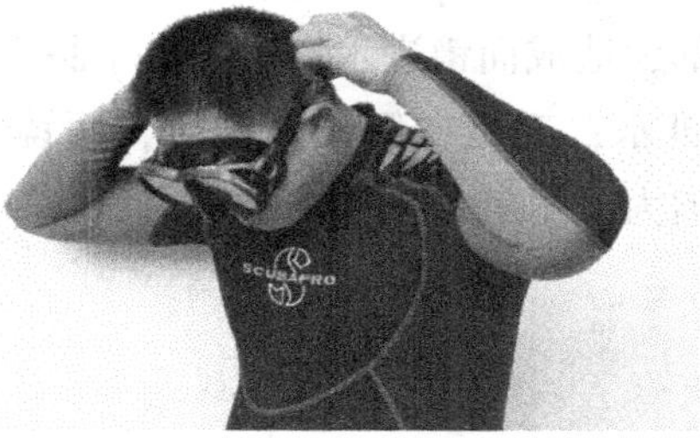

图 11-1　面镜头带调整

（二）面镜除雾

面镜除了佩戴必须舒适之外，最常见的就是面镜起雾的问题。因为，潜水时面镜内部与外部环境存在一定的温差，这使得面镜镜片内侧容易有雾气凝结。

通常有三种方法可以防止面镜起雾，一是使用前用专门的除雾剂擦拭面镜镜片内侧；二是使用前用牙膏擦拭面镜镜片内侧；而最简单和最方便的方法是用唾液擦拭面镜镜片内侧，这也是一般潜水者最喜欢和最常用的方法。

（三）面镜排水

在潜水过程中，由于外部水压的原因，往往会有面镜进水的现象出现。如果面镜进水，不仅影响潜水者的视线，造成不舒适感，而且会对潜水者的呼吸产生障碍。因此，如果面镜进水，就必须及时将其排出，可以说，面镜排水是潜水者必须要掌握的最基本但也是最重要的潜水技能（图 11-2）。

图 11-2　面镜排水

造成面镜进水的原因一是面镜不合适、密闭性差或面镜裙边材质老化等因素使得面镜无法贴紧脸部，造成面镜进水；二是由于脸部肌肉的运动，例如表情的变化，也会导致面镜进水；三是在佩戴面镜时，面镜的裙边压住头发或防寒头套，下潜时随着压力增大，水就会从缝隙中进入面镜。面镜排水主要有以下两种方法：

1. 水面排水法

将头部抬离水面，打开面镜排水后重新佩戴。进行浮潜活动时多使用这一方法，由于浮潜时潜水者的头部很容易抬离水面，因此操作最为简单。

2. 呼气排水法

呼气排水法是利用呼气所产生的空气压力将进入面镜中的水排出。如果使用的是有排水阀装置的面镜，可用手掌压着面镜，使其与脸部紧密结合，稍收下颚，让排水阀保持在最低点，深吸一口气，用鼻子吐气，产生的空气压力会将水通过排水阀排出面镜外；如果使用的是无排水阀装置的面镜，则双手按压住面镜的镜框两侧，同时稍向下用力，低头，深吸一口气后，边抬起头边用鼻子呼气，产生的空气压力将水从面镜的下部裙边处排出面境外。

进行面镜呼气排水并不需要用到太多的空气，当具备纯熟的技巧后，一口气可以进行两至三次的面镜排水。

二、呼吸管技术

（一）呼吸管固定

呼吸管一般固定在面镜的左侧。面镜呼吸管固定的装置有橡胶 8 字型环与硬塑胶固定扣，不管使用哪一种固定装置，都要求将咬嘴的高度位置调到与嘴的高度相同。

（二）使用呼吸管呼吸

固定和调整好呼吸管后，用嘴咬住呼吸管咬嘴。应将整个咬嘴含入嘴中，用牙齿咬住咬嘴上用于牙齿咬合的部位，并用上下唇自然包住整个咬嘴，不可只包住咬嘴的一部分。上下牙齿的咬合力应适度，不可过度用力，保持自然呼吸的通畅（图 11-3）。

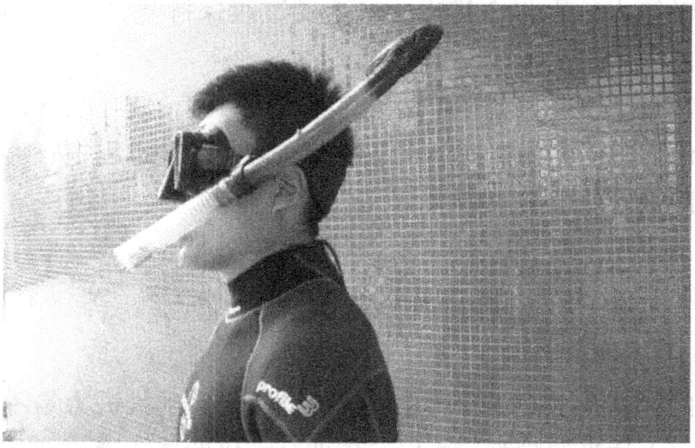

图 11-3 呼吸管呼吸

（三）呼吸管排水

在浮潜或水面漂浮时，波浪的涌动，或是不小心将管没入水中，水都可能会从呼吸管上端进入呼吸管，一旦发生上述情况，必须将管内的水排出才能呼吸。呼吸管排水主要有以下三种方法：

1. 倒水法

呼吸管进水后及时浮出水面，将咬嘴取出，将呼吸管内的水倒出，此方法较为简单，初学者较常使用。

2. 猛吹法

以短而强有力的呼气将水从呼吸管内吹出来。将呼吸管内的水排出后，应小心吸气，如果呼吸管内仍有水存在，要小心、缓慢地吸气以免呛水，然后再吹一次，直到将呼吸管内所有的水排完。

初学者在练习时，可在入水前，做准备运动时就佩戴上面镜和呼吸管，以适应呼吸管呼吸。入水后，可以两人一组，一人协助向下压对方肩部，使对方的呼吸管没入水中，练习排水，然后互换。

3. 置换法

利用空气将水排出，以达到置换的目的。要求上浮时向上看，这样可以确保上浮时头部尽量后仰，呼吸管也随之倒置。当接近水面时，稍微向呼吸管中吐气，上浮后呼吸管内的水将会排出。然后要继续保持吐气，直到呼吸管直立时为止。

运用置换法时要注意，上升时，头部应尽量后仰，使呼吸管顶部开口低于咬嘴高度；到达水面时，身体立即呈水平浮游姿势；上升过程中咬嘴要咬紧，以防上升时水由空隙进入口中造成呛水。

第三节　脚蹼技术

穿上合适的脚蹼在水中踢腿打水行进时，其产生的推进力是不穿脚蹼的四至六倍。因此，穿上适当的脚蹼，可以节省四至六倍的体能消耗，从而大大提高浮潜的乐趣与安全性。

穿着脚蹼在水中行进有五种基本踢腿法。它们是：俯泳踢腿法、侧泳踢腿法、仰泳踢腿法、海豚泳踢腿法和立泳踢腿法。潜水者在潜水过程中应依照不同的需要和情况不断变换不同的潜水泳姿，这样可以避免长时间游动时采用单一踢腿法所带来的肌肉疲劳。

一、脚蹼脚套的调整

合适的脚蹼要求脚套的大小要合适。脚蹼脚套太紧，会造成足部血液循环不良，容易导致抽筋现象。脚蹼脚套太松，则在操作时容易造成摇晃脱落，使足部肌群提早出现疲劳。

脚蹼脚套分为套脚式和可调式两种，可调式又进一步分为活扣式和固定调整式两种。套脚式脚蹼应选择与自己双脚大小相同的码数，可调式脚蹼虽然具备一定的可调空间，但也应选择与双脚大概相适应的码数。在试穿或调整时应注意舒适、牢固、发力时没有松动感（可较好地将踢腿力量传递到脚蹼）。好的脚蹼脚套应具备以下特点：坚固、易调整、易拆卸、不易脱落。

二、浮潜时的水中站立

在浮潜的过程中，出于各种原因，潜水者需要将头抬离水面。此时，如果水的深度超过潜水者身高，潜水者可以采用水中立泳技术，使头部离开水面。如果水的深度没有超过身高，且水底是比较硬的地面时，潜水者可以直接采用半蹲式或站立姿水中站立。

水中站立的主要步骤是：

当身体呈俯卧姿势时，首先将身体转体 180 度，呈仰卧姿势；然后收腹、收腿；使头部重心向前，双脚后跟向后下方引领；双手置于身体前方，以协助保持平衡，双脚稳定站在水底地面；待身体角度重心稳定后，才抬起头部呈半蹲或站立姿势。

三、脚蹼踢腿法

（一）俯泳踢腿法

俯泳是进行浮潜活动使用最多的姿势，这种姿势便于浮潜者观察水下情况，尽情享受水底美景（图 11-4）。

1. 动作要领

身体在水面呈俯卧，双手置于身体前方、后方两侧或背后。

两腿伸直，脚踝呈下压状，两腿上下交替踢动。向下打水时由髋关节带动大腿，接着带动小腿，向下呈鞭状压水。上扬时，踝关节轻松向上勾起，依次由髋关节带动大腿，接着带动小腿将脚蹼向上提起。提起的高度以鞋跟露出水面为原则，同时应避免脚蹼鳍面挥出水面。

两腿的打水方向是相反的，一腿下压时另一腿上提，形成连贯的推进力。

图 11-4　俯泳踢腿法

2. 注意事项

第一，应避免快速大幅度地打水，这样做易造成疲劳，发生抽筋现象，导致危险发生。正确的做法是轻缓、有节奏地上下交替打水。

第二，脚蹼鳍面下压时，踝关节不可以向上勾（即俗称的“锄头脚”），这样会导致身体不易前进，造成下沉。

第三，双腿打水力量须一致，若双腿用力不均匀，易造成行进方向偏离，出现身体不平衡。长此以往，还会造成相关肌肉群的不均衡发展。

第四，要避免只用小腿打水而大腿不动，这会造成脚蹼鳍面挥出水面，以致身体无法行进或是行进缓慢。正确的做法是，髋关节带动大腿，大腿带动小腿，小腿带动脚蹼。

（二）侧泳踢腿法

侧泳常用在负重行进、拖带浮具和救援带人等场合（图 11-5）。

1. 动作要领

在水中身体向左侧或右侧倾斜，或根据需要呈 90°完全侧卧姿势。脸部或露出水面，一只手伸向头部前方（大臂轻贴耳部），另一只手贴住大腿。

腿部的踢水动作与俯泳踢腿法大致相同，不同的是，侧泳的踢动幅度比俯泳的踢动幅度更大。

图 11-5　侧泳踢腿法

2. 注意事项

第一，侧泳时，脚蹼的高度应尽可能与上半身呈一条直线，避免在水中产生较大阻力。

第二，在长时间游进时，为避免肌肉群过度疲劳，可选择左右两侧交替游进。

第三，游进过程中，应注意时常抬头注意目标，随时修订游进方向。

（三）仰泳踢腿法

仰泳常用在长时间、长距离浮游、负重行进、拖带浮具、救援带人等场合（图 11-6）。

1. 动作要领

身体放松，仰卧于水面，口鼻露出水面，下颚微微内缩，双手置于大腿两侧，或双手五指并拢手掌重叠置于头部上方。

行进时，两腿上下交替踢水，下压时由髋关节带动大腿，接着带动小腿，踝关节呈放松状态。上踢时由髋关节带动大腿，接着带动小腿，踝关节下压向上踢水。

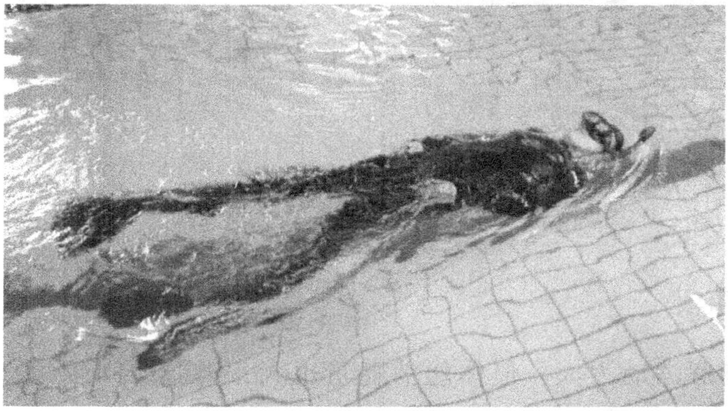

图 11-6　仰泳踢腿法

2. 注意事项

第一，仰泳时，呼吸管口容易没入水中。因此，仰泳时一般不使用呼吸管，直接用口部呼吸。

第二，仰泳时，如果要将面镜移开，应将面镜下移至颈部，不可将面镜置于头部，以防波浪将面镜打落。

第三，仰泳时，脚蹼鳍面向上踢水时，应注意膝盖不可露出水面。

第四，仰泳行进过程中，应时常回头确认目标，随时调整行进方向。

（四）海豚泳踢腿法

海豚泳踢腿法常用在紧急状况时，例如陷入流区或浪区时，采用海豚泳踢腿法可以在短时间内产生较大的推进力，以躲避危险（图 11-7）。

1. 动作要领

双手五指并拢手掌叠加置于头部前方，或双手置于两腿外侧，下半身以蝶泳姿势腰部运动依次带动大腿、小腿和脚蹼摆动产生推进力。

身体姿势采用俯卧、侧卧或仰卧均可。

图 11-7　海豚泳踢腿法

2. 注意事项

第一，海豚泳动力大，但体能消耗量也大，维持时间较短，初学者较难掌握。

第二，海豚泳时，身体起伏较大，呼吸管口也较易没入水中。因此，潜水者应具备呼吸管进水后的排水技能。

第三，多练习海豚泳，可以有效加强腰腹肌群肌肉力量，保持身材与增强腰腹功能，改善腰酸背痛等症状。

（五）立泳踢腿法

在进行浮潜活动时，潜水者有时需要浮出水面与伙伴沟通交谈，或寻找、观察目标，或调整装备等时，都需要运用立泳踢腿法（图 11-8）。根据踢腿方式的不同，立泳踢腿法又分为“剪刀式踢腿法”和“蛙式踢腿法”。

1. 动作要领

剪刀式踢腿法：身体与水面呈垂直体位，与俯式踢法相同，双腿交替踢动，踢动时由髋关节带动大腿，接着带动小腿，再带动脚蹼鳍面，动力方向往下，产生向上的力，使头部浮出水面。

蛙式踢腿法：上半身与水面呈 45°体位，双脚踢动方式与蛙泳的踢腿法相似，双腿同时下压脚蹼鳍面，动力方向向下，产生向上的力，使头部浮出水面。

图 11-8　立泳踢腿法

2. 注意事项

第一，初学者首次练习时，可手持浮板进行练习。

第二，立泳踢腿法原则上以口鼻露出水面即为达到目的，不要求身体离开水面过多，以免消耗过多的体力。

第三，动作速度不宜过快，以能够保持长时间进行为原则。

第四节　下潜法与上升法

潜水者在进行浮潜时，除了必须掌握上述浮潜器材的使用方法和技能之外，还必须了解和学习针对不同的潜水水域进行浮潜时不同的下潜方法，以及正确的上升方法。只有掌握了正确的下潜法和上升法，潜水者才能提高浮潜效率并确保潜水安全。

一、下潜法

（一）足先式下潜法

当潜水水域能见度不好，水下环境状况不明时，应使用足先式下潜法。足先式下潜的动作要领是：

身体呈立泳状态，双腿一前一后向下夹水，双臂呈水平状置于身体两旁，在双腿向下夹水时，双手掌心同时向上顺势拨水，让上半身潜入水中。待头部沉入水中时，双手立即高举，双手掌向水面拨水，以增加下潜时的动力。

（二）蹬腿式下潜法

当潜水水域具有一定的能见度，并经确认水中无危险障碍物时，可使用蹬腿式下潜法。蹬腿式下潜的动作要领是：

身体呈俯卧体位，吸一口气，双手往上拨水，身体呈 90 度屈伸，双手顺势推水，同时，双脚屈伸踢动，脚蹼往水面方向蹬出，反作用力使身体快速下潜。

（三）弓身式下潜法

当潜水水域具有一定的能见度，并经确认水中无危险障碍物时，也可使用弓身式下潜法。弓身式下潜的动作要领是：

身体呈俯卧体位，吸一口气，双手往水下拨水，身体呈 90 度屈伸，双手顺势下推。此时，身体呈头下脚上状态，潜入水中。紧接着，双手向头部延伸并拢，呈倒立状，借助重力加速下潜。

二、上升法

潜水者在水中短暂潜泳一段距离后，必须上浮至水面时，使用上升法上浮。

上升法的动作要领是：

第一，上升时，必须一手做上举动作，抬头看上方。

第二，身体在上升过程中做360°旋转，保持头部上仰，双眼注视上方，注意障碍物。

第三，可用双腿夹水或双手划水，以增加上升速度。

第四，出水面受立即做呼吸管排水，恢复呼吸管正常呼吸。

三、下潜法和上升法练习注意事项

第一，上升时需注意避开水中或水面障碍物。

第二，下潜时感受压力增加时，须立即进行耳压平衡，鼻部同时吐气，平衡面镜压力。

第三，下潜前不可过度换气。

第四，练习时，须有专业教练在一旁监督指导。

第五节　压力平衡与屏气潜泳

一、压力平衡

在潜水过程中，随着潜水深度的不断变化，潜水者所承受的压力也随之变化。因此，潜水者必须进行压力平衡的操作，使自己适应因压力变化所带来的生理上的不适，进行浮潜时也不例外。所以，压力平衡操作是潜水者必须要学习和掌握的极为重要的基本技能，可以说不会压力平衡操作就不可能进行潜水活动。

（一）耳部压力平衡

做耳部压力平衡可采用用力吞咽或屏住呼吸用力向耳部鼓气的方法，这两种方法在陆上和水中都比较容易做到，但要达到能够自如地进行耳部压力平衡，还需反复多次的练习。

当开始下潜时，就应该先做一次耳压平衡，每下潜1~2米就应做一次耳压平衡，不要等到耳部感觉不适时再做。此时，耳部压力较大，是不容易平衡压力的。

在下潜时，若耳压平衡无法成功时，不可强行下潜，强行下潜会造成严重的耳部伤害。这时，应该上升到耳部不适的感觉消失的深度，继续做耳压平衡，再缓慢下潜，如果还是无法平衡，只能放弃此次下潜活动。

（二）面镜压力平衡

浮潜者在水中下潜时，水的压力会造成面镜挤压，此时若不进行面镜与脸部的压力平衡操作，会使眼内的毛细血管破裂，甚至更严重的伤害。

平衡面镜压力的方法很容易做到，只要在下潜时感觉到面镜压迫到脸部的压力时，即可由鼻部吐气到面境内，就能达到平衡面镜压力的目的。

值得注意的是，浮潜所使用的面镜，一定要有包覆到鼻部的设计。针对游泳所设计的泳镜（只护住双眼），是无法达到平衡面镜压力的目的的，不建议在潜水时使用。

二、屏气潜泳

屏气潜泳指的是潜水者在水面上吸一口气，接着潜入水中，在一定深度的水中进行潜泳。屏气潜泳的屏气时间与潜泳距离因潜水者的个人能力而异，一般人潜泳时间为1~2分钟，潜泳距离为30~50米，但是，如果经过专门训练后，屏气时间和潜泳距离会翻倍地提升。

在进行浮潜时，屏气潜泳是经常使用的技能，从某种程度上来说，屏气潜泳也是衡量潜水者自身潜水能力的重要标志。

由于人屏住呼吸的时间非常有限，因此，屏气潜泳一般在只需要短时间下潜的时候使用。如打捞掉入水下的物品，短时间观察欣赏水下生物，简单的水下摄影，躲避身边的危险等。

（一）屏气潜泳时的泳姿

在屏气潜泳时，应根据不同的潜水水域环境及潜水深度选用相应的潜水泳姿。一般常使用的潜水泳姿有蛙式潜泳、侧身式潜泳及混合式潜泳。

1. 蛙式潜泳

手脚同时运动：双脚收腿时双手顺势向前伸，接着手脚同时运动，此时为向前推进力最大的时刻。此时，身体应保持较好的流线型，双腿并拢，双臂贴近大腿，待推进力变弱时，再重复以上动作。

手脚交互运动：出发后双手先进行后滑，待双手向前重新伸直时，双脚即做收腿蹬夹的动作。此时，双手在身体前方呈并拢状态，待滑行速度减弱时，重复上述动作。

2. 侧身式潜泳

身体向左或向右侧，双臂在头前伸直并拢，手掌重叠，下半身以蝶泳的运动方式来产生推进力，腰部发力带动大腿，大腿带动小腿。

3. 混合式潜泳

混合式潜泳的泳姿是蛙泳与蝶泳动作的组合，腿部动作为蝶泳姿势，手部动作做蛙泳划手动作。

（二）练习屏气潜泳的注意事项

第一，应选择安全的场所，最好是在封闭式水域如游泳池或跳水池练习。

第二，在练习屏气潜泳时，应有专业教练员在旁监督指导。

第三，每次下潜时不能过度换气。

第四，在水里的屏气潜泳时间不能勉强，要提前出水。

第五，在练习时若感到耳部、心脏、肺部有任何不适，应立即停止练习。

第六，练习时若感到头昏、头痛，应立即浮出水面，停止练习，否则，会因脑部缺氧而造成更大的危险。

第六节　抽筋自救法与水面休息法

在浮潜运动过程中，潜水者可能会因为运动量过大或在水中感到不适等原因，发生体力不支或肢体抽筋等不良反应。如果发生上述情况，若潜水者没有掌握相应的应对技能，很可能会对潜水者造成更大的伤害甚至危及生命。因此，潜水者学习和掌握一些必要的调整体力和应对身体状况发生意外的方法非常重要，可以显著地提高潜水的安全性。

一、抽筋自救法

抽筋实质上就是肌肉痉挛。当肌肉受到外界刺激引起肌肉不自主的收缩，造成血液循环障碍，从而导致抽筋现象的发生。发生抽筋的肌群会失去原有的活动功能，并产生疼痛现象，会使潜水者产生紧张恐慌而导致意外发生。在进行浮潜活动时，最常见的抽筋部位是大腿的股四头肌、股二头肌以及小腿的比目鱼肌和腓肠肌。

（一）常见抽筋部位的解脱

1. 股二头肌群与小腿肌群抽筋的解脱

身体呈俯卧姿势漂浮，一手抓着脚蹼鳍面最前端，向身体中心方向拉近，此时尽可能将腿伸直。另一只手对抽筋的肌群进行按摩，反复操作，直至抽筋解除（图 11-9）。

图 11-9　抽筋解脱

2. 股四头肌群抽筋的解脱

当股四头肌群抽筋时，身体以俯卧姿势漂浮，屈膝用一只手抓着足背，向后往臀部方向拉，足跟部位尽可能接近臀部，另一只手对抽筋的肌群进行按摩，反复操作，直至抽筋解除。

（二）引起抽筋的原因和预防

1. 引起抽筋的原因

第一，活动前的准备运动不充分。
第二，活动水域水温过低。
第三，肢体动作错误。

第四，活动强度过大。
第五，活动时间过长，导致肌群过度疲劳。
第六，过度紧张。

2. 抽筋的预防

第一，浮潜前做好准备运动。
第二，避免在水温过低的区域从事浮潜活动。
第三，身体状况不好时，避免从事浮潜活动。
第四，平时进行适度的肌力训练。

二、水面休息法

长时间浮潜产生疲劳需要进行短暂休息、避免体力透支时，而潜水者此时距离岸边又较远，可采用在水面以俯卧姿势或仰卧姿势休息的方法。

（一）俯卧休息法

采用俯卧休息法在水面休息时，潜水者面部朝下，四肢张开呈“大”字型，浮于水面，身体放松，利用呼吸管来保持正常呼吸（图 11-10）。

图 11-10　俯卧休息法

（二）仰卧休息法

采用仰卧休息法在水面休息时，潜水者面部朝上，四肢张开呈“大”字型，浮于水面上、身体放松，不使用呼吸管、保持正常呼吸（图 11-11）。这种方法适用于水况较好，无波浪时使用。

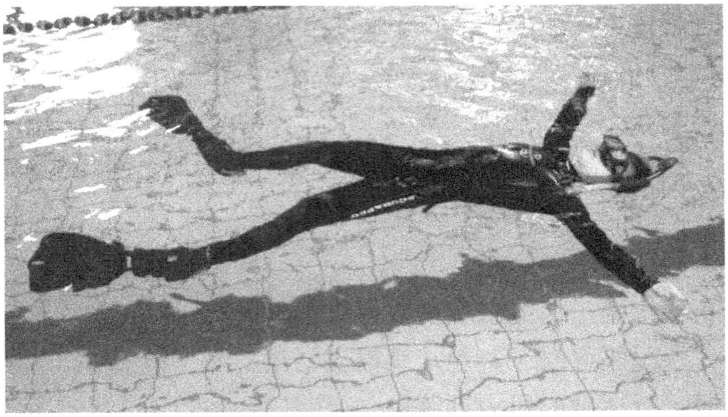

图 11-11　仰卧休息法

（三）水母漂休息法

采用水母漂休息法在水面休息时，潜水者身体呈垂直体位，面部朝前下方，双手置于身体两侧或交叉置于胸前，也可双手手掌置于膝部。双腿膝部稍弯曲，小腿呈交叉状。呼吸管开口端要浮出水面，身体放松。

值得注意的是：无论采用哪种水面休息法，有少数人因肌肉骨骼密度大于一般人，若不穿着防寒衣或救生衣，身体在水中就容易下沉。此时，应采取快吸快吐的呼吸方式，即快速大口吸气保持肺部充满空气一小段时间，当需要换气时，快吐气紧接着快速吸气，重复以上操作。同时，手脚也可配合小幅度的划动，以便身体漂浮于水面。

本章复习思考题：

1. 进行浮潜之前应该做怎样的准备？
2. 为什么要进行面镜排水，怎样排水？
3. 呼吸管排水时应该注意什么？
4. 脚蹼踢法有哪几种？
5. 三种下潜方法分别应该在何种条件下使用？
6. 为什么要进行压力平衡？
7. 屏气潜泳时要注意什么？
8. 简述几种常见的抽筋种类及如何自救？
9. 简述浮潜中水面休息的几种方法及适用环境？

第十二章 自携式装备潜水技能

自携式装备潜水是各种潜水方式中运用最为广泛的潜水方式，因此，自携式装备潜水技能是各种潜水技能中的重要技能。在进行自携式装备潜水时，潜水者借助自携式装备潜入水下进行各种各样的活动，所以，为了能够使潜水者正确地操作装备，并在水下轻松自如地游动，以及应对水下的紧急情况，潜水者掌握相应的潜水技能就尤为重要。可以说，自携式装备潜水技能就是围绕着自携式装备及在水下可能发生的紧急情况而产生的潜水技能，对于一个合格的潜水者来说，自携式装备潜水技能是必不可少的。学习本章，有助于建立对自携式装备潜水的总体性认识，促进对自携式装备潜水中一些常用的技能的掌握与熟练运用。

第一节　自携式装备的组装

在自携式装备潜水中，自携式装备的组装是潜水者必须掌握的基本技能，正确地组装气瓶、浮力调节器和呼吸调节器尤为重要，关系到自携式装备的呼吸系统和下潜上升系统能否正常可靠地工作，也可以说，关系到潜水者在潜水过程中的安危。因此，气瓶、浮力调节器、呼吸调节器的组装技能是自携式装备潜水的基础技能。

一、气瓶、浮力调节器、呼吸调节器的组装顺序

首先，将浮力调节器（BC）背面的尼龙质气瓶固定带打湿，以免固定气瓶时固定带容易滑脱。

再将浮力调节器（BC）平铺在地面上，使其背面的气瓶固定带朝上。

然后，将气瓶放倒，注意气瓶阀的出气口朝要下，并使浮力调节器（BC）背面的气瓶固定带位于气瓶瓶身上部约三分之一处，扣好固定带。注意扣固定带时要打开手掌，以免夹到手指。

组装好后，将气瓶立起来并提离地面，检查固定是否牢固。

将呼吸调节器一级部连接到气瓶阀，注意要将一级部的进气口对准气瓶阀的出气口，然后锁紧一级部的紧固螺栓（图 12-1、图 12-2）。

最后，将低压管连接到浮力调节器（BC）的充排气阀（图 12-3）。

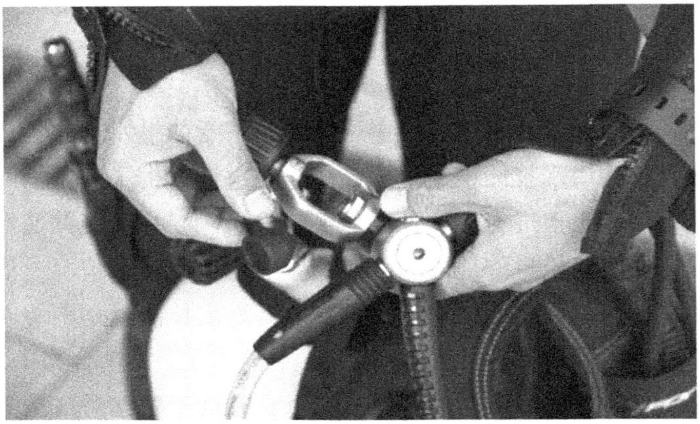

图 12-1　松开一级部的紧固螺栓

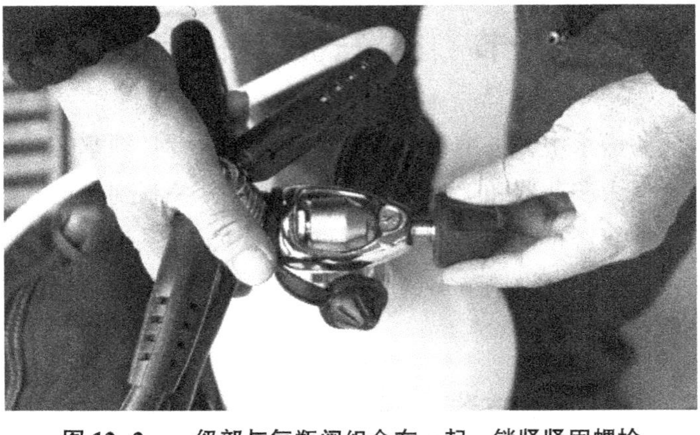

图 12-2　一级部与气瓶阀组合在一起、锁紧紧固螺栓

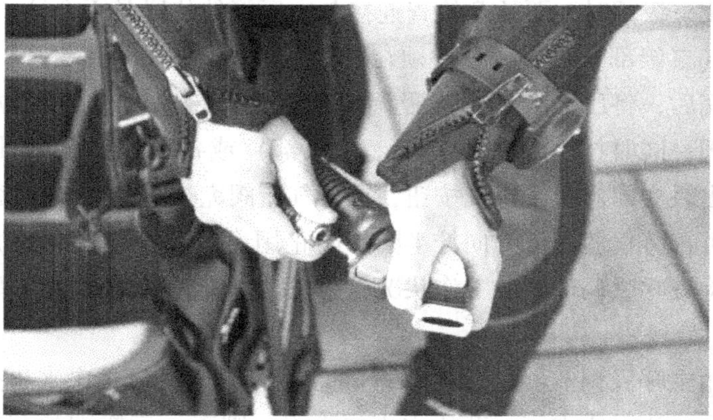

图 12-3　连接 BC 中压管

另外，上述将气瓶放倒进行组装的方法，对于初学者来说更容易操作。但如果组装操作技能已经很熟练或者周围环境不宜将气瓶放倒时，也可采用使气瓶保持垂直的组装方法（图 12-4）。

图 12-4　气瓶垂直组装

二、组装的检查

①组装呼吸调节器前，应先检查气瓶阀出气口橡胶气密圈的情况，确定橡胶气密圈没有损坏。

②将呼吸调节器一级部的紧固螺栓松开，将一级部进气口处的防尘帽拿掉并妥善保存，以便再次使用。

③在组装一级部时，要注意检查连接各中压管的位置是否合适，其中连接主呼吸调节器（二级部）的中压管必须在右边。

④组装完后，将压力表和主呼吸调节器（二级部）放在正确位置，然后慢慢打开气瓶阀，同时按主呼吸调节器（二级部）或备用调节器的排气按钮，有气体开始排出时立即停止按排气按钮，再将气瓶阀完全打开（初学者可能会忘记开关方向，可再将气瓶阀反方向拧半圈，防止用力过猛损伤气瓶阀）。采用这种方法，即可检查呼吸调节器的工作状况是否正常，又可以延长呼吸调节器的使用寿命。

⑤分别用主呼吸调节器（二级部）和备用调节器呼吸几次来检查呼吸阻力。注意要边呼吸，边看压力表，若压力大幅下降，则表示气瓶阀没有被完全打开，或者出现其他问题。则需要更换装备。

⑥最后对浮力调节器（BC）进行几次充气及排气，其目的是检查充排气阀的功能是否正常，以及一级部和中压管的供气是否通畅。

气瓶、浮力调节器（BC）、呼吸调节器全部组装好并经检查正常后（图 12-5、图 12-6），如果不马上穿着应将气瓶放倒，使装备整体平放在安全的位置。

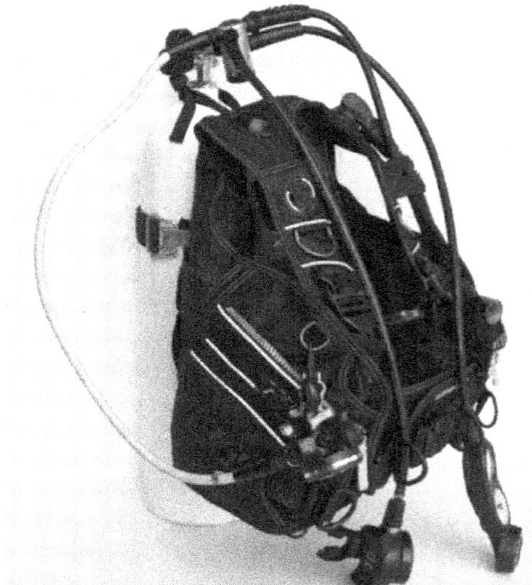

图 12-5 组装好的水肺装备

图 12-6 全副装备的潜水员

第二节　自携式装备的穿着方法

一、岸上着装

（一）站立穿装备

着装的潜水者背对潜水同伴，由潜水同伴将已组装好的自携式装备提起，着装者双手伸向背带，背好并迅速扣上胸带和腰带。在穿着过程中，潜水同伴一定不能松手，直到着装者发出信号后方可松手。先穿好装备者同样按上述步骤帮助潜水同伴着装，然后双方再互相检查调整（图 12-7~图 12-9）。

图 12-7　潜伴提起装备

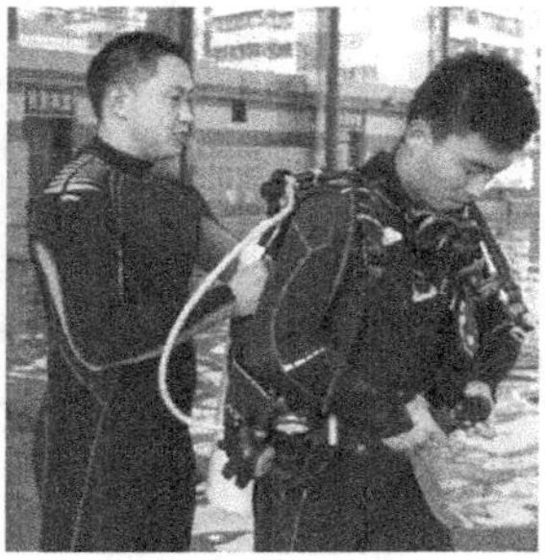

图 12-8　潜伴扶起装备让着装者系扣带

图 12-9　潜伴互相检查调整

（二）坐式穿装备

将组装好的自携式装备（如BC使用肩带可调式，可先将肩带调松）置于平稳的较高处，先面向浮力调节器以右（左）手抓稳左（右）背带口，然后在降低身体转身的同时，将另一手臂穿过另一边背带口过手肘，抓背带口的手也在降低身体转身的同时顺势下滑，待穿上装备后站起（使用肩带可调式可先将肩带调好），扣上腰带和胸带，注意不可过紧，以免妨碍呼吸。值得注意的是，不能做将气瓶举过头的危险穿着方式，尽可能以自背法穿着（图12-10）。

图12-10　坐式穿装备

二、水面穿着装备

在水面穿着装备（图12-11）并不是很困难，但建议不要在波涛汹涌的水面进行。切记在任何情况下都应尽量使用绳子将装备拴住，以免被水流冲走。穿着时背靠装备，同时，胳膊穿过肩带口，扣好胸带和腰带并进行调整，然后调整好肩带，穿着好后解开拴着装备的绳子。

图12-11　水面穿着装备

第三节 使用调节器呼吸与中性浮力检查

一、使用调节器呼吸

使用调节器呼吸不需要任何特定的能力，只要记住进行正常的口式呼吸就可以了。

（一）使用调节器呼吸的基本方法

用牙齿轻轻咬住调节器的咬嘴，然后用嘴唇包裹住咬嘴以防吸入水。呼吸时采用“深吸慢呼”的方式，即吸气时稍稍比正常吸气更深，而呼气时比正常呼气更慢。但整个呼吸过程应自然顺畅，切不可有意识地进行持续的深呼吸，这样只会加大在水中的耗气量，使得潜水持续时间减少。

（二）调节器排水方法

在水中，如果调节器从嘴里掉出来，水会通过咬嘴进入调节器内部。因此，在水中将调节器寻回并重新放入口中后，则必须先用力呼气或按压二级部的排气阀，排出调节器里面的水，然后再正常呼吸（图 12-12）。

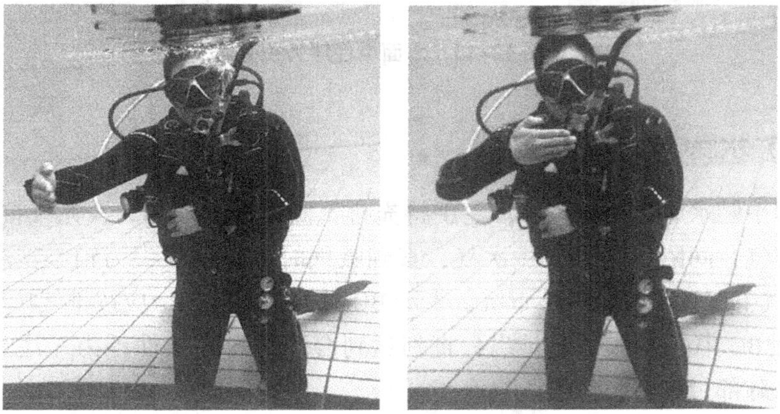

图 12-12 使用调节器呼吸

二、中性浮力检查

中性浮力对潜水者来说非常重要，合适的中性浮力可使潜水者在水中轻松地下潜或上升，极大地减少潜水者的体力消耗，还可以使潜水者轻松地停留在想要停留的水深处。因此，中性浮力检查是自携式装备潜水必不可少的基本技能。

（一）水面中性浮力检查

在深水区，穿着全副潜水装备，将 BC 内气体完全排光，肺部自然吸气时，水面在面镜上缘，深吸气时两眼可看到水面，呼气则下沉，这属于合适的水面中性浮力。否则，应调整配重使其达到合适的水面中性浮力（图 12–13）。

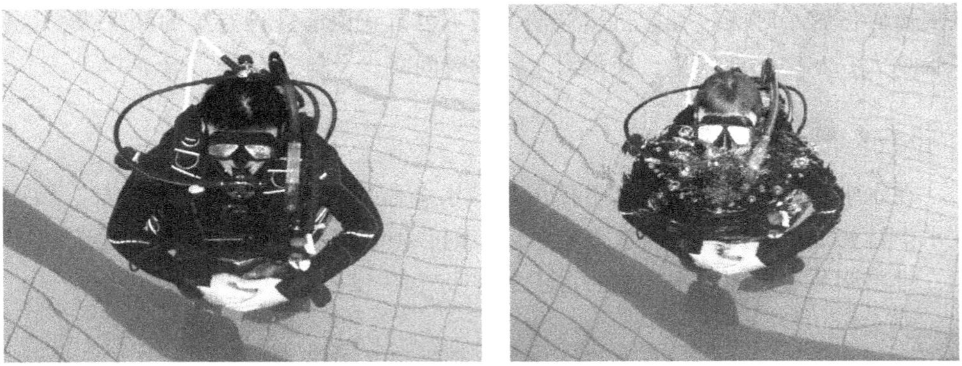

图 12–13　水面中性浮力检查

（二）水底中性浮力检查

身体平躺水底，两腿张开，左手持充排气阀，右手前伸。按充气按钮对 BC 进行点充气，间隔约两秒充一次气，直到吸气时以脚蹼顶尖为轴心浮起，约至 45°再呼气下沉。若呼气时不下沉，表示 BC 里面空气过多，应按排气按钮进行点排气，将 BC 中的气体适当排出，直到达到合适的水底中性浮力。注意不要憋气，以防肺部过度膨胀引起危险。

检查水底中性浮力的标准是：以脚蹼鞋尖为轴心，吸气浮起，呼气下沉是合适的水底中性浮力（图 12–14）。

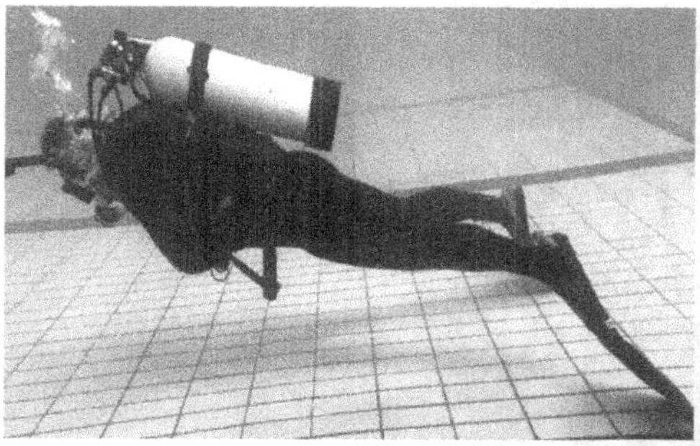

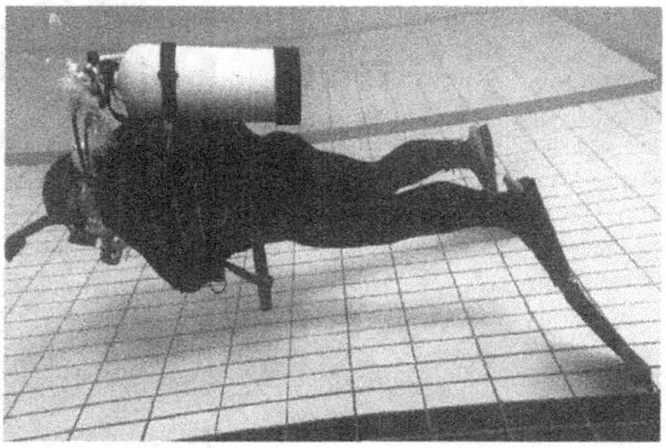

图 12-14　水底中性浮力检查：吸气、呼气

第四节　入水方法

入水方法的种类有很多种，不同的潜水环境下，应当选择不同的入水方法。而好的入水方法要同时具备安全性与便利性，只有拥有这两项特性，才是高质量的入水方法。常见的入水方法有坐式入水、步行式入水、跨步式入水、后翻式入水、前翻式入水、侧翻式入水和直跳式入水等，这里我们仅介绍几种最常用的入水方法。

一、坐式入水

坐式入水是一种基本、安全、易学的入水方法（图 12-15）。

（一）使用时机

游泳池、平坦的礁石区、人工水面平台等类似入水环境，都可选用这种入水方法。

（二）动作要领

坐于池边，身体侧转，双手撑在身体的同一侧，转身顺势入水。

图 12-15　坐式入水

二、步行式入水

步行式入水是最简单和最常用的入水方法之一。

（一）使用时机

步行式入水方法适用于岸潜，当潜水地点的入水环境是较为平坦的沙滩或较硬的平地时，步行式入水方法最为实用。

（二）动作要领

入水前先不穿脚蹼，潜水同伴相互搭肩，脸朝前，并肩步行入水时，如遇波浪迎面而来时则侧身行走。步行至腰际水深时，侧身由潜水同伴搭肩稳住身体，轮流穿好脚蹼后，继续向目的地的方向步行，直到水深足够游动。

三、跨步式入水

跨步式入水是潜水最常用的入水方法之一，即常用于浮潜，也常用于自携式装备潜水（图 12-16）。

（一）使用时机

跨步式入水方法适用于陡壁的岸边，水深的地方，或船舷较高且能站稳的舰艇上。

（二）动作要领

在岸边站稳，身体直立并收下颚，用右手稳固住面镜及呼吸调节器或呼吸管咬嘴，左手护住胸前装备；一条腿尽可能大地向前迈出一大步，上身保持垂直；着水时前脚以脚蹼的鞋底着水，后脚以脚蹼的鞋面着水，身体入水时两腿立即并拢。

图 12-16　跨步式入水

四、后翻式入水

后翻式入水又称背滚式入水，也是潜水最常用的入水方法之一，尤其是使用自携式装备潜水从船上入水时最常用这种方法（图 12-17）。

（一）使用时机

后翻式入水方法是在不稳定的水上平台或船上，无法使用坐式入水、跨步式入水的情况下使用的一种入水方法。

（二）动作要领

坐在船边或岸边，背向水面，用右手稳固住面镜及呼吸调节器或呼吸管咬嘴，左手护住头的后部，入水时团身，收下颚，身体向后翻滚。

图 12-17　后翻式入水

需要强调的是，为了防止危险的发生，不论采用哪种入水方式，在入水之前一定要观察水面及水下环境。对于能见度好的水域，可以采取目测的方式。对能见度不好的水域，必须采用测深仪测水深，用探测杆试探水下有无异物等方法，充分了解和掌握潜水水域的水下环境。

第五节　出水方法

出水方法的关键是易于操作，并确保潜水者的安全。因此，根据潜水环境的总体状况选择合适的出水方法非常重要。

一、沿岸边出水

当潜水者上浮快到水面时，要根据潜水环境决定哪里是最佳出水点。应尽量利用波浪的力量迅速接近出水点，到达可以站立的深度时，与潜水同伴合作，一起退步向后往岸上走。脚蹼脱掉后，要注意不要背向波浪，这样可能会被波浪打翻。未上岸之前，先不要脱下面镜，这样可以确保在任何情况下，都能看得很清楚。

二、沿岩石海岸出水

在岩石海岸潜水时，注意不要选择岩石间狭窄的缝隙或小道作为出水点，因为这些地方的波浪和逆流是最强的，将会使出水变得很困难，而且极易在波浪的推动下与岸边的岩石发生碰撞而产生危险。应避开岸边岩石陡峭的地方，选择岸边岩石较低且比较开阔的地点出水，并且掌握好出水的时机。最好的出水时机是当海水和波浪到达最高点的时候，可以借助波浪的力量使出水变得轻松。沿岩石海岸出水时要特别注意避开海水泡沫多的地方，因为那里可能有离岸流。

三、船潜出水

潜水者浮出水面后，应尽快游到潜水船边，首先要抓住船舷或船舷上的潜水梯，然后脱下脚蹼交给船上工作人员，然后紧握扶手，自己背负着其他潜水装备沿着潜水梯上船。如果力量弱小者，则可在水中解开配重带，将其放入船中。随后在潜水同伴的帮助下，卸掉其他装备放入船中，最后自己徒手上船。如果潜水船上没有潜水梯，则只能在水中卸下装备，并由船上工作人员协助上船。

值得重视的是，无论是岸潜还是船潜，由于潜水者经过长时间的潜水活动后体能消耗很大，其力量及身体控制能力会急剧下降，因此在出水时，如果出水地点或出水方法选择不当，极易造成碰撞、划伤等伤害的发生，严重时，甚至可能危及生命安全。所以，在潜水的出水阶段，不仅要认真观察出水地点的环境状况，选择好出水地点，而且潜水同伴之间及岸上或船上协作人员也要注意观察和提醒，并积极予以协助，切不可认为潜水活动已经结束而忽视安全防范，要充分认识到只有潜水者上岸或上船后才是潜水活动的结束。

本章复习思考题：

1. 简述自携式装备的组装顺序。
2. 简述自携式装备的几种穿着方法。
3. 简述进行水底中性浮力检查的操作步骤。
4. 简述入水最常用的几种方法。
5. 潜水完毕后，有哪几种出水方法？

▶ YINGYONGPIAN

应用篇

作为潜水理论知识学习的拓展及其应用，本篇的主要内容涉及潜水应用领域和世界著名潜水胜地介绍两大相关内容。

第一，潜水在相关领域的应用及未来展望。立足人类的亲水本性及人类生产活动的需要和社会需求，随着人类潜水活动的日益发展，当前，潜水的应用领域已经遍及水下工程、水下打捞、水下救援、水下科学考察以及用于军事目的等，并由此逐渐发展出为满足人类精神需求和社会属性的竞技潜水、休闲潜水、潜水旅游等一系列潜水活动。本篇首先对此进行了介绍。此外，着眼于潜水科学的不断发展，围绕潜水科学发展的总体背景，对潜水科研的发展方向、与教育的结合等问题也进行了分析。

第二，世界的著名潜水胜地。在全世界的海洋中，有几百处人类造访的潜水胜地，每处潜水胜地都有它自己的独特之处，吸引着众多潜水爱好者。我们选取全世界各个海洋中独特和典型的一些潜水胜地为例，对世界的著名潜水胜地进行个案式的介绍，以期引发读者对相关潜水胜地的了解，从而进一步激发读者对潜水的兴趣。

第十三章 潜水在相关领域的应用及未来展望

人类的潜水应用领域是在不断拓展的。这是因为：一方面，在亲水天性的驱动下，基于各种各样生产活动的需要和社会发展的需求，人类水下活动的场合、种类、规模与程度在日益增多；另一方面，随着科技的发展，潜水理论基础在不断提高，潜水装备在不断改进，潜水技术在不断进步，客观上为人类满足上述需求提供了更多的便利与可能。潜水科学在未来特别是在21世纪的发展，也便因此具有了更加宽广的空间甚至是无限的可能，至少在现在，我们是能够清楚地观察和预见到其正在发生和将要出现的总体发展趋势。

第一节 潜水在相关领域的应用

人类的潜水活动来源于生产活动的需要，并随着生产活动的要求的提高而不断发展，所涉及的应用领域也越来越广泛，在许多生产活动中具有不可替代的重要性，甚至有一些生产活动正是因为潜水技术的发展和提高而得以实现。现代潜水经过近百年的发展历程，当今，其应用领域已经极其广阔，既涉及水下工程、水下打捞、交通航运、渔业生产等工农业生产领域，也涉及近年来因社会需求而得以快速发展的公共安全潜水、科学考察潜水、军事潜水等社会服务与管理领域。当然，为满足人类精神需求的竞技潜水和休闲潜水也是现代潜水极为重要的应用领域。

从潜水技能的角度来说，有很多潜水技能并不仅仅只应用于某个应用领域方面，而是在不同的应用领域都会有不同程度的应用体现。如水下电焊或切割，即被广泛地用于工农业生产领域，也被经常被用于公共安全潜水等方面，而水下摄影或摄像，则随着水下摄影摄像设备性能的发展和使用便捷性的提高，几乎已经被用于所有的潜水活动之中。

一、潜水在工农业生产领域中的应用

现代潜水技能已经被广泛地应用于工农业生产活动的许多方面，成为人类在许多生产活动中不可或缺的必要劳动技能，在完成相应的工作任务中起到了至关重要的作用。借助于潜水技能，许多原来在生产活动中不可能做到的工作任务能够得以实现，使很多原本非常艰巨的工作任务变得简单，因此也促进了许多工农业生产活动的进一步发展。

（一）工程潜水

随着人类生产活动的不断发展，很多工业生产活动越来越多地涉及一些水下工作任务，为此，以潜水技能和装备为基础的工程潜水应运而生，并逐步发展成为工业生产中的特殊职业。工程潜水的范围包括码头、桥梁、造船厂、发电厂、水库等涉水工程的工程施工、检查监测、维护维修等方面的水下作业，近年来，更多地被应用于海上油气田的勘探及采油作业，在海洋能源开发领域中具有不可替代的重要作用。

在工程潜水中，所涉及的潜水技能有很多，其中最为常用的有水下焊接（图 13-1）、水下切割、水下混凝土浇筑、水下管道铺设、水下清障和水下爆破（图 13-2）等，其中，水下焊接和水下切割是工程潜水最基本和最常用的潜水技能，是进行各种水下工程施工、安装、维修不可缺少的重要工作手段。另外，水下检测和勘探、水下摄影和摄像（图 13-3）等潜水技能也是工程潜水经常使用的技术手段。从潜水方式来说，工程潜水中的各项工作任务往往需要较长的工作

图 13-1　水下焊接

图 13-2　水下爆破

图 13-3 水下摄像

时间，但工作地点和环境却相对清楚和固定，因此，除采用水肺潜水外，水面供气潜水是工程潜水经常使用的潜水方式。

（二）潜水打捞

潜水打捞是人类最早运用潜水技能进行生产活动的表现形式，在现代潜水中已经被广泛地应用于各行各业之中，从各种微小沉物的水下打捞到大型沉船的水下打捞（图 13-4），潜水打捞都扮演着无可替代的主要角色。从某种程度上来说，潜水打捞可以看作是工程潜水的一个重要分支，但由于潜水打捞工作的特殊性、艰巨性和技术复杂性，以及涉及极为广泛的行业范围，使得潜水打捞成为一个独立的特殊行业。

图 13-4 沉船打捞

由于工作的特殊性和复杂性，潜水打捞在工作过程中所涉及的潜水技能、装备和计算等往往非常多，除了经常会运用工程潜水中的各种潜水技能之外，水下搜寻和水下定位是潜水打捞工作最常用的潜水技能，而水下沉物起吊、水下沉物上浮等是潜水打捞需要经常使用的主要技术手段。由于潜水打捞工作往往面临着水下状况复杂、环境恶劣、水深较大等情况，因此，潜水打捞工作除了采用水肺潜水方式外，还经常会使用水面供气潜水、高氧潜水、氦氮氧混合气饱和潜水等潜水方式。

（三）交通航运

在航海及内河水运高度发达的今天，潜水技能在交通航运中的运用也极为广泛，为保证交通航运的正常运行起到了至关重要的作用。水上运输的重要主体是承担远洋航运、沿海航运和内河航运工作的大量船舶，在日常运行中，所有的船舶都需进行必要的水下检查、除障、清理和维护保养等工作，而最为简单的方法就是运用潜水技能来完成相应的工作，以确保船舶的正常运行，并延长船舶的维修周期。

在交通航运中，经常运用的潜水技能主要有水下无损探伤、水下船体清理、水下螺旋桨检查及矫正、水下桨舵异物排除、水下船体防腐处理等工作，必要时，也经常会涉及水下堵漏、水下加固等工作，为完成相应的工作任务，水下焊接、水下切割、水下摄影和摄像等是常用的潜水技术手段。

（四）渔业生产

在早期的渔业生产活动中，潜水技能主要是应用于对各种海产品或水产品的捕捞和对渔船的检查维修等方面。但近年来，随着渔业养殖技术的不断提高和渔业养殖数量、品种的大幅度增长，潜水技能在渔业生产活动中显得越来越重要和突出，成为渔业生产中必不可少的工作措施和技术手段，极大地推动了渔业生产的发展。

如今，在渔业生产中，潜水技能除了运用于海产品或水产品的水下捕捞之外，更多地被大量地应用于渔业养殖中的养殖场地布设和转移、水下养殖产品检查和取样、水下网箱检查和维修、水下养殖设备维护、养殖海域或水域环境监测和保护等一系列渔业生产工作，也经常会涉及运用水下摄影和摄像、水下焊接、水下切割等潜水技能。

二、潜水在社会服务与管理领域中的应用

因社会发展的需求，以及潜水装备性能的提高和潜水技能的不断普及，近年来，潜水技能被越来越多地运用于社会服务与管理领域之中，在抗洪抢险、水下救援、公安消防、海洋科学考察和海洋环境保护等各个方面都发挥着重要作用，也成为为国防安全服务的特殊军事技术手段。

（一）公共安全潜水

在人类活动和经济发展的持续影响下，当今全球环境保护问题日益突出，极端自然灾害愈加频发，同时，在由复杂社会矛盾所引发的全球性恐怖主义活动日渐猖獗的社会背景下，社会公共安全问题已经成为需要社会管理者采取强有力的措施进行预防和解决的重大政治问题，受到自然和人为的双重作用，社会公共安全逐渐发展成为社会服务与管理领域中涉及社会多方面、系统和必需的社会管理体系。近年来，作为处理公共安全问题的特殊技术手段，潜水技能被越来越多地应用于公共安全领域，发挥着越来越重要的作用，并逐步形成公共安全领域中的不可或缺的特殊行业——公共安全潜水。

随着社会发展需求的不断增多，如今公共安全潜水所涉及的范围越来越广泛，既有为战胜自然灾害而进行的抗洪抢险、水下救援、水库安全隐患排查等所需的潜水活动，也有为维持社会治安而进行的水下爆炸物排查、水下犯罪物证打捞、水下危险品打捞、防止水下恐怖袭击等各种潜水活动，还常常被用于交通事故潜水救援或搜寻、人员溺水潜水救援或搜寻等意外事故中的潜水活动。

由于公共安全潜水所涉及的范围广泛，所面对的情况多种多样，因此，在公共安全潜水中所涉及的潜水技能往往很多，除水下救援、水下搜寻、水下定位、水下摄影和摄像、水下物品打捞等基本的公共安全潜水技能外，也经常会用到水下切割、水下电焊、水下破拆、水下起吊、水下混凝土浇筑等工程潜水或潜水打捞技能，而且公共安全潜水往往面临着水域情况极其复杂、潜水环境极为恶劣、潜水目标极度危险等各种不利甚至是极端状况，因此，在公共安全潜水中，为能够更好地完成工作任务而针对不同状况选择潜水方式就非常重要，如在低温或污水状况下需采用干衣潜水，为保持水下与岸上随时进行沟通时需采用全面罩潜水，需长时间在水下工作采用侧挂潜水或水面供气潜水，大深度潜水采用饱和氦氮氧混合气潜水等各种不同的常规或技术潜水方式，可以说，采用合适的潜水方式是确保完成公共安全潜水工作任务的关键所在。

（二）科学考察潜水

在科学技术高度发达的今天，相对于陆地来说，人类对占地球面积71%的海洋的全面认识却还处于初级阶段，远不如人类对月球表面的了解。更好地开发和利用海洋资源，一直以来都是人类的梦想，也是人类探索和研究海洋的动力源泉。人类对海洋的探索和研究，经历了从探险性质的平面地理考察到全方位的垂直、立体科学考察的发展过程，在这个过程中，随着水下科学考察的需要和潜水装备性能的不断提高，潜水技能被自然而然地融入到水下科学考察活动之中，成为水下科学考察必不可少的重要技术手段。近年来，随着全球海洋经济的持续发展，人类对海洋探索和研究进入到更加全面、更多学科的全方位科学考察阶段，也使得潜水技能被越来越广泛地应用于各种形式的水下科学考察活动之中，从而逐步形成了为水下科学考察活动提供支持和服务的一个重要潜水专业——科学考察潜水。

早期的科学考察潜水是由具备潜水技能的专业潜水员协助和配合各种学科的科学家进行水下科学考察活动，具有潜水技能与科学研究相分离的特征。但近十多年来，随着对水下科学研究的不断深入和细化，科学家们已不能只满足于在实验室对潜水员采集和测绘的水下科学样本和数据进行检测和研究，他们更需要自己亲临水下进行各种科学观测、检测和取样等，在潜水装备性能不断提高和潜水技能越来越普及的基础上，使得越来越多的进行水下科学研究的科学家学习和掌握了潜水技能，科学研究与潜水技能的紧密结合，为科学考察潜水赋予了更加直观、准确、切实、高效的新意义。如今，在全球海洋经济迅猛发展的推动下，科学考察潜水已经成为科学研究领域重要的组成部分，多种学科的科学家都会依靠科学考察潜水来获取各自研究领域中相关的水下或水底的科学资料和样本，因此，科学考察潜水所涉及的科学研究领域越来越广泛，在水下矿产资源、水下生物、水下生态环境、海洋环境保护、海洋气象、水下考古等众多科学研究领域都离不开科学考察潜水的参与和帮助，成为水下科学研究的重要工具。

科学考察潜水由于所涉及的应用范围较广，要求较高，因此在实际应用中所需的采用的潜水技能也比较多，除最基本的水下地质采样、水下生物采样、水下测量、水下摄影和摄像等潜水技能外，也经常会用到水下搜寻、水下定位、水下勘探等潜水技能，必要时，也可能会采用水下切割、水下焊接、水下物品打捞、水下爆破等工程潜水或潜水打捞技能。而且，科学考察潜水需面对形形色色的各种水域环境，为适应不同的水域环境及适合不同的科学研究任务，科学考察潜水除经常采用自携式装备潜水方式之外，根据需要也经常采用管供式潜水、常压潜水服潜水以及驾驶潜水器潜水等技术潜水方式。

（三）军事潜水

在人类潜水活动的发展历程中，潜水技能被用于军事目的的历史非常久远，可以说自人类开始掌握潜水技能以来就有为达到某种军事目的而进行的潜水活动存在。潜水技能以其特有的隐藏性、蒙蔽性和意外性将原本难以完成甚至不可能完成的军事任务变成可以出其不意、攻其不备的成功军事行动，从而成为执行军事任务的特种作战手段。目前，在世界各国的特种作战部队中，无一例外地都配备有可以运用潜水技能执行水下军事任务的两栖作战部队，并被形象地称为“蛙人”部队。

近年来，随着用于军事潜水活动的潜水器材装备技术性能的不断改进和提高，以及水下特种军事活动不断增长的需要，潜水技能在军事潜水中的运用范围也越来越广，在水下侦查、水下潜伏、水下突击、水下格斗、水下爆破、水下排爆等各种水下军事行动中都需运用到相应的潜水技能。而在水下工事构建、军用码头工程施工、军事装备打捞、军用船舶检查维护等军事活动中也经常会运用工程潜水和潜水打捞的潜水技能。另外，以潜水艇为作战载体的水下作战人员的释放、回收和转移，以及所有潜水艇乘员都必须掌握的潜水逃生技能也属于军事潜水的范畴。

军事潜水以其特殊性、复杂性和运用的广泛性而几乎涵盖了所有的潜水方式，除常规的开式潜水装备如自携式装备潜水、水面供气潜水以及全面罩潜水、侧挂潜水、高氧潜水等技术潜水方式外，在军事潜水中，密闭式循环装备潜水和半密闭式循环装备潜水以其隐蔽性更强的特点，成为执行特种作战任务必不可少的潜水方式，几乎所有的两栖作战部队都配备有密闭式或半密闭式循环呼吸潜水装备。另外，当必须在一些大深度的水下长时间地执行军事潜水任务时，也往往会用到氦氮氧混合气饱和潜水方式。

三、潜水在体育运动领域中的应用

人类的潜水活动起源于人类生产活动的需要，是为了自身的生存而逐步发展起来的重要生产技能，为更好地满足各种不断提高的生产活动的需求，人类的潜水活动总是在不断地进行潜水器材装备的改革和创新，同时也在不断地追求潜水技能的提高和改进，因此，人类的潜水活动始终处于持续发展的进程之中。在人类生产和生活水平逐步提高的基础上，随着潜水器材装备性能和潜水技能的不断进步和普及，人类自然而然地渐渐地将潜水活动应用于满足人类精神需求的体育运动领域，使潜水活动已不仅仅是生产与工作的劳动技能，而是更高层次的精神追求和享受，从而为人类的潜水活动注入了新的活力。

（一）竞技潜水

人类的体育运动始终秉承着更快、更高、更强的自我挑战精神，而体育竞赛是这种精神境界的具体体现。因此，当潜水活动发展成为体育运动之后，其相应的竞技潜水自然也成为潜水运动在体育精神上的表现形式，对参与和喜爱潜水运动的人们有着巨大的吸引力。并且随着潜水运动器材的日益完善和潜水运动技能的不断进步，竞技潜水的竞赛水平不断提高，竞赛内容不断扩大，竞赛项目向多元化方向不断发展。

经过多年的不断发展，竞技潜水如今已经拥有一批水下运动竞赛项目，既包括在平静水域中进行的蹼泳、屏气潜水、水下曲棍球、水下橄榄球、水下摔跤、水下射靶等竞赛项目，也包括在自然水域中进行的长距离蹼泳、定向潜水、水下摄影、水下狩猎等竞赛活动，以及近年来风靡起来的深海极限自由潜水竞赛（图 13-5）。

图 13-5　自由潜水

为不断提高竞技潜水项目的竞赛水平，适应不断完善的竞赛规则，竞技潜水运动项目除采用一些常规的潜水器材装备之外，往往会采用一些符合运动项目自身特点的特殊潜水器材，如蹼泳运动或自由潜水的特殊脚蹼、蹼泳运动的特殊气瓶、屏气潜水的低容积面镜和特殊脚蹼、水下曲棍球的球和棍、水下射靶或水下狩猎的鱼枪等。总之，在竞技潜水中，所采用的潜水器材都是在不违反竞赛规则的前提下，围绕着如何进一步提高运动成绩和竞技水平而进行研究和改进，其中蕴含着流体力学、运动生理生化、材料学等多种学科的诸多科学研究成果。

相对于西方发达国家来说，我国的竞技潜水起步较晚，目前，大部分潜水运动竞赛项目还没有在我国开展起来，一些项目在我国更几乎完全是空白，但我国的蹼泳运动（图 13-6）项目的发展很快，且水平很高。当然，随着我国国民经济的不断发展，人民生活水平的不断提高，参与体育运动的人群不断扩大，各种竞技潜水项目必将在我国逐步地发展起来，潜水运动也必将被越来越多的热爱体育运动的人们青睐和喜爱。近年来，已经有一些潜水爱好者在国内自发地开展水下橄榄球运动并组织比赛活动，也有一些潜水爱好者前往国外参加水下摄影、自由潜水等竞技潜水项目。

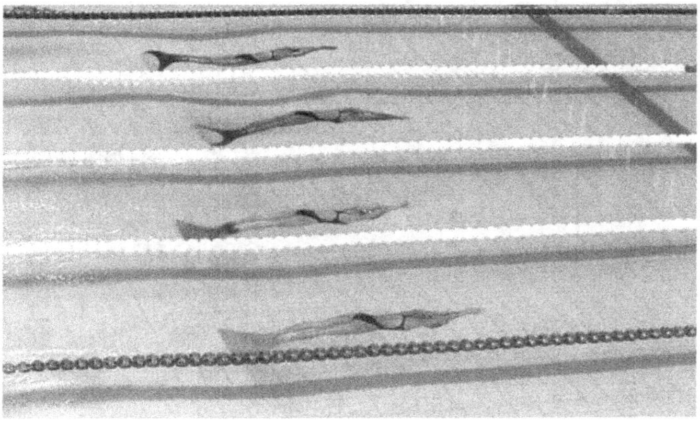

图 13-6　蹼泳比赛

蹼泳运动是国际上组织最为规范、参加的国家和人数最多、水平最高的竞技潜水项目，我国从 1978 年开始开展蹼泳运动，并在 1979 年第 4 届全运会上按照世界水下运动联合会（CMAS）运动委员会设立的竞赛项目进行了比赛，起步比西方发达国家晚了将近 10 年。但是，我国蹼泳运动的水平提高很快，开展仅短短 5 年时间，就取得了在世界蹼泳锦标赛上夺取冠军并打破世界纪录的优异成绩，目前，我国蹼泳运动员已在世界蹼泳锦标赛和世界杯赛等国家大赛上夺取过180多个世界冠军，并多年保持着将近一半的世界纪录，是世界蹼泳运动水平最高的国家之一。

（二）休闲潜水

对于热爱潜水运动的广大爱好者来说，潜水运动不仅仅是强身健体的体育锻炼项目，更重要的是在这项运动中可以探索神秘的水下世界，观赏美丽多彩的水下美景，感受在水中自由翱翔的轻松状态，从而获得身心上的放松和精神上的享受，体会到与其他体育运动项目截然不同的美妙感觉。因此，在工作、生活节奏越来越快，精神越来越紧张的现代社会背景影响下，近年来，休闲度假和旅游成为人们放松自己的精神状态、调整自身心态、改善身体疲劳的有效手段，越来越受到人们的青睐和喜爱，甚至成为人们现代生活中不可或缺的必要活动。潜水运动所具备的集强身健体和身心放松的固有特点，使其自然地融入到人们的休闲度假和旅游活动之中，并在近30多年来逐步发展成为潜水运动中的一个参与人数众多的重要分支——休闲潜水（图13-7）。

图13-7　休闲潜水

休闲潜水是以娱乐、享受、观赏、探索达到放松身心为主要目的的潜水活动，绝大多数情况下是在自然水域中进行的。休闲潜水既包括以观赏、享受和娱乐为主的浮潜、水下漫游、水下观赏海洋生物、水下摄影等潜水活动，也包括以探索甚至探险为主的洞穴潜水、沉船潜水、瀑布湖潜水、高原湖潜水、冰潜等潜水活动，还有近年来发展迅速的自由潜水，以及深受追捧新潮和独特的年轻新人喜爱的水下婚纱摄影和水下婚礼，甚至还有独具匠心的水下扑克或麻将、水下聚餐等。当然，不以竞赛为目的，而是纯粹以娱乐为主的水下曲棍球、水下橄榄球、水下摔跤、水下射靶、水下狩猎等竞技潜水项目也属于休闲潜水的范畴。

休闲潜水的潜水方式除使用“潜水三宝”的浮潜之外，常规的自携式装备潜水是各种休闲潜水活动采用最多的潜水方式。除此之外，以探索或探险为目的的洞穴潜水、沉船潜水、瀑布湖潜水、高原湖潜水、冰潜等休闲潜水活动，也会使用干衣、侧挂等技术潜水常用装备，甚至也会涉及氦氮氧混合气饱和潜水。值得注意的是，近年来，自由潜水以其方便、随意和不需过多的潜水装备的独特优势受到越来越多潜水爱好者的喜爱和追捧，成为休闲潜水活动中的新宠。

第二节　潜水科学的发展趋势

一、潜水科学发展的总体背景

在当今人类社会人口剧增，陆地自然资源被过度地开发和消耗，呈现出自然资源日趋贫乏、生态环境日益恶化的危机状况，因此，占地球面积71%的海洋所拥有的丰富自然资源成为人类继续生存和社会经济持续发展的希望所在。尽管相对于陆地来说，人类对海洋的全面认识却还处于初级阶段，但如何更加深入地探索和研究海洋，进而更好地开发和利用海洋自然资源，已非常现实地成为摆在人类社会面前亟待解决的科学问题，也是直接影响人类未来生存和发展的重大社会问题。

（一）全球海洋经济的发展

近年来，以开发、利用和保护海洋以及与之相关联的各类产业活动所构成的海洋经济迅猛发展，成为众多沿海国家和地区经济发展的新的增长点。早在2001年，联合国就正式提出：21世纪是海洋世纪，今后，海洋将成为国际竞争的主要领域，包括高新技术引导下的海洋经济竞争。发达国家的目光将从外太空转向海洋，人口趋海移动趋势将加速，海洋经济正在并将继续成为全球经济新的增长点。因此，21世纪将是人类挑战海洋的新世纪，海洋已成为人类生存与发展的资源宝库和最后空间，人类社会正在以全新的姿态向海洋进军，为解决困扰人类生存和可持续发展问题展现出了新的曙光。在全球海洋经济迅猛发展的同时，国际海洋竞争也日趋激烈，主要表现在发现和开发利用海洋新能源、勘探开发新的海洋矿产资源、获取更多和更广的海洋食品、加速海洋新药物资源的开发利用、实现更安全和更便捷的海上航线与运输方式等各个方面，总之，发展海洋经济、大规模地开发和利用海洋今后将成为国际竞争的主要内容。

（二）海洋科技前景展望

社会的需求及其变化向来是发展科学技术最强大的推动力，近10多年来，在全球海洋经济迅猛发展的驱动下，海洋科技突飞猛进，海洋科学研究成果不断涌现，海洋已成为高新技术发展的前沿领域。从20世纪80年代起，海洋科学研究和海洋高新技术开发就已经上升到西方发达国家最高层次的决策范畴，并进行了战略性的规划安排，提出要把发展海洋科技作为一次新的科技革命，将高新技术研究和开发从外层空间转向海洋，利用海洋科技加速海洋开发和提高国际竞争能力。在此战略部署下，西方发达国家分别制定了海洋科技发展规划，提出优先发展海洋高新技术的战略决策，力求在世界海洋政治、经济和军事等各方面的竞争中占据有利地位，同时也期望通过海洋科技的发展在海洋领域找到国民经济新的增长点。在发达国家和众多沿海国家和地区海洋经济战略的推动下，如今，国际上海洋科学研究和海洋高新技术发展主要集中在以下五个重点领域：海洋油气资源勘探开发技术、海洋环境观测和监测技术、海洋生物技术、海洋生态系统模拟技术、海底勘测和深潜技术。显然，随着科学技术的不断发展和提高，海洋科技必将迎来更为广阔的发展前景。

（三）潜水科学与海洋科技发展的相关性

潜水与海洋之间与生俱来的密切相关性及不可分割性，决定了潜水科学在全球海洋经济迅猛发展和海洋科技突飞猛进的总体背景下，必将进入一个快速发展的新时期。可以说，海洋经济的发展离不开海洋科技的支撑，而海洋科技的进步同样也离不开潜水科学的提高。随着海洋经济发展的不断深入和扩展，必将对海洋科学研究和海洋高技术开发提出更高的要求，也必将极大地促进潜水科学的发展和提高。

在海洋科学研究和海洋高技术开发的过程中，无论是对海洋物理学、海洋化学、海洋气象学、海洋生物学和海洋地质学等学科的基础研究，还是面向海洋资源开发利用、海洋生态环境检测保护等方面的应用研究，几乎都涉及潜水科学的基础理论和应用技术，甚至需要在潜水科学的基础或支撑下完成和发展。因此，和潜水与海洋之间的关系相同，潜水科学与海洋科学研究和海洋高新技术开发同样具有与生俱来的密切相关性及不可分割性，对海洋科技的发展起着至关重要的作用。在现代科学技术中，潜水科学研究体系已经被视为海洋科学研究范畴中一个极为重要的分支。

二、潜水科学研究的发展方向

在现代潜水的发展进程中，离不开潜水科学的基础理论研究和应用科学技术的支撑，在现有的潜水技术水平下，潜水科学研究已经形成了比较系统的理论基础和相对完整的多学科应用科学技术体系。但是，随着潜水技术应用范围的不断扩展和潜水技术水平的不断提高，对潜水科学研究提出了更高的要求，潜水技术因实际应用的需要不断向更深、更难和应用领域更多的方向发展，从而需要更加深入和更多学科的潜水基础理论研究予以支持，也需要对基础理论指导下的应用技术不断进行改进、创新和提高。

（一）基础理论的深入研究

现代潜水是在潜水科学基础理论研究的支持下发展起来的，经过近百年的发展历程，潜水科学已经形成了由潜水物理学、潜水生理学、潜水医学、潜水心理学等多种学科组成的比较系统的理论研究基础体系，为潜水技术提供了相应的理论依据，使现代潜水得以快速发展和提高，达到前所未有的技术水平。

但是，现有的潜水科学基础理论并非是完美无缺和无懈可击的，有的甚至还存在着不确定性。例如：对于大深度（30 米以上）潜水时潜水员产生的氮麻醉现象，一直以来其主流的理论研究认为是在高压环境下，氮气分子进入人体细胞膜导致细胞膜体积扩大，使离子通道受到挤压失去正常的开合功能，从而损失神经传导能力，造成人体反应迟缓等麻醉效应。然而最新的理论研究提出，氮气分子可能并不是简单地进入细胞膜造成形态改变，很有可能是直接与离子通道蛋白质结合产生相互作用，从而影响蛋白质功能而造成麻醉效应。显然，对于潜水氮麻醉现象的理论研究深度还存在着很大的缺陷及不确定性。因此，在潜水技术不断向更深、更难和应用领域更广的方向发展的今天，还需要潜水基础理论更加深入和更加全面的研究成果，为潜水技术的进一步提高和发展提供扎实的理论基础，为潜水应用技术的改进和创新提供可靠的理论依据。

（二）应用技术的深入研究

在现代潜水科学理论基础的支撑下，潜水应用技术不断发展和提高，为解决潜水技术中的许多难点问题提供了行之有效的方法和手段。例如：为解决大深度潜水时潜水员产生的氮麻醉问题，使用麻醉性只有氮气五分之一的氦气，来代替氮气或部分代替氮气的氦氧混合气或氦氮氧混合气有效地解决了氮麻醉问题，使得人类进行大深度、长时间的潜水活动成为可能。因此，在潜水科学基础理论的支持和指导下，相关的潜水应用技术具有非常广阔的发展空间，可以说，现代潜水技术是相关潜水应用技术的研究成果在各种潜水活动中的成功运用，极大地促进了现代潜水技术水平的快速提高。

随着潜水基础理论研究的不断深入、突破和完善，以及潜水技术更深、更难和应用领域更广的不断发展需求，对潜水应用技术的研究提出了更深层次、更多创新和不断改进的更高要求，并在长期、反复的实践中不断改进和完善。例如：大深度潜水的氮麻醉问题虽然可以采用氦气替代氮气的方法予以解决，但随之而来的可怕后果是潜水员可能产生高压神经综合征（High Pressure Nervours Syndrome，即 HPNS），实践证明，使用氦氧混合气进行超过 150 米深度的大深度潜水时，潜水员的高压神经综合征症状随时可能出现，从不受控的颤抖开始，随后可能出现恶心，呕吐，晕眩等症状，最后可能发展到癫狂。目前在潜水应用技术中，应对潜水员产生高压神经综合征症状的方法有两种：一是采用缓慢加压的方式可以极大地降低潜水员产生高压神经综合征症状的风险，但是由于在大深度潜水时加压过程往往长达数天，因此这种方法只能用于大深度饱和潜水；二是在氦氧混合气中添加适量的氮气，而氦氮氧混合气在大深度潜水时也可以有效地降低 HPNS 症状的产生，有意思的是这种方法是潜水员在进行氦氧混合气饱和潜水时偶尔发现的，如果潜水员喝点酒，在微醉状态下进行氦氧混合气大深度潜水时能够帮助抵抗 HPNS 症状的发生，由此而想到氮麻醉与醉酒的情况相类似，那么如果在氦氧混合气中加入适量的氮气使潜水员产生轻微的氮麻醉，同样可以抵抗 HPNS 症状的发生。从以上的例子可以看出，潜水应用技术还有许多更深层次的理论知识需要研究和探讨，并需要在潜水实践中不断进行创新，不断加以改进，使潜水应用技术愈加成熟和日益完善，为潜水技术水平的提高和发展奠定稳固的基础，提供可靠有效的手段。

（三）多学科综合运用的研究

多年来，潜水科学的基础理论研究和应用技术研究不断揭示出越来越多的潜水技术问题和现象，使得潜水科学研究的学科划分越来越细、研究范围越来越广。在早期传统的潜水科学研究过程中，存在着各个学科过多地强调本学科的重要性和独立性，而忽视各个学科之间内在联系的特征，这在某种程度上制约了潜水科学研究的持续发展和快速提高。

如今，随着全球海洋经济发展持续增长的需求，潜水技术不断向更深、更难和应用范围更广的方向发展，从而对潜水科学研究提出了越来越高的要求，并由此带来了潜水科学基础理论和应用技术研究日益呈现出整体化发展趋势。尤其是近10多年来，潜水技术发展过程中所出现的各种问题和现象的复杂性及多样性，使得潜水科学研究的各个学科之间相互交叉、相互渗透和彼此依存，各个学科只有在整个潜水科学研究体系的相互联系和相互补充中才能得到发展和提高。这就要求潜水科学研究不仅要打破各个学科之间的传统界限，还必须突破各个学科先分别、再综合的传统研究方法，从潜水科学的整体出发，在部分与整体、整体与特定研究对象的相互联系中，揭示和探索整个潜水科学体系的特征和发展规律。例如：研究水肺潜水装备，不仅必须从潜水生理、潜水医学等学科的角度研究人体在高压环境下维持正常呼吸的生理机能，也必须从潜水物理、精密机械制造等学科的角度研究水肺潜水装备呼吸系统的运行机制，甚至还需从材料科学、人体工学等多个相关学科的角度研究其可行性、可靠性、便利性、舒适性等，在各学科研究的基础上，最终从水肺潜水装备的整体性能出发，综合考虑各学科之间相互影响、相互联系、相互交叉的各种相关因素，完成水肺潜水装备的整体性研究。又如：对潜水减压病的研究，既要从人体生理生化学科方面研究产生潜水减压病的原发因素和诱发因素，也要从潜水医学方面研究预防潜水减压病发生和治疗潜水减压病的方法、措施和手段，还必须从潜水装备、潜水减压程序等潜水应用技术的角度研究在各种形式的潜水过程中如何防止潜水减压病的发生。综上所述，多学科综合运用无疑是潜水科学研究当今及今后极为重要的发展方向，并将推动潜水基础理论和应用技术研究不断向更高水平发展，对潜水科学的发展和提高产生积极的影响。

三、潜水科学与教育的结合

现代潜水经历了探索性实践—基础理论和应用技术研究—潜水技术广泛运用的发展历程，显然，潜水科学研究在现代潜水的发展历程中发挥了承上启下的至关重要的作用。随着潜水技术更深、更难和应用范围更广的发展需求，潜水科学必将随之向更深层次研究、更多学科参与和多学科综合的方向不断发展，因而需要大量具有专业知识结构、多种学科的高素质人才加入潜水基础理论和应用技术研究中来，更需要大批熟知潜水理论知识、掌握潜水技术技能的复合型人才在各个潜水应用领域发挥自己的才能和作用。因此，在现代潜水今后的持续发展历程中，多种学科的专家型人才和复合型人才的需求，将使得潜水科学与教育的紧密结合成为潜水技术发展和提高的必然趋势。

（一）潜水科学与高等院校的结合

现代潜水技术的不断提高，促使潜水科学向更深层次和更高水平的研究、更多学科参与和多种学科结合的方向发展，对潜水科学的学术研究条件、多种学科的研究能力和科研人员的水平提出了更高的要求。而高等院校齐全完善的学科建设、先进完备的科研实验设备仪器以及拥有众多高水平科研人才的先天优势，为潜水科学多种学科的更深研究和综合运用提供了得天独厚的优越条件，因此，在潜水科学亟待深入发展和提高的今天，与高等院校的紧密结合必将成为现阶段潜水科学研究发展的突破口，使其具有无穷的可能性和无限的潜在发展能力。

高等院校所具备的物理、化学、生物、生理生化、心理等众多基础学科，可以为潜水基础理论的深入研究提供全面的支持；先进的实验室和完备的科研设备仪器，可以为潜水理论研究和应用技术研究提供必要的实验平台；大量多种学科的高水平、高素质人才，可以为潜水科学研究提供必需的专业科研人员；由众多基础学科和应用学科构成的完整学科体系，可以为潜水科学的多学科综合运用研究提供便利、协调的基本条件。高等院校所具有的上述学术研究基础和条件，将自然而然地促使潜水科学走进高等院校，依靠高等院校的多学科研究能力和高水平专业人才优势，发挥高等院校的多学科交叉融合活力和产学研合作特色，使潜水科学研究迈入到全新的发展阶段。反之潜水科学也将以问题导向和需求导向为高等院校的学科建设带来新的发展方向和创新动力，促进高等院校学科建设的优化和整合，在集聚和碰撞中交叉渗透，在潜水科学的新领域中发展出自己的核心竞争力。

（二）潜水人才培养与学历教育

在现代潜水发展的早期阶段，潜水技术尚处于探索性质的实践时期，甚至还带有一定的探险性质，因此对从事潜水工作的人员了解和掌握潜水相关理论知识的要求不高，更加注重的是他们是否具有健康强壮的体魄和勇于探索的勇敢精神，对潜水人才的培养仅限于对潜水实践技能的学习和熟练操作能力的训练。随着潜水实践活动中大量问题和现象的出现，潜水科学研究逐渐融入现代潜水技术之中，并解决了潜水实践活动中的许多问题和现象，使现代潜水技术发展到了一个更高的层次，潜水相关理论知识成为现代潜水必不可少的基础，从而促使潜水人才的培养逐步演化成为对潜水相关理论知识的学习和掌握及实践技能的学习和训练，对潜水人才的培养方式也从单纯的技能训练转化为理论加实践的系统培训，并逐步发展成为由不同层次和阶段组成的循序渐进的现代潜水培训体系和模式。

当今，现代潜水已经进入新的发展阶段，潜水科学和潜水应用技术的快速发展和提高，客观上对潜水人才的知识结构和理论水平提出了更高的要求，不仅潜水基础理论和应用技术的深入研究需要大量高水平的专家型人才，高科技含量越来越多的现代潜水技术的运用和掌握也需要大批高素质的复合型人才。如今，无论是从事潜水相关工作的科研人员还是潜水技术应用人员，都需要学习、了解和掌握潜水物理、生理、医学、心理多种学科的相关理论知识以及潜水计划、潜水环境、安全管理、潜水装备工作原理、操作运用、维护保养等各种技术知识，才能适应现代潜水技术向高科技、高技术方向发展的要求。显然，在如今现代潜水快速发展的新阶段，传统的潜水培训体系和模式，已不能胜任对现代潜水技术人才多学科融合及理论与实践相结合的培养任务，大量的需要学习、了解和掌握的潜水理论及应用技术知识，仅仅靠短期的培训方式是不可能完成的。因此，只有系统、规范、全面的学历教育模式，才能适应必须具备完善的知识结构、扎实的理论基础、熟练地运用技能的现代潜水技术人才培养要求。尽管目前全世界潜水技术人才的学历教育培养体系尚未建立，潜水技术人才的学历教育模式几乎是空白，但可以预见，在潜水科学和潜水应用技术快速发展和提高的刚性需求推动下，潜水学历教育将是今后潜水技术人才培养的主要趋势，并逐渐取代传统的潜水培训体系和模式，成为潜水技术人才培养的重要途径。

本章复习思考题：

1. 潜水仅仅只是体育运动项目吗？
2. 潜水的应用领域主要有哪些？
3. 潜水在体育运动中的应用主要包括哪些？
4. 你如何理解潜水科学的发展趋势？
5. 潜水科学的发展方向主要表现在哪些方面？

第十四章 世界著名潜水胜地巡礼

现代潜水经过了近百年的发展历程，目前，人类的潜水足迹几乎已遍布全世界所有的海洋和江河湖泊，除了人们因生产活动的需要而进行的潜水活动之外，在现代潜水活动中，更多的是人们为满足精神需求和追求探索欲望而进行的休闲潜水活动。也正是因为人类永无止境的探索精神，才使得我们今天能够了解到全世界众多形形色色、美轮美奂、多姿多彩、生物繁多的水下景观，并激发我们难以抑制的猎奇心理和一睹芳颜的强烈兴趣。

从生物的多样性和观赏性来说，最具潜水价值的潜水区域基本分布在南北回归线之间的赤道周边的热带海域，在这些温暖的海域中，珊瑚繁殖生长，最后成为美丽的堡礁，并养育了众多形形色色的海洋生物，形成了丰富多彩的非凡美景，也因此造就了许许多多具有自己独特风景的潜水胜地，吸引着潜水爱好者遨游其中。

在人类的持续探索下，目前全世界被称为潜水胜地并经常有潜水员造访的地方已多达上百处，而其中不同类型、不同景观和不同生物种群的著名潜水点更是成千上万。对于潜水爱好者来说，每次潜水都有自己最感兴趣、最希望探索的主题，因此，我们很难从众多潜水胜地或数以万计的潜水点中做出谁是最好的选择，只能从中挑选个别最具特色、最为典型的潜水胜地和其中最受潜水员追捧的著名潜水点予以介绍。

第一节 大堡礁

一、大堡礁概述

大堡礁（Great Barrier Reef）是世界上最长的珊瑚礁带，位于澳大利亚东北海岸以东，南太平洋珊瑚海以西的巴布亚湾与南回归线之间，绵延于澳大利亚东北海岸外的大陆架上，它与澳大利亚东北海岸几乎平行，纵贯蜿蜒长达2000多千米，最宽处达160多千米，由2900多个珊瑚礁、珊瑚岛、沙洲和潟湖组成，总面积达20多万平方千米，退潮时约有8万平方千米的礁体露出水面，而涨潮时大部分礁体被海水掩盖，只剩下630多个岛礁在海面之上。

大堡礁规模宏大，蔚为奇观，被称为世界第八大奇迹。这个世界上景色最美、规模最大的珊瑚礁群，生存着400余种不同类型的珊瑚礁，其中有世界上最大的珊瑚礁，是世界上最完整、最有活力的生态系统，有350多种珊瑚、1500多种鱼类，4000余种棘皮动物和软体动物等海洋生物生活在这里，并聚集着242种鸟类。大堡礁还是许多濒临灭绝的濒危物种（如儒艮和巨型绿龟）的栖息地和避难所，世界上现存的7种海龟中，有6种在大堡礁数量众多的岛礁和沙洲中繁衍后代（图14-1）。

大堡礁海水温暖适宜、蔚蓝清澈，海洋生物丰富多样，海底景观奇特壮丽，是全世界的潜水员都向往和喜爱的潜水胜地。大堡礁规模庞大、有数不清的珊瑚岛、珊瑚礁、沙洲和潟湖，因而也造就了数不清的、形态各异的海底美景，可以说，大堡礁任何一个岛礁周围的海域都是美轮美奂的潜水天堂（图14-2）。

图14-1 大堡礁

图14-2 大堡礁潜水

二、大堡礁主要著名潜点

在大堡礁数以百计的潜水点中，最为著名的潜点主要有：

（一）鳕鱼洞（Cod Hole）

著名的鳕鱼洞位于大堡礁最北部的蜥蜴岛（Lizard Island）的彩带礁区域，水深3~30米，海水能见度可达40米。这里生活着一种巨型的石斑鱼，因为身上长着黑色斑点，被称为土豆鳕鱼或土豆石斑鱼，其实它们的中文名字叫黑斑石斑鱼。由于生活在保护区，这些土豆鳕鱼的个头长得非常大，体重可达150~200千克，体长如同成年人一般大。土豆鳕鱼一点也不怕人，而且非常好奇，常常跟随着潜水员一起游动，和这些巨大但很友善的土豆鳕鱼一起畅游海底是一种非常美妙的体验。鳕鱼洞还有不少体长超过2米的大型海鳝，尽管它们不像土豆鳕鱼那样对潜水员毫无戒心，但也允许你近距离观察和拍照。在鳕鱼洞还经常看见黑尾真鲨和灰三齿鲨，在沙床上还可找到趴在沙子上休息的须鲨，甚至偶然会碰到虎鲨，但是这些鲨鱼并不具攻击性，对进入它们领地的潜水员基本视而不见。除了这些大型鱼类外，成群结队的毛利濑鱼、条纹胡椒鲷、红鲈等密集鱼群在这里也随处可见。形形色色的柳珊瑚、火珊瑚、海鞭珊瑚、海葵、海绵等将这里装点的绚丽多彩，也吸引着众多的珊瑚鱼在此栖息和繁衍，各种海洋生物丰富至极。在鳕鱼洞潜水，不仅有激动人心的与巨型土豆鳕鱼一起畅游海底的难忘体验，美不胜收的海底美景也令人目不暇接。

（二）鱼鹰礁（Osprey Reef）

鱼鹰礁位于大堡礁最北端东北部110公里处的珊瑚海海域，是全世界最壮观的潜水点之一。鱼鹰礁以能见度超过40米而闻名于世，在这里，潜水员可以与鲨鱼近距离亲密接触，在适当的季节，还有机会见到锤头双髻鲨和犬齿金枪鱼。鱼鹰礁的北角（North Horn）是最著名的潜点，这里是一座海洋山，壮观的峭壁陡坡从海底向上耸立达1000多米，海水的透明度令人惊叹，峭壁上生长的珊瑚、海葵、海绵吸引了众多的珊瑚鱼和浮游生物，也吸引着成群的梭鱼、鲭鱼和犬齿金枪鱼，白鳍鲨和灰鲸沿着峭壁游来游去来回觅食，锤头双髻鲨和深海银鳍鲨也常常从深海中游来此地觅食。

（三）鳕鱼峭壁（Cod Wall）

鳕鱼峭壁位于大堡礁南端以东100多公里处的弗林德斯礁（Flinders Reef），这里是珊瑚海的腹地海域。在南弗林德斯礁，有一块巨大但并不十分陡峭的岩壁，其中有许多不可思议的珊瑚和鱼类。这里海水的透明度超过40米，可沿着峭壁下潜至45米深处。鳕鱼峭壁以尺寸超大的网状柳珊瑚而闻名，沿着峭壁潜行，一丛丛巨大的金黄色柳珊瑚和红色海鞭珊瑚令人惊叹，在40米深的沙床上，生长着一块足有5米大的巨大柳珊瑚，还有长的像大象耳朵的海绵，置身于这些巨大的珊瑚林中潜游，你会觉得自己是一个迷失在巨树森林中的小矮人。这里还是观看黑尾真鲨和锤头鲨的绝佳地点，在巨大珊瑚林中成群环游的梭鱼和鲹鱼吸引着它们前来觅食，异常清澈的海水给我们拍摄这些鱼儿创造了绝佳的条件。

（四）气穴（Blow Hole）

气穴位于大堡礁最南端班达伯格东北处的伊利特女士岛（Lady Elliot Island），海水的能见度常年保持在30米以上，是南大堡礁不同寻常的绝佳潜水点。在伊利特女士岛近似圆形的珊瑚礁盘上，有一个直径约6米的洞垂直下降到约25米深处。洞穴形成的原因是冰河时期的淡水腐蚀，或是因为海平面上升所引起的波浪作用，现在这个呈“L”形地质特性的洞穴成为一个极好的潜水点。在潜入洞穴20米后，会有一个90度的直角弯，拐弯后可进入到一个约3米高、6米宽的洞穴。在伊利特女士岛周围的礁盘上，各种软珊瑚、硬珊瑚、壮观的柳珊瑚和海葵比比皆是，大量的鱼群填满了这里的各个角落和每处缝隙。在湛蓝深邃的外海，则是蝠鲼的家园，你可以看见不时飞过的蝠鲼、鹰魟和公牛魟，银鳍鲨、须鲨和豹纹鲨有时也会出现在这里，红海龟、绿海龟、海鳗、狮子鱼、隆头鹦哥、鲃棘鲈和其他成群的鱼类将这里变成了一个欢乐的水下世界。每年的11月至次年的3月，在伊利特女士岛的沙滩上还可以看见壮观的海龟产卵和小海龟孵化的盛况。

（五）史蒂夫软珊瑚群（Steve's Bommie）

史蒂夫软珊瑚群位于大堡礁北部的彩带礁（Ribbon Reefs）区域，大量的软珊瑚和丰富的各种海洋生物，使这里堪称大堡礁潜水的巅峰体验。在覆盖着厚厚的软硬珊瑚的礁盘上，可以看见密集的各种不同种类的、健壮的软珊瑚，各种不同类别的小丑鱼、海葵鱼、尖嘴鱼、梭鱼等穿梭在珊瑚丛中。这里还有大批成群结队的大眼鲹、蓝纹鲷和摩西鲈鱼等鱼群，而千姿百态、种类繁多的彩色软珊瑚以及藏秘在软珊瑚丛和海葵中的海羽星、海蛞蝓、圣诞树蠕虫、虾虎鱼等是微距摄影师钟爱的拍摄对象。

（六）赫伦（苍鹭）岛礁群（Heron Island Bommie）

赫伦岛位于大堡礁最南端，是大堡礁众多岛礁中非常著名的潜水胜地，是大堡礁的第一个商业潜点，以其美轮美奂的珊瑚花园和珊瑚塔而闻名于世，在关于大堡礁的电影、纪录片或历史片中都会出现赫伦岛的身影。赫伦岛本身就是在一个庞大的天然珊瑚礁盘上，因此附近海域有很多知名的潜水点，形态各异的大型珊瑚礁群从水下 2 米一直延伸到水下 25 米，孕育了数以万计的珊瑚鱼、海龟、蝠鲼、礁鲨和很多海洋软体动物，在已知的大堡礁海洋生物种群中，有 60%近 1500 种鱼类和 72%的珊瑚以赫伦岛为家。在赫伦岛的各个潜点潜水，你会被密集的鱼群和森林般的网状珊瑚、鹿角珊瑚和大海葵所包围，成群的笛鲷和宝石鱼在珊瑚中疯狂地穿梭，如果幸运，可以看见龙虾、绿海龟、玳瑁和狮子鱼，也随时可以发现大型蝠鲼、鳐鲼、须鲨、灰礁鲨的身影。

作为世界最大的珊瑚礁群，大堡礁的著名潜水胜地多不胜数，而且还有数不清的优美潜点尚未被我们发现，还有众多绚丽多彩、千姿百态、美轮美奂、美不胜收的海底美景等待着我们去探索和发掘。

第二节　诗巴丹岛

一、诗巴丹岛概述

诗巴丹岛（Sipadan）位于加里曼丹岛东海岸的太平洋西里伯斯海，属马来西亚，是世界上最为著名的潜水胜地之一。诗巴丹岛地处北纬 4°左右，极近赤道，其温暖的气候和丰富的洋流养育了种类繁多的珊瑚、鱼类及众多形形色色的海洋生物，造就了五彩缤纷、美不胜收的海底世界。虽然诗巴丹岛的面积仅仅不到 2000 平方米，但这片海域的生物多样性和集中程度在全世界首屈一指。在这片邻近赤道的热带海域中，拥有地球上最为丰富的生物量，生活着将近 500 种珊瑚和 2000 多种鱼类，因而也使得诗巴丹岛成为绚丽多彩、美轮美奂的著名潜水胜地，在历年的世界著名潜水胜地的排名中，诗巴丹岛总是处于前三名的位置（图 14-3）。

诗巴丹岛的海底世界极为迷人，海水的能见度可达 30 米以上，在这里潜水，从浅到深可以看到形状各异的珊瑚、海葵、海绵以及巨大的鱼群和成群结队的海龟，多不胜数的各类海洋生物和各种奇异、壮观的水下美景令人目不暇接，被称为潜水者心目中的天堂，是东南亚最负盛名的潜水胜地（图 14-4）。

图 14-3　诗巴丹岛

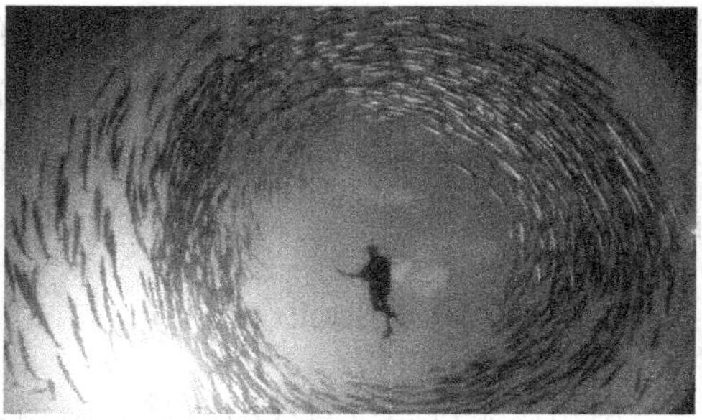

图 14-4　诗巴丹潜水

二、诗巴丹岛主要著名潜点

围绕着诗巴丹岛的潜点很多，但最为著名的潜点主要有：

（一）大峭壁（Drop Off）

大峭壁是诗巴丹岛得天独厚最具特色的著名潜点，位于诗巴丹岛的北面，在礁盘 5 米的浅滩之后就是垂直下落深度达 600 米的峭壁，峭壁上布满了珊瑚、海绵等各种海洋生物，顺着峭壁潜行，绿海龟、玳瑁、豹纹鲨随时在你眼前穿梭而过，慵懒地来回觅食，成群结队的金梭鱼和鲹鱼环绕在你周围，还有其他多种鱼类如鲉鱼、狮子鱼、海鳗、独角鱼、神仙鱼、豚鱼等也随处可见。如果在晚上夜潜，你可以看到身长 1.5~2 米的巨型铁头鹦哥鱼在峭壁的洞穴中鼾眠。大峭壁因此而被列为世界五大峭壁潜水之首，也被称为世界上最好的海滨潜水之处。

（二）金梭鱼点（Barracuda Point）

在诗巴丹岛的东北端，因强劲的洋流，使得平均深度为 14 米的礁盘变化多端，物种极其丰富，吸引着成千上万只金梭鱼和鬼金梭鱼在此觅食，巨大的鱼群快速游动形成的梭鱼风暴场面极其壮观，是诗巴丹最令人震撼的奇特景观。金梭鱼和鬼金梭鱼游动的速度极快，常集体追捕其他鱼类，极为凶猛，因而也被称为

"海狼"，梭鱼风暴也被称为"海狼风暴"。诗巴丹岛的金梭鱼潜点堪称世界上最好的观看"海狼风暴"的地点，强烈地吸引着世界各地的潜水员慕名而来，想一睹"海浪风暴"所带来的震撼。这里除了"海狼风暴"外，还可以看到杰克鱼（Jack fish）群，隆头鹦哥鱼群，以及数以千计的燕鱼，而在最浅处的沙地上，还有许多的园鳗和白鳍鲨，而天蝎鱼、石头鱼、河鲀、炮弹鱼、叶鱼、海龟以及颜色鲜艳的裸鳃类在此也可看到。金梭鱼潜点的洋流比较强劲，潜水时要配备流钩，用来将自己固定在礁盘上观看"海浪风暴"。想象一下巨大的鱼群就在你的身边游动，甚至将你环绕在它们快速移动的鱼群旋涡内，其壮观奇特的场面真是让人激动万分。

（三）南角（South point）

南角位于诗巴丹岛外围礁盘的南端，平均深度为 20 米。在南角，强烈的洋流吸引着成群的金梭鱼及六带鲹（俗称杰克鱼），"梭鱼风暴（海狼风暴）"再加上旗鼓相当的"杰克风暴"，场面之壮观绝对会让你留下深刻的印象。南角的海水并不很深，鱼群在水深 5~20 米之间游动，如果它们游向外海，也很快就会返回来。南角并不是只有金梭鱼群和六带鲹鱼群，这里的海床上盖满了壮观的鹿角珊瑚，潜到深一些的海床上，你也许能在柳珊瑚和红珊瑚之间看到豹纹鲨以及它长着白色鳍的幼仔，在巨大的海绵中找到三棘高身鲉的踪影，或是从洞穴里探出身的五彩鳗，在洞穴中还有为数不少的龙虾。外面开阔的海域中，还能看见蝠鲼或斑点鹰鳐的身影以及正在觅食的绿海龟和玳瑁。在水深 3~4 米的地方，常有大群的尖翅燕鱼，它们会随着环境的变化而变幻颜色，在沙床上呈灰蓝色，在岩礁中间呈棕色。这里还有漂亮的裸鳃类，鲉鱼，奇特的螃蟹，河鲀，神仙鱼，以及许许多多其他的海洋生物。

（四）龟洞（Turtle Cavern）

在大峭壁附近水深 15 米左右的水下有个天然形成的洞穴，里面道路复杂，有不少支洞。由于洞穴内有许多海龟的骨骸，增添了许多神秘及惆怅的传奇色彩，因此而成为诗巴丹的著名潜点。据说是因为海龟偶尔会跑进洞穴里去睡觉，醒来后想游出洞却找不到出口，结果永远地留在了洞中，化为一堆骸骨。还有一种说法是洞穴是海龟的墓地，当海龟逐渐老去，自觉生命将至终点时，会自己游进洞穴直到老死。龟洞的平均水深为 15~20 米，最大深度为 21 米。在龟洞的入口有一醒目的告示牌，警告潜水者不要贸然进入，如果要进入，必须要有导潜的陪伴和协助，也必须配备潜水灯、向导绳等。具备良好的浮力与耗气控制能力和技巧是对潜入龟洞的潜水员最基本的要求。另外，由于洞内的许多地方比较狭窄，进入龟洞时要注意脚蹼的摆动，以免影响洞内的能见度。在若干个潜水员葬身在此洞后，近年来龟洞已经不再向普通潜水员开放，除非拥有洞穴潜水证书才可安排在这里潜水。

（五）珊瑚花园（Coral Garden）

珊瑚花园位于诗巴丹岛的东边，海水的平均深度为 10 米。珊瑚种类繁多是珊瑚花园潜点的特色，这里的海水不深，阳光温柔地洒落在碧水下的珊瑚上，鹿角珊瑚、桌面珊瑚、桶状珊瑚以及各种软珊瑚在这里繁茂生长，无数色彩斑斓、形状奇特的珊瑚鱼穿梭其中，炮弹鱼、大石斑、龙王鲷、海龟、豹纹鲨等也是这里的常客，五彩缤纷的景色令人赏心悦目。珊瑚构筑起了海洋生物赖以生存的平台，也是鱼类的家园，诗巴丹之所以拥有如此众多的鱼类，与这片美丽的珊瑚密不可分。

（六）白鳍鲨大道（White Tip Avenue）

白鳍鲨大道位于诗巴丹岛东边偏南处，海水的平均深度为 16 米。鲨鱼大道潜点有巨型的软硬珊瑚，尤其是黑珊瑚与巨型海扇及海绵，鲨鱼、海龟、杰克鱼、炮弹鱼在这里随处可见，运气好的话，甚至可以看到 15 条以上的白鳍鲨列队游行，因而被称为白鳍鲨大道。

除了上述六个著名潜点外，龙虾穴（Lobster Lair）、鹿角顶饰（Staghorn Crest）、悬挂花园（Hanging Garden）、西山脊（West Ridge）、清洁站（Cleaning Station）等潜点也是诗巴丹岛不能错过的水下美景。另外，在诗巴丹岛所处的海域，并不仅仅只是诗巴丹岛有优良的潜水点，其周边的马布岛、卡帕莱岛等岛礁同样也有许多极具价值的潜水点。

第三节　帕劳群岛

一、帕劳群岛概述

密克罗尼西亚群岛（Micronesia）绵延数百千米，在西太平洋北纬 10°和赤道之间呈带状分布，在其西南端、菲律宾棉兰老岛以东就是其中的帕劳群岛

(Palau)。帕劳群岛由340多个火山岛和珊瑚岛组成，分布在南北长640多千米的西太平洋海面上，陆地面积约493平方公里，海岸线长达1500多千米。

得益于帕劳群岛始终没有遭受现代工业的污染，是地球上难得的生态环境净土，使其成为太平洋最纯净的海洋生态系统之一。帕劳群岛数量众多的珊瑚堡礁群和丰富强劲的洋流，孕育了超过1500多种的各种鱼类以及多达700多种的珊瑚、海葵等海洋生物，庞大的海洋生物种群和特殊的地质构造，造就了全世界最美的海底奇观。在这里潜水，你可以欣赏到大片瑰丽的珊瑚礁，可以潜到大断层欣赏奇妙的海底构造，可以与巨大的蝠鲼和苏眉鱼共舞，可以体验鱼儿成群从你身边游过的奇妙感受（图14-5）。

帕劳众多的潜点主要集中在科罗岛（Koror Island）与贝里琉岛（Peleliu Island）之间的洛克群岛（Rock Islands），洛克群岛由将近200个星罗棋布的岛礁组成，沿着其东边、南边和西边是巨大的环礁带。这里特殊的地质构造和地形以及强劲的洋流和适温的海水，为大量的海洋生物的栖息和繁育提供了优良的条件，各种珊瑚和浮游生物极其丰富，常吸引大量鱼类聚集（图14-6）。

图14-5　帕劳群岛

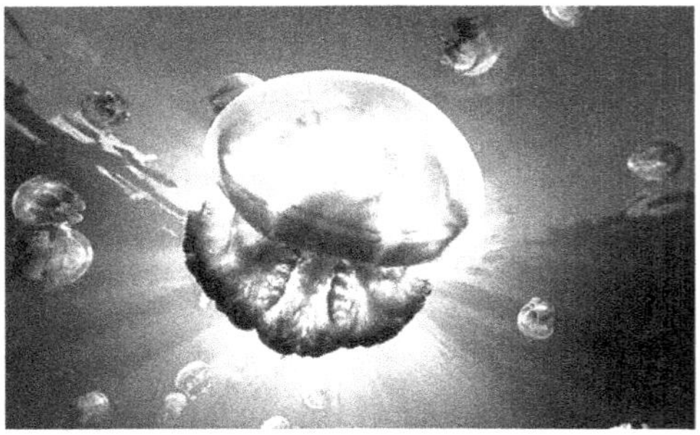

图14-6　帕劳潜水

二、帕劳群岛主要著名潜点

帕劳群岛的潜水点多达上百处，其中经常有潜水员光顾的主要潜点有近30个，在众多的主要潜点中，最为著名的潜点主要有：

（一）蓝角（Blue Corner）

蓝角位于洛克群岛西南的环礁带上，这里海水蔚蓝清澈，水下能见度可达30米。在水面下约17米处环礁断层中有一个突出的浅珊瑚礁平台，成V字型向外海的方向突出，且在两侧有垂直的大峭壁，这里常有强劲的海流。蓝角有非常丰富的各类海洋生物，可以看到鲨鱼、鹰鳐、拿破仑隆头鱼（苏眉鱼）等大型鱼类和绿海龟、玳瑁等，偶尔也能看见锤头鲨、鲸鲨、蝠鲼、枪鱼、旗鱼和鲸鱼等，各种梭鱼、鲹鱼、鲷鱼、鲔鱼等成群在你面前掠过，尤其是成群的灰礁鲨在峭壁边缘来回盘旋，使人体会到震撼惊喜的感受。蓝角急速多变的水流和丰富的浮游生物吸引了大批的鱼群在此巡游，在这里潜水，你只需攀附在蓝角的礁盘前沿，顶着强劲的水流，令人眼花缭乱的各种鱼群就会迎面而来，与你接近的距离超乎你的想象。蓝角是帕劳最受欢迎的潜点，在世界十大最佳潜水点中，帕劳蓝角的排名经常名列第3~4名。

（二）蓝洞（Blue Holes）

蓝洞在蓝角北部约300米处。帕劳的蓝洞有着自己独特的魅力，其最大的特色就是它的多孔入口，在礁石的上面水深约3米处有4个洞口，侧面岩壁上有2个洞口，上面的洞口到岩壁的洞口是长约20米的岩洞，可以从洞顶潜入，从侧面岩壁上的小洞口出来。蓝洞的水深约40米左右，这里生长有很多种类的软珊瑚，还有护士鲨、龙虾、魟鱼、海葵鱼、蛞蝓、西班牙舞娘等洞居生物生活在这里。蓝洞是一个非常适合摄影的地方，阳光从蓝洞上方的四个洞口射入，不同的洞口有着不一样的光线视觉，经过海水的过滤与折射，散发出湛蓝的光，照亮蓝洞直达底部，每个洞口都呈现亮蓝色，西边最大的洞口则呈现深蓝色，形成神秘美丽的景象，如梦如幻，非常壮观。在蓝洞中有很多软珊瑚、柳珊瑚和管珊瑚装点着洞壁，在洞底的沙子里还能找到很多种海兔与贝类，大群的梭鱼、金枪鱼和鲷鱼在洞中巡游，几乎聚集了你能想象到的所有热带鱼和珊瑚。

（三）大断层（Big Drop Off）

大断层位于洛克群岛南部的环礁带上，在蓝角东南方约4.7公里处。大断层是环礁上一个巨大垂直的峭壁，从水深3米开始，垂直俯冲至2000米的深渊之中。这里是一处色彩斑斓和热闹非凡的潜水点，可以在这里发现许多罕见的珊瑚礁鱼类。大断层的峭壁上长满了各种柳珊瑚和色彩缤纷的软、硬珊瑚，在珊瑚丛中栖息着各种珊瑚礁鱼类，在珊瑚礁上有许多成群的金花鲈来回巡游，独角天狗鲷、各种蝶鱼也处处可见，在礁石边缘和顶部可以看到大量的锥体蝴蝶鱼、正方形海金鱼、镰鱼、士兵鱼和黄尾扳机鱼，蓝脸、富豪、皇帝神仙鱼等也是随处可见。小神仙鱼、象珊瑚美人、钥匙孔神仙鱼、灰神仙鱼，在礁石顶部的珊瑚丛中游进游出，蓝色条纹小丑鱼与它们的宿主海葵散布于礁石各处，而绿海龟和玳瑁喜欢在礁石顶部进食和休息，白尖鲨和护士鲨会在底部的沙地上睡觉。如果你的眼力足够好，还可以在礁石中发现叶鱼、石头鱼和有毒的狮子鱼，它们的颜色与岩石非常接近，就像融化在礁石里一样。大断层的水下能见度可达 30 米，这里洋流和缓，鱼类种类繁多，是拍摄各种珊瑚礁鱼的绝佳地点。

（四）德国水道（German Channel）

德国水道是第一次世界大战前德国占领帕劳时期，为了运输磷矿，用炸药将洛克群岛连接 Ngemelis 岛和 Ngercheu 岛间的环礁带切断，形成了这个连接环礁湖与外海的通道，位于大断层东北方约 4 公里处。德国水道以能看到大群的蝠鲼、鲨鱼以及丰富的热带鱼而闻名，是享誉国际的蝠鲼潜点。涨潮和退潮形成了德国水道丰富的洋流，并带来了大量的浮游生物和磷虾，因此吸引了成群的鱼类来此觅食。成千上万的各种鲹鱼、梭鱼和鲷鱼在这里聚集成群，底部的沙地则有许多花园沙鳗、盲虎鱼和螳螂虾等。在德国水道看见蝠鲼和灰礁鲨的几率很高，可以观赏到成群的蝠鲼洄游于水道之中来回觅食，并作出经典的翻滚动作，灰礁鲨也经常成群地出现在德国水道之中，如果幸运，可以看到蝠鲼或灰礁鲨让隆头鱼和蝴蝶鱼等清洁鱼替它们清洁身体的奇特景象。

（五）乌龙水道（Ulong Channel）

乌龙水道位于洛克群岛西边的环礁带上，紧邻乌龙岛（Ulong Island）。乌龙水道是个非常有趣的潜点，随着潮汐的变化，洋流在水道中快速流动，潜水员可随着洋流放流进入水道，并沿着水道逐流潜水，感受在水道中自由飞行般的快感和鱼群、珊瑚从身旁掠过的刺激，你只需随着水流尽情欣赏眼前不断变换的海底美景。乌龙水道中最出名的莫过于大片的玫瑰珊瑚，超过 5 米高的玫瑰珊瑚壁非常壮观，各种柳珊瑚、桶状珊瑚、菜状珊瑚和海葵也随处可见。随着水流，大量的蝠鲼、豹纹鲨、大石斑、海龟、海葵鱼及成群的篮线和黄线鲷鱼、梭鱼、大眼枪鱼等在水道中巡游。在水道的入口处，灰礁鲨与白尖鲨总喜欢在这里顺着水流来回盘旋，你可以将攀附在礁岩上好好欣赏它们。在水道入口的断层礁顶的沙地里，还可以找到罕见的直径超过 1 米的巨型砗磲。

帕劳珊瑚岛礁众多，比较著名且经常被潜水员光顾的潜点多达几十处，如贝里琉墙与切面（Peleliu Wall&Cut）、塞斯隧道（Siaes Tunnel）、钟乳石洞（Chandelier Cave）、新断层（New Drop Off）、塞斯高速水道（Siaes Expressway）、贝里琉角（Peleliu Corner）、塞斯角（Siaes Corner）等都是很有名的潜点，而且有的对潜水技能有很高的要求，极具挑战性。另外，由于帕劳是二战期间美国和日本在太平洋上最主要的战场之一，所以在当地海底有很多沉船、飞机等二战遗迹，如今有些已经成为不错的潜水点，如钢盔号沉船（Helmet Wreck）、日军补给船（Iro Maru）、日军水上侦察机（Jake Seaplane）等都是经常有潜水员探访的有名潜点。

第四节　马尔代夫群岛

一、马尔代夫群岛概述

马尔代夫群岛（Maldives Islands）位于印度洋北部，由26组自然环礁、1192个珊瑚岛组成，分布在北纬约8°经过赤道至南纬约1°的一条狭长的岛礁群带上，整个群岛南北长约820公里，东西宽约130公里，陆地面积约298平方公里。马尔代夫群岛的岛礁都是因为古代海底火山爆发而形成，有的中央突起成为珊瑚岛，有的中央下陷成环状珊瑚礁圈。从高空俯瞰马尔代夫群岛，众多的珊瑚岛和珊瑚环礁星罗棋布，如同一块块碧绿的翡翠和彩色花环散落在蔚蓝的海洋上，被誉为“上帝抛洒在人间的一串珍珠项链”。

马尔代夫群岛的自然环礁中拥有众多的珊瑚岛礁和数不清的水下暗礁，这个庞大的珊瑚岛礁群在北印度洋季风产生的温暖洋流的作用下，使其成为印度洋中最完整、最丰富的海洋生态系统，孕育了数量惊人的海洋生物种群，除了在太平洋和印度洋中都有广泛分布的物种外，甚至还有一些只生活在这个极小区域的特殊物种。

由于位于赤道附近，马尔代夫群岛具有明显的热带型气候特征，无四季之分。这里海水温暖适宜、蔚蓝清澈，洋流和缓，数以千计的珊瑚岛、珊瑚礁、沙滩和潟湖养育了数不清的珊瑚礁生物和浮游生物，也吸引了种类繁多的鱼类、贝类、海龟等在此栖息和繁衍，丰富多样的海洋生物和奇特壮丽的海底景观，造就了数不清的、形态各异的海底美景，任何一个环礁、岛礁、潟湖或珊瑚暗礁周围的海域都是色彩斑斓、美轮美奂的潜水天堂，被称为世界三大潜水圣地之一，是所有的潜水员都向往和喜爱的潜水胜地（图14-7）。

对于普通潜水爱好者来说，马尔代夫群岛的著名潜点主要分布在北马累环礁（North Male Atoll）、阿里环礁（Ari Atoll）、南马累环礁（South Male Atoll）和菲力杜环礁（Felidu Atoll），但这并不等于说其他20多个环礁没有更好的潜点，而是因为上述四个环礁距离马尔代夫首都马累和国际机场最近，对普通潜水爱好者来说更容易到达（图14-8）。

图14-7 马尔代夫群岛

图14-8 马尔代夫潜水

二、马尔代夫群岛主要著名潜点

马尔代夫群岛的潜点数以千计，而且所有的潜点都不会让人失望，几乎每个潜点都会给人带来惊喜，尽管其中有一些潜点是潜水爱好者最喜欢和最出名的，但实际上每个潜点都具有自己的特色和特别之处，很难做出谁是最好的排列选择。在马尔代夫群岛大量的潜点中，潜水员经常造访的潜点有20多处，其中最著名的潜点主要有：

（一）幸运地狱（Lucky Hell）

幸运地狱位于阿里环礁的最南部。阿里环礁的南部拥有丰富的软珊瑚，马尔代夫群岛任何其他地方都无法与之相比。在环礁中，从几十米深的海底上升到海面之下的珊瑚礁台地（即珊瑚暗礁）是潜水员的最爱，幸运地狱就是众多珊瑚礁台地中最美丽的一个，它的美不光来自这里陡峭的岩壁、岩穴和凸出的礁石，还来源于珊瑚礁上满满的漂亮软珊瑚。幸运地狱这个巨大的珊瑚礁台地从60米深的海底上升到距海面12米处，陡壁上布满了粉色、橙色、黄色和紫色等五颜六色的软珊瑚，还有巨大的柳珊瑚及各种形状和色泽的海绵。围绕着各色珊瑚，多彩多样的珊瑚鱼来回穿梭，黄带笛鲷、黄背梅鲷、胡椒鲷和各种鲹鱼、梭鱼等成群游荡。在这里也会遇见大型深海鱼，可以发现护士鲨躲在岩缝中休息，刺鳐趴在沙床上，身上还盖着一层细细的沙子，很难被认出来。

（二）马亚提拉（Maaya Thila）

马亚提拉位于阿里环礁内部的东北部，是一个从 45 米深的海底上升到距海面 6 米的珊瑚礁台地（在马尔代夫被称为“Thila”）。马亚提拉潜点的特色是鲨鱼和蝠鲼，在珊瑚礁的平台上，可以看见卧着的黑斑条尾魟，礁旁的蔚蓝色海水中，黑尾真鲨和斑点鹰鳐三五成群来回游动，巨大的波纹唇鱼和海龟从你的头顶游过，白鳍鲨在这里也很常见，在合适的季节还能看到大型鳐鱼和鲸鲨。马亚提拉珊瑚礁陡峭的岩壁上生长着许多美丽的扇形柳珊瑚、海鞭珊瑚和海葵，你可以在其中看到群居的玫瑰小丑鱼在海葵中来回出没，绿拟鳞鲀、黄边副鳞鲀和狮子鱼躲藏在珊瑚之间，岩洞中到处都是充金眼鲷，成群的四带笛鲷、东方胡椒鲷、金目大眼鲷、单列齿鲷和尖翅燕鱼等密集地环绕着珊瑚礁觅食。种类繁多的洄游鱼类和非洄游鱼类、珊瑚礁中的小型生物和大型捕食者共同构成了马亚提拉海洋生物的多样性，一起呈现出美丽的海底场景。

（三）蝠鲼潜点（Manta Point）

蝠鲼潜点位于北马累环礁东南部的天堂岛（Paradise Island）的外环礁。在马尔代夫群岛可以看到蝠鲼的潜点有很多，但这里是最有名和最受欢迎的一处，在蝠鲼活动最频繁的合适季节，甚至会有 20 只以上的蝠鲼鱼群在此活动。蝠鲼潜点的珊瑚礁从水下 8 米一直延伸到水下 40 米处，形成一个巨大的缓坡，在珊瑚礁岩石表面上生长着厚厚的形形色色的软珊瑚，尤其是黄色和蓝色的软珊瑚最为壮观，种类繁多的珊瑚礁鱼和软体动物在此栖息和繁衍，因此这里也是北马累环礁最好的软珊瑚和海洋生物景点之一。附近还有几处巨大的岩石，在西南季风期会有大量的浮游生物聚集于此，因而也吸引了很多蝠鲼来此觅食。这些岩石也是蝠鲼的“清洁站”，蝠鲼们游来游去在岩石头摩擦，把皮肤上的寄生物蹭掉。潜水员可以观察到数十只蝠鲼聚集在各个“清洁站”，完成清洁后围绕礁石游动，捕食浅水中的浮游生物。如果运气好，还可以看到拿破仑隆头鱼、大金枪鱼、大眼鲹、黑鲷，以及海龟、玳瑁和护士鲨等。蝠鲼潜点的海水能见度达 40 米以上，是拍摄软珊瑚、海扇、珊瑚鱼以及蝠鲼、拿破仑隆头鱼、海龟等大型海洋生物的极佳潜点，受到众多水下摄影师的追捧。

（四）佛斯瑟约暗礁（Foththeyo）

佛斯瑟约暗礁位于菲力杜环礁（Felidu Atoll）外围礁岸的东北部。菲力杜环礁巨大的外围礁岸上有一条通往内部潟湖的水道，一块巨大的柱基型珊瑚礁台地在水道中间升起，其顶端在海面下 10 米处，笔直的岩壁一直延伸到 30~40 米深的水道底部。佛斯瑟约暗礁以生长着郁郁葱葱的白色软珊瑚而出名，马尔代夫群岛很少有地方能与之媲美。佛斯瑟约暗礁的峭壁和水道的两侧都覆盖着满满的软珊瑚，各种软珊瑚都在为生存空间而竞争，这里岩壁上覆盖的软珊瑚大部分是白色的，与深蓝色的海水形成鲜明的对比，为潜水员展示了一个色彩斑斓、千姿百态的水下世界。佛斯瑟约暗礁还有一处鬼斧神工的景观：在 20 米水深处有一个自然形成的拱形隧道，里面长满了各种红色、紫色、白色的珊瑚和海葵，潜水员可以从其中穿过去，被誉为“软珊瑚拱门”。各种珊瑚鱼在这里也不少，成群的鲭鱼、六带鲹在这里游荡，也可以看见长须狮子鱼、斑鳃棘鲈、海龟和蝠鲼，甚至有体型比成年男子还要大的巨型海鲈鱼。在环礁峭壁外，经常可以看到许多黑尾真鲨、灰三齿鲨和成群的斑点鹰鳐在周围海域活动。

（五）库地哈暗礁（Kuda Haa）

库地哈暗礁位于北马累环礁东南部的吉娜瓦鲁岛（Giravaru Island）北面的环礁，吉娜瓦鲁岛意为魔芋岛，是因为岛上的魔芋部落而得名。库地哈暗礁的形状酷似双峰驼的背部，暗礁的顶端在海面下约 5 米处，向下延伸到约 35 米深处。这片美丽的珊瑚礁因布满了各种色彩绚丽的软珊瑚、柳珊瑚和海绵而出名，是马尔代夫重点保护的海洋圣堂。在这里潜水，五彩缤纷、数量众多的各类珊瑚和异常丰富的珊瑚礁鱼类令人目不暇接，躲在海葵中的各色小丑鱼、藏在礁石缝隙中的海鳗、穿梭在珊瑚中的无数色彩斑斓的珊瑚鱼以及罕见的蝎子鱼和叶鱼等，不断地给潜水员带来各种惊喜，和各色美轮美奂的珊瑚、海绵、海葵共同构成无与伦比的视觉盛宴。在珊瑚礁外的深海处，还可以看到无数花鮨、炮弹鱼、蝶鱼四处游动，大群的蓝纹鲷鱼、六带鲹在深海漫游，在浅海区域则经常可以遇见鲸鲨、灰礁鲨、黑尾真鲨和海龟到处游弋。正是由于库地哈暗礁蕴藏着如此丰富的珊瑚礁生命，而被誉为马尔代夫不可错过的潜水殿堂。

马尔代夫群岛的 26 组自然环礁和其中数不清的珊瑚岛礁，构成了其复杂的环礁系统，这样的地质特点在全世界是独一无二的，也因此造就了马尔代夫群岛形态各异、多不胜数的潜水胜地，可以说，几乎每一处环礁、岛礁、潟湖和暗礁周围的海域都是美不胜收的潜水天堂。因此，对马尔代夫群岛来说，那些所谓的著名潜点，只是因为人们更容易到达而已，如果有可能将分布在长达 820 多千米的 26 组环礁带都潜一遍，一定会发现有更多和更有价值的潜点值得我们去探索和欣赏。

第五节　伯利兹堡礁

一、伯利兹堡礁概述

伯利兹堡礁（Belize Barrier Reef）位于尤卡坦半岛中美洲国家伯利兹海岸以东的大西洋西部加勒比海上，与伯利兹东海岸近乎平行，呈南北向从北纬约 16°至北纬约 18°蜿蜒长达 280 多千米，其北部与墨西哥毗邻，向南则与危地马拉接壤。伯利兹堡礁是仅次于澳大利亚大堡礁的世界第二大珊瑚堡礁，也是北半球及西半球最大的珊瑚堡礁。

伯利兹堡礁主要由特内夫群岛（Turneffe Islands）、灯塔礁（Lighthouse Reef）、格洛弗礁（Glovers Reef）三大珊瑚环礁在内的 450 多个珊瑚岛、沙洲和暗礁组成，伯利兹海岸和珊瑚堡礁之间形成了一个宽 20~25 公里、平均深度 2~3 米的巨大的海洋潟湖。伯利兹堡礁的岛礁、环礁、沙洲、浅海潟湖、淡水河口等地质特点共同构成了世界上最复杂、最发达的自然生态系统之一，是大西洋加勒比海生物物种最丰富的海域，共有 70 余种硬珊瑚和 36 种软珊瑚、超过 500 余种鱼类、3 种海龟、350 余种软体动物、247 种海洋植物和各种藻类，以及多种多样的海绵和甲壳类动物生活在这里，其中包括大量的濒危海洋物种，如西印度海牛、绿海龟、玳瑁、美洲湾鳄等，全世界仅存的 1200 只西印度海牛有大约 700 只生活在伯利兹堡礁区域，这里极为丰富的多种海洋植物和藻类吸引了全世界最大的西印度海牛种群在此栖息和繁衍。另外，还有大量的海鸟生活在这一区域，包括红脚鲣鸟、褐鲣鸟、格洛弗礁鱼鹰、燕鸥、褐鹈鹕和军舰鸟等（图 14-9）。

伯利兹堡礁属热带型气候，海水的平均温度为 26℃。得益于由 7 个保护区组成的伯利兹堡礁保护系统，使伯利兹堡礁种类繁多、数量庞大的海洋生物种群受到了最大限度的强有力保护。这里清澈透底的海水，温暖适宜的水温、强劲丰富的洋流与数量众多的岛礁、环礁、沙洲、潟湖为海洋生物的栖息和繁育创造了得天独厚的优良条件，数不清的珊瑚礁生物、浮游生物、海洋植物和丰富多样的鱼类以此为家，也因此造就了无数奇特壮丽、美不胜收的海底美景，使伯利兹堡礁成为全世界的潜水员都为之向往的潜水天堂（图 14-10）。

图 14-9　伯利兹大蓝洞

图 14-10　伯利兹潜水

二、伯利兹堡礁主要著名潜点

与大堡礁一样，伯利兹堡礁庞大的珊瑚礁群拥有数以百计的优良潜点，其中不乏有许多极具潜水价值并深受潜水员喜爱的著名潜点。但是，具有独特地质结构的伯利兹大蓝洞以其巨大的名气使其他许多著名潜点相形见绌，大蓝洞甚至成为伯利兹堡礁的代名词。其实从潜水员的角度来看，伯利兹堡礁的许多著名潜点其潜水价值并不亚于大蓝洞，它们的生物多样性和观赏性远在大蓝洞之上。当然，作为世界十大地质奇观之一的伯利兹大蓝洞仍然拥有绝对的魅力，让全世界的潜水员趋之若鹜，在伯利兹堡礁所有的著名潜点中，大蓝洞永远排在第一位。

（一）大蓝洞（Great Blue Hole）

大蓝洞位于伯利兹堡礁最东侧的灯塔环礁中间位置的台地上，是目前已知的世界上最大的水下洞穴，为世界十大地质奇迹之一。大蓝洞的洞口呈近乎完美的圆形，洞口周围由两条珊瑚环礁非常契合地环抱，从天上俯瞰仿佛是一道美丽的花环。大蓝洞洞口的直径约 305 米，深度达 124 米，由于水太深的原因，整个洞穴呈现出深蓝色的色调，和周围浅海的水色形成非常明显的色彩差异，像一颗深邃的“蓝眼睛”镶嵌于海面，幽深的海水凸显出大蓝洞的水下暗藏着与众不同的神秘感。大蓝洞属喀斯特地貌的石灰岩洞穴，形成于海平面较低的冰河时代末期，所在位置曾是一个巨大岩洞，多孔疏松的石灰质穹顶因重力及地震等原因而很巧合地坍塌出一个边缘陡峭近乎完美的圆形天坑，当冰雪消融、海平面升高后，海水将天坑淹没，从而形成海中嵌湖的奇特蓝洞现象。当你潜入大蓝洞后，从海面到水深 25 米的浅水区域是充满海洋生物的彩色世界，蓝洞四周的峭壁生长着各色珊瑚、环状或节状海葵和紫色的海扇，有许多虾虎鱼、清洁虾和小丑鱼躲藏在其中，神仙鱼、碟鱼和小石斑鱼、杰克鱼等也到处可见，也经常会遇见加勒比礁鲨、黑虎鲨、锤头鲨、公牛鲨等多种鲨鱼在此巡游。而到26~32米深度时，蓝洞显得很荒凉，看不到在同等深度其他珊瑚礁上所能看到的珊瑚丛和海绵，也几乎见不到其他的海洋生物，偶尔会有一两只大石斑鱼或鲨鱼来到这里。超过32米的深度后，可以看到水下钟乳石奇观，蓝洞的四壁钟乳石群交错复杂，有许多大型钟乳石和石笋，有的钟乳石甚至长达12米以上，当你在黑暗幽深的海底潜行在这片钟乳石林中时，在带给你洞穴潜水魅力感受的同时，神秘、诡异的惊恐感也由然而生。大蓝洞越往深处，其海水的能见度越高，在40米深度以下，海水的能见度可以达到60米。从潜水观赏性来说，大蓝洞并不是最好的潜点，这里美丽的海洋生物并不多。但是，从潜水的技术难度来说，大蓝洞却是极有魅力的，当你身处神秘幽深的海下洞穴，复杂多变的钟乳石群、神出鬼没的鲨鱼、封闭阴森的洞穴环境，恐怕没有谁能感觉是安全的吧，没有经过大深度潜水和洞穴潜水训练的普通潜水员是不适合在这里潜水的。但也正因为如此，大蓝洞才犹如具有奇异的魔力一般，强烈地吸引着全世界勇敢的潜水爱好者们前来一探究竟，亲身体验其独特的魅力，使其成为全球十大潜水宝地之一，在潜水界，甚至有“平生不潜此蓝洞，即称高手也枉然”的说法，从潜水技能的角度，在大蓝洞潜水绝对是一种非凡的体验。

（二）鲨魟巷（Shark-Ray Alley）

鲨魟巷位于伯利兹堡礁最北部的安伯格里斯岛（Ambergris Caye）最南端海域的珊瑚礁盘，安伯格里斯岛意为龙涎香岛，是因为其海边曾出产大量的龙涎香而得名。鲨魟巷处于伯利兹的第一个海洋保护区 Hol Chan 海洋保护区范围之内，这里的珊瑚礁盘从最高处海面下1米向东边平缓地逐渐倾斜至40米以上的深处，然后陡峭地直下到数百米的深处。温度适宜、多种流向的洋流在此交汇，带来了大量的浮游生物，礁盘上布满了各种硬珊瑚、软珊瑚、海葵和海绵，数不清的各种色彩艳丽的小珊瑚鱼在珊瑚丛中穿梭或躲藏，密密麻麻的蓝纹石鲈和成群结队的马眼杰克鱼在礁盘上来回巡游，也吸引了许多博氏喙鲈、石斑鱼等大型鱼类来此觅食。在一些沙地上则长满了各种海草和海藻等海洋植物，很容易发现趴在沙地上的护士鲨和正在吃草的绿海龟和玳瑁。这里最为著名的是见到鲨鱼和魟鱼的几率相当大，是白斑鹰鳐和南方刺魟（魔鬼鱼）以及加勒比礁鲨、锤头鲨、公牛鲨等多种鲨鱼喜欢造访的海域，甚至有机会看到它们三五成群地在此觅食，鲨魟巷也因此得名，如果运气好，这里还可以遇见珍稀的西印度海牛（儒艮）在礁盘的沙地上吃草。

（三）半月岛墙（Half Moon Caye Wall）

半月岛墙位于灯塔环礁东南部的半月岛南边，是灯塔环礁上一个巨大垂直的峭壁，在礁盘水深 1~6 米的浅滩之后，几乎垂直下落至近 3000 米的深渊之中。半月岛墙是一处小型和大型海洋生物都很多的潜点，礁盘峭壁上长满了各种五颜六色的硬珊瑚、软珊瑚、海绵、海葵等各种海洋生物，珊瑚丛中栖息着许多珊瑚礁鱼类和软体动物，各色小丑鱼躲藏在它们的宿主海葵之中，碟鱼、狮子鱼、海鳗、神仙鱼、豚鱼、黄尾扳机鱼、黄狮鱼、比目鱼、方头鱼、蟾鱼等随处可见，是一处色彩斑斓和热闹非凡的潜点。由于半月岛墙面向外海，其丰富的海洋生物会吸引大量的鱼类来此觅食，成群结队的石鲈、梭鱼和鲹鱼随洋流沿着峭壁巡游，也招引了不少裂鳍鱼、黑石斑鱼、蓝色鹰嘴鱼、博氏喙鲈等大型鱼类以及加勒比礁鲨、黑虎鲨、锤头鲨、公牛鲨在附近觅食，蝠鲼、斑点鹰鳐和绿海龟、玳瑁也时常造访这里。如果运气好，还可以在礁盘或峭壁的缝隙中找到少见的皇后海螺和星眼寄居蟹。

（四）肘部潜点（The Elbow）

肘部潜点位于特内夫环礁最南端的环礁带，因特内夫环礁的礁带在此形成一个类似手臂弯曲的肘部而得名。在礁带水深 2~12 米较浅区域后，是分别面向西南深度直达 220 多米海底和面向东南深度直达 730 多米海底的珊瑚峭壁。特殊的海底地形使这里的洋流异常强劲，不断地带来非常丰富的浮游生物和大量成群的鱼类，因此这里是大型海洋生物的绝佳觅食之地。珊瑚峭壁上巨大的柳珊瑚迎着强劲的洋流茁壮成长，笛鲷和马眼杰克鱼成群结队地沿着珊瑚峭壁游动，石斑鱼、河豚和海龟也随处可见，加勒比礁鲨、锤头鲨和公牛鲨等各种鲨鱼在此觅食，有时还有成群的海豚或斑海豚、宽吻海豚或旋纹海豚造访这里。

（五）石斑鱼公寓（Grouper Flats）

石斑鱼公寓位于格洛弗环礁东边的环礁带上，珊瑚礁带从海面开始向东逐渐倾斜至 12 米水深处后，几乎垂直的峭壁直达 2000 多米的深渊。这里是著名的各种石斑鱼的聚集地，也以其礁盘和峭壁上异常茂密的软珊瑚和长满各种珊瑚的洞穴或岩石裂缝而闻名。在珊瑚丛林中，大量各种各样的珊瑚鱼和浮游生物吸引着成群的斑点石斑鱼、老虎石斑鱼、黑石斑鱼和大理石石斑鱼等各种石斑鱼在此觅食、栖息和繁衍，宽吻海豚和旋纹海豚也是这里的常客，而数量众多的各种鱼类也吸引着加勒比礁鲨、白鳍鲨、锤头鲨和公牛鲨等各种鲨鱼来此巡游和觅食。在礁盘上经常可以看到珍稀的绿海龟和玳瑁，如果运气好的话，甚至可以遇见濒危的赤蠵龟。

伯利兹堡礁众多的珊瑚礁群和三个大型环礁拥有上百个极具潜水价值的重要潜点，除上述的几个主要著名潜点外，北部安伯格里斯岛沿岸的40多个潜点、中部礁群上将近20多个潜点、南部礁群上将近20个潜点、特内夫环礁上的20多个潜点、灯塔环礁上将近20个潜点和格洛弗环礁上的10多个潜点都是受到潜水爱好者青睐的、具有极佳观赏性和潜水价值的重要潜点。

本章复习思考题：

1. 大堡礁、诗巴丹岛、帕劳群岛、马尔代夫群岛、伯利兹堡礁这五个世界著名潜水胜地的海洋生物特征是什么？

2. 大堡礁、诗巴丹岛、帕劳群岛、马尔代夫群岛、伯利兹堡礁这五个世界著名潜水胜地主要以什么特点而出名？

3. 通过互联网，查询印度洋上还有哪些世界著名潜水胜地。

4. 通过互联网，查询太平洋上还有哪些世界著名潜水胜地。

5. 通过互联网，查阅五个位于红海的世界著名潜水胜地。

主要参考文献

1. 林旭远. 中国一星潜水员手册. 中国潜水运动协会，2013.
2. 陶恒沂，张辉. 潜水减压病的防治［M］. 上海：第二军医大学出版社，2011.
3. PADI. 休闲潜水百科全书［Z］. PADI，2005.
4. Susan Carroll. NAUI Scuba Diver［M］. Tampa：National Association of underwater Instructions，2000.
5. 埃吉迪奥·特拉伊尼托，等. 水下天堂［M］. 王晨，译. 北京：中国大百科全书出版社，2012.
6. Michael R. Ange. Diver Down［M］. Camden：International Marine/Ragged Moutain Press，2005.
7. 温仲华，陈明哲，温宇红. 休闲潜水［M］. 北京：北京体育大学出版社，2004.
8. 国家体育总局职业技能鉴定中心组. 社会体育指导员［M］. 北京：高等教育出版社，2005.
9. Richard H. Cox. 运动心理学——概念与应用［M］. 张力为，张禹，牛曼漪，江晓梅，译. 北京：清华大学出版社，2002.
10. 张力为，毛志雄. 运动心理学［M］. 上海：华东师范大学出版社，2003.
11. 季浏，殷恒婵，颜军. 体育心理学［M］. 北京：高等教育出版社，2010.
12. 张卫东. 生物心理学［M］. 上海：上海社会科学院出版社，2007.
13. 于清，袁吉. 运动心理学［M］. 长春：吉林大学出版社，2010.

附录一

单位换算速查表

长度	
公制	英制
1 厘米	0.394 英寸
1 米	3.281 英尺
1 米	0.547 英寻
1 千米	0.621 法定英里
1 千米	0.540 海里
2.540 厘米	1 英寸
0.305 米	1 英尺
0.914 米	1 码
1.829 米	1 英寻
1.609 千米	1 法定英里
1.852 千米	1 海里

容积/体积	
公制	英制
1 立方厘米	0.061 立方英寸
1 立方米	35.315 立方英尺
1 立方米	1.308 立方码
1 升	0.035 立方英尺
1 升	0.220 加仑
16.387 立方厘米	1 立方英寸
28.317 公升	1 立方英尺
0.765 立方米	1 立方码
0.568 升	1 品脱
4.546 公升	1 加仑

质量	
公制	英制
1 千克	2.205 磅
0.454 千克	1 磅
1 吨	0.984 长吨
1.016 吨	1 长吨

压强	
公制	英制
1 千克力/平方厘米	14.223 磅力/平方英寸
0.070 千克力/平方厘米	1 磅力/平方英寸

水的换算	
体积	质量
1 升淡水	1 千克
1 升海水	约 1.024 千克
1 立方英尺淡水	约 62.428 磅
1 立方英尺海水	约 63.925 磅

附录二

主要潜水专业术语英汉对照表

英语	中文
Diving orUnderwater diving	潜水
Skandalopetra	变重石头
Free Diving	自由潜水
Frogmen	蛙人
SCUBA①	自携式水下呼吸装置或水肺
Commercial Diving	工程潜水
Public Safety Diving	公共安全潜水
Scientific Diving	科学考察潜水
Military Diving	军事潜水
Underwater Sport	竞技潜水或潜水运动
Fin swimming	蹼泳
Recreational Diving or Sport diving	休闲潜水
Snorkel Diving	浮潜
Scuba diving	水肺潜水或自携式潜水
Recretional Free Diving	休闲自由潜水

①英语 Self-Contained Underwater Breathing Apparatus 的缩写。

续表

英语	中文
Recreational Surface-supplied Diving	休闲水面供气潜水
Submersible Diving	潜水器潜水
Apnea Diving	屏气潜水
Saturation Diving	饱和潜水
Atmospheric Diving Suit	常压潜水服
Remotely Operated Underwater Vehicle	远程水下遥控潜水器
Orienteering	水下定向
Underwater Rugby	水下橄榄球
Underwater Hockey	水下曲棍球
Spearfishing	水下渔猎
Target Shooting	水下射击
Underwater Photography	水下摄影
Sport Diving①	运动潜水
Aquathlon	水下摔跤
Underwater Cycling	水下自行车
Miss Mermaid International Contest	美人鱼小姐国际大赛
Synchronized Swimming	花样游泳
Underwater environment	潜水环境
Depth	深度
Rip Current	裂流或离岸流
Shore dive	岸潜
Boat dive	船潜
Overhead Environment	遮顶环境
Visibility	能见度
Temperature	温度
Density	密度

①特指一项水下竞技比赛，也有休闲潜水的意思。

续表

英语	中文
Salinity	盐度
Ocean Current	洋流
Tide	潮汐
Shoreline Current	沿岸流
Diving Physics	潜水物理
Air	空气
Compressed Air	压缩空气
Atmospheric pressure	大气压
Water Pressure	水压
Buoyancy	浮力
Light	光线
Sound	声音
Heat or Thermal Energy	热能
Diving Physiology	潜水生理
Middle Ear	中耳
Eustachian Tube	耳咽管或欧氏管
Hypothermia	失温
Hyperthermia	高体温症
Middle Ear Squeeze	中耳挤压
Sinus Squeeze	鼻窦挤压
Mask Squeeze	面镜挤压
Lung Squeeze	肺部挤压
Nitrogen Narcosis	氮麻醉
Decompression Sickness	减压病
Air Embolism	空气栓塞
Diving Medicine	潜水医学
Diving Psychology	潜水心理学
Stress	应激

续表

英语	中文
Stressor	应激源
Anxiety	焦虑
Fear	恐惧
Panic Disorder	恐慌障碍
Hyper-ventilating	换气过度
Hand Signal	手势信号
Descend	下潜
Ascend	上升
Danger	危险
Dive Flag	潜水旗
Buddy System	潜伴制度
Diving Bell	潜水钟
Helmet	头盔
Aqua Lung	水肺
Surface-supplied Diving	管供式潜水
Mask	面镜
Snorkel	呼吸管
Fin	脚蹼
Diving Suit	潜水衣
Dry Suit	干式潜水服
Diving Hood	潜水头套
Diving Glove	潜水手套
Diving Boot	潜水靴
Tank	气瓶
Regulator	调节器
Additional Second stage	备用二级部
Alternate inflation regulator	整合式备用二级部
Alternate air source	备用气源

续表

英语	中文
Bailout Pony Bottle	备用小气瓶
Super Portable Bailout Pony Bottle	超便携式备用小气瓶
Pressure Gauge	气压表
Depth Gauge	深度表
Compass	指北针
BCD①	浮力调节器或浮力控制装置
Weight System	配重系统
Diving Watch	潜水手表
Diving Knife	潜水刀
SMB②	求救浮标或水面定位浮标
Torch	潜水灯
Diving buoy	潜水浮标
Diving Computer	潜水电脑表
Mask Clearing	面镜排水
Snorkel Clearing	呼吸管排水
Equalization	压力平衡
Neutral buoyancy	中性浮力
Entry	入水
Underwater Engineering	水下工程
Underwater Salvage	水下打捞
Underwater Welding and Cutting	水下电焊与切割
Underwater Blasting	水下爆破
Underwater Detection and Exploration	水下检测与勘探
Nitrox	高氧
Trimix	氦氮氧混合气

①英语 Buoyancy Control Device 的缩写。
②英语 Surface Marked Buoy 的缩写。

续表

英语	中文
Underwater Rescue	水下救援
Underwater Search and Recovery	水下搜索与寻回
Underwater Positioning	水下定位
Full-fach Mask Diving	全面罩潜水
Side-mounted Diving	侧挂潜水
Closed Circuit Rebreather	密闭式循环呼吸潜水装备
Semi-Closed Rebreather	半密闭式循环呼吸潜水装备
Cave Diving	洞穴潜水
Wreck Diving	沉船潜水
Ice Diving	冰下潜水
High Altitude Diving	高海拔潜水
HPNS①	高压神经综合症

①英语 High Pressure Nervous Syndrome 的缩写。